NATIONAL GEOGRAPHIC

NATIONAL GEOGRAPHIC

美国国家地理全球史

罗马

征服地中海

Rome Conquers the Mediterranean

美国国家地理学会 编著 邵倩兰 译

中国出版集团 现代出版社

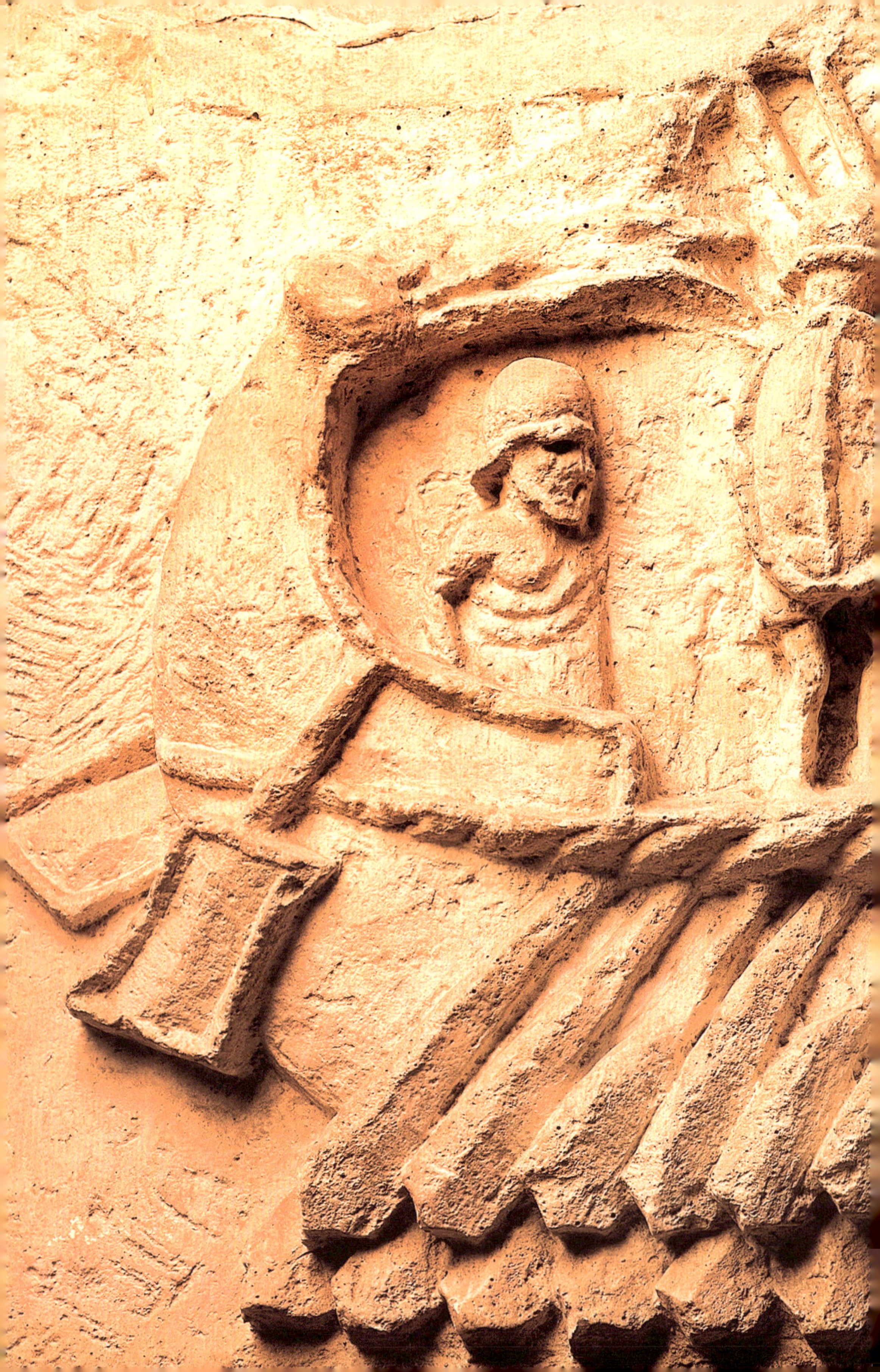

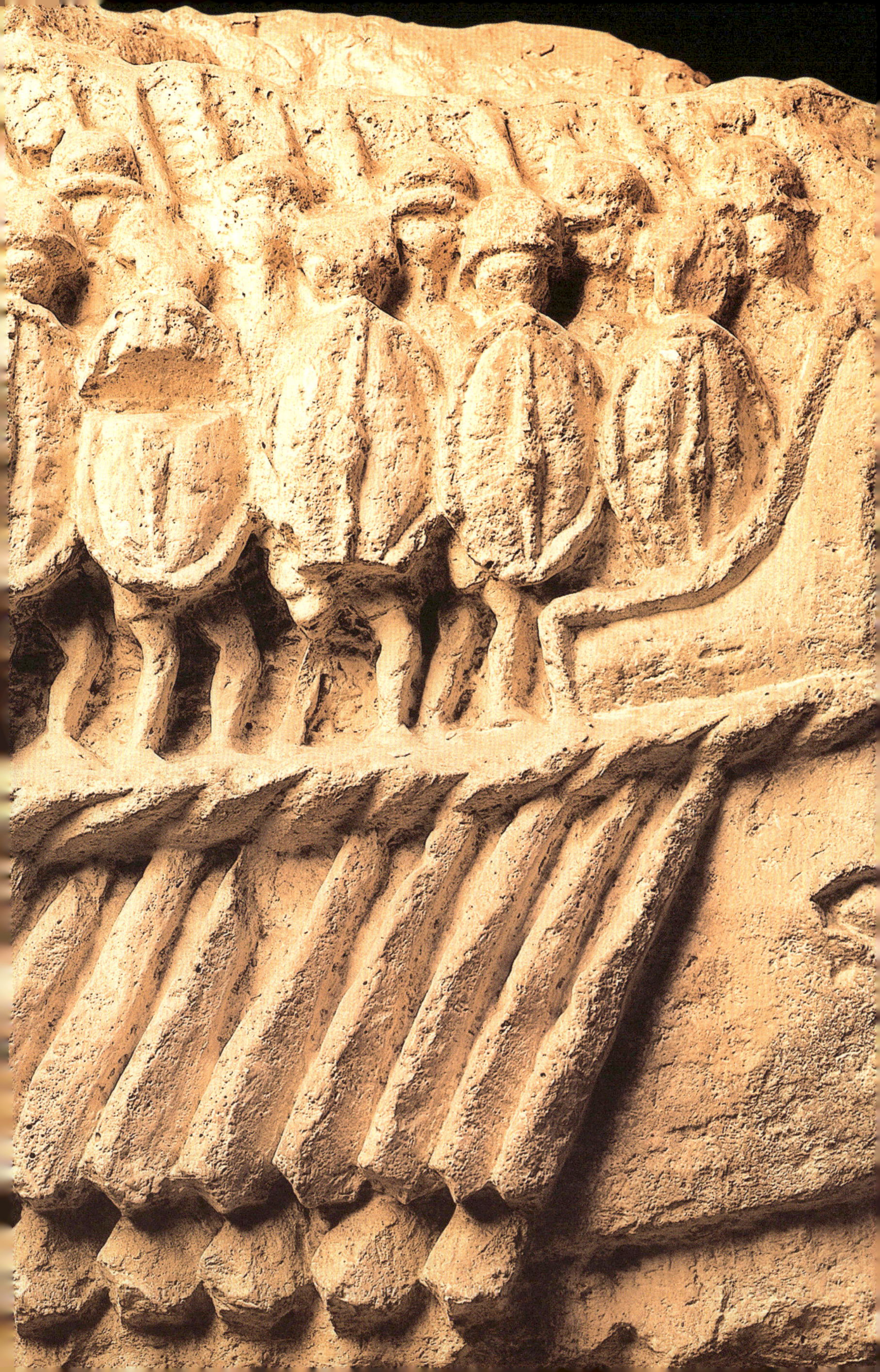

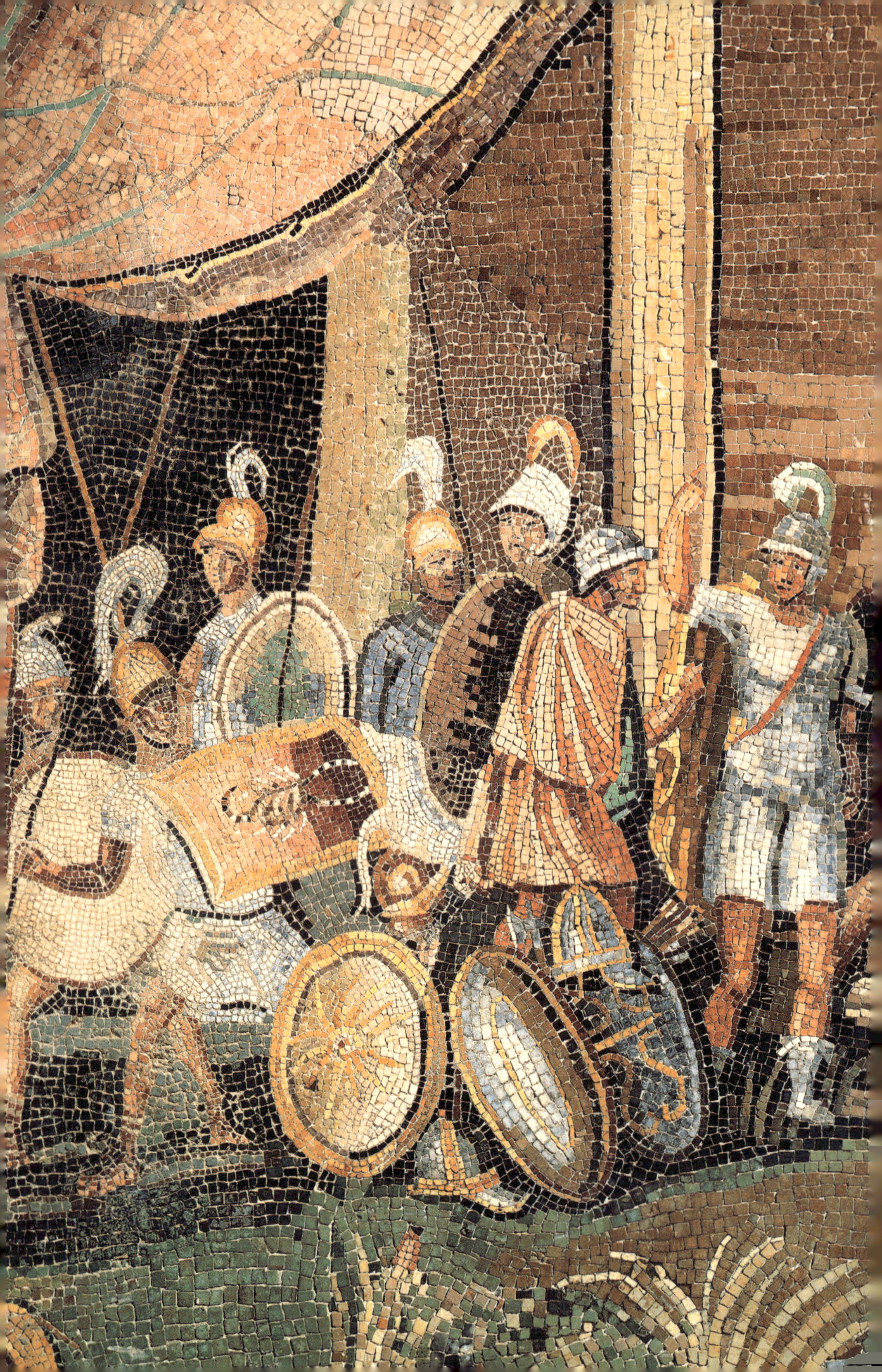

目　录

概述 11

罗马与迦太基 13
　　档案：迦太基，繁荣和辉煌 52

西班牙的罗马化 65

阿非利加行省和外高卢 103
　　档案：罗马世界的货币 132

罗马在希腊的突破 143

罗马在东方的霸权 175
　　档案：罗马城市和殖民地 201

附录 211
　　公元前3世纪和公元前2世纪的罗马共和国 212
　　对照年表：罗马和地中海西部地区，马其顿，希腊，亚洲和
　　　埃及，远东和美洲 214
　　执政官列表 216

插图（第2页）　戴月桂花冠的运动员青铜头像，公元前2世纪（希腊—罗马博物馆，亚历山大）。

插图（第4—5页）　描绘罗马人双排桨战船的浅浮雕（国家考古博物馆，那不勒斯）。

插图（第6页）　在普雷斯特（现为帕莱斯特里纳）发现的公元前2世纪末尼罗河马赛克碎片（考古博物馆，帕莱斯特里纳）。

7

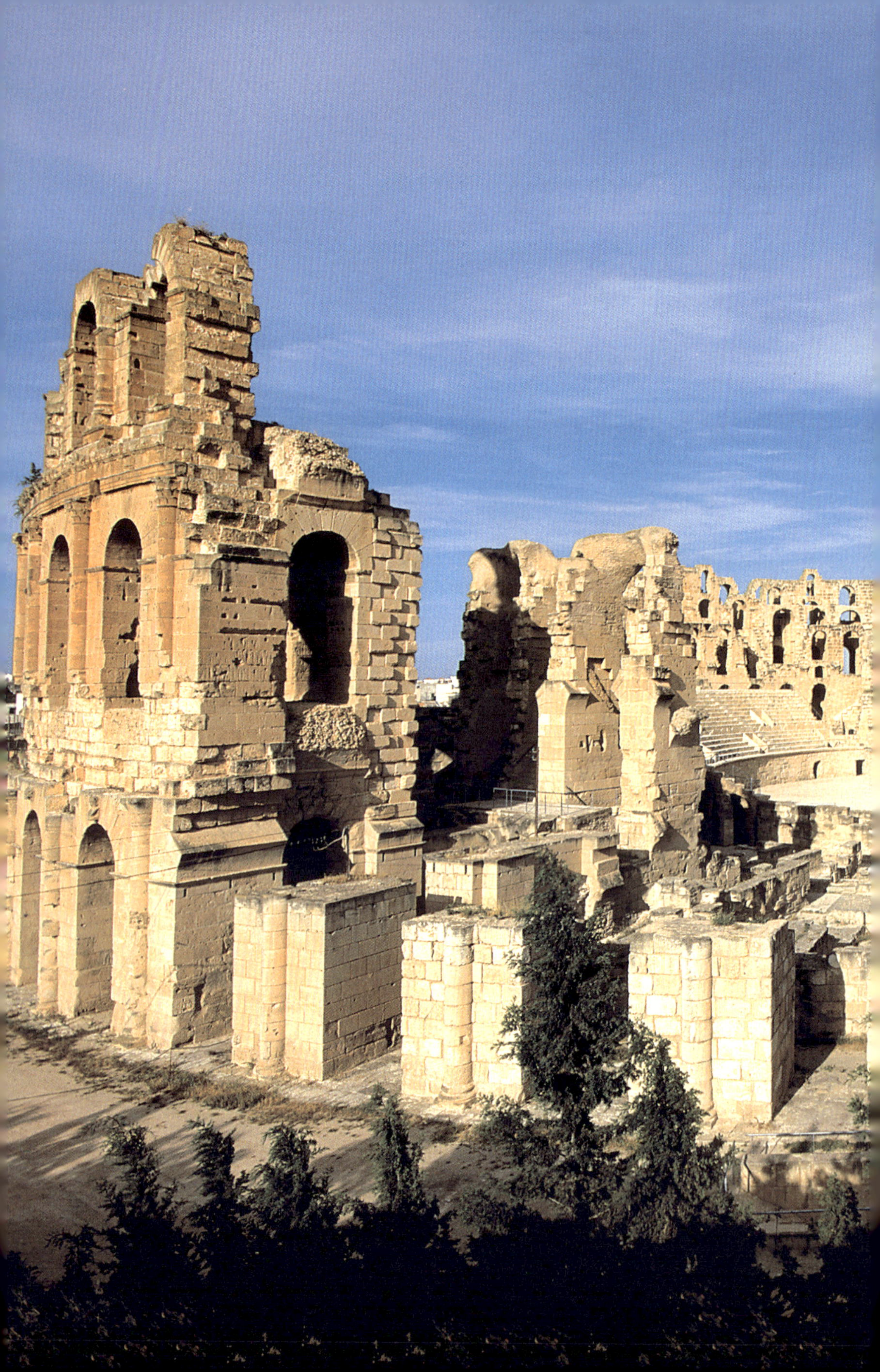

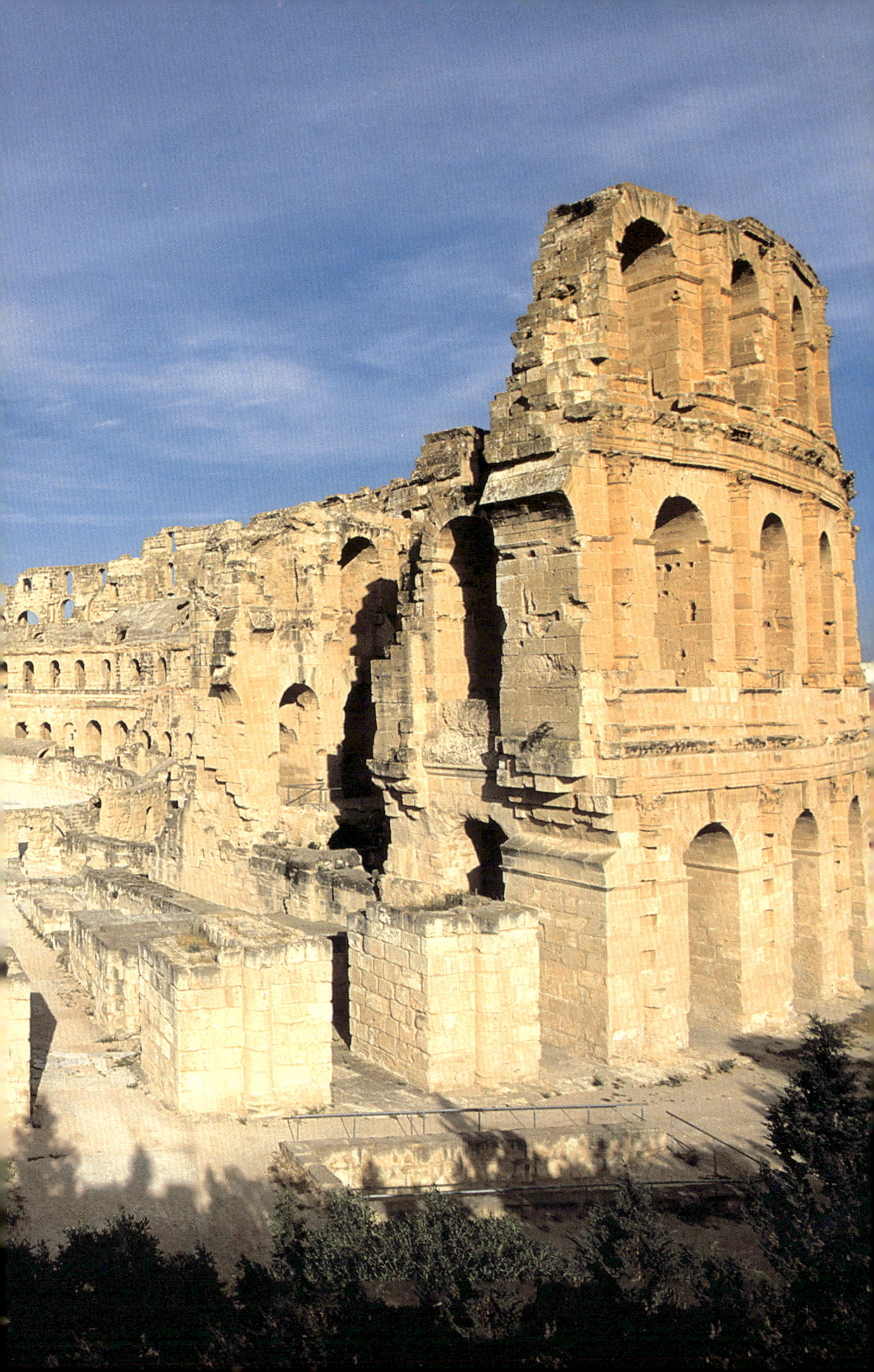

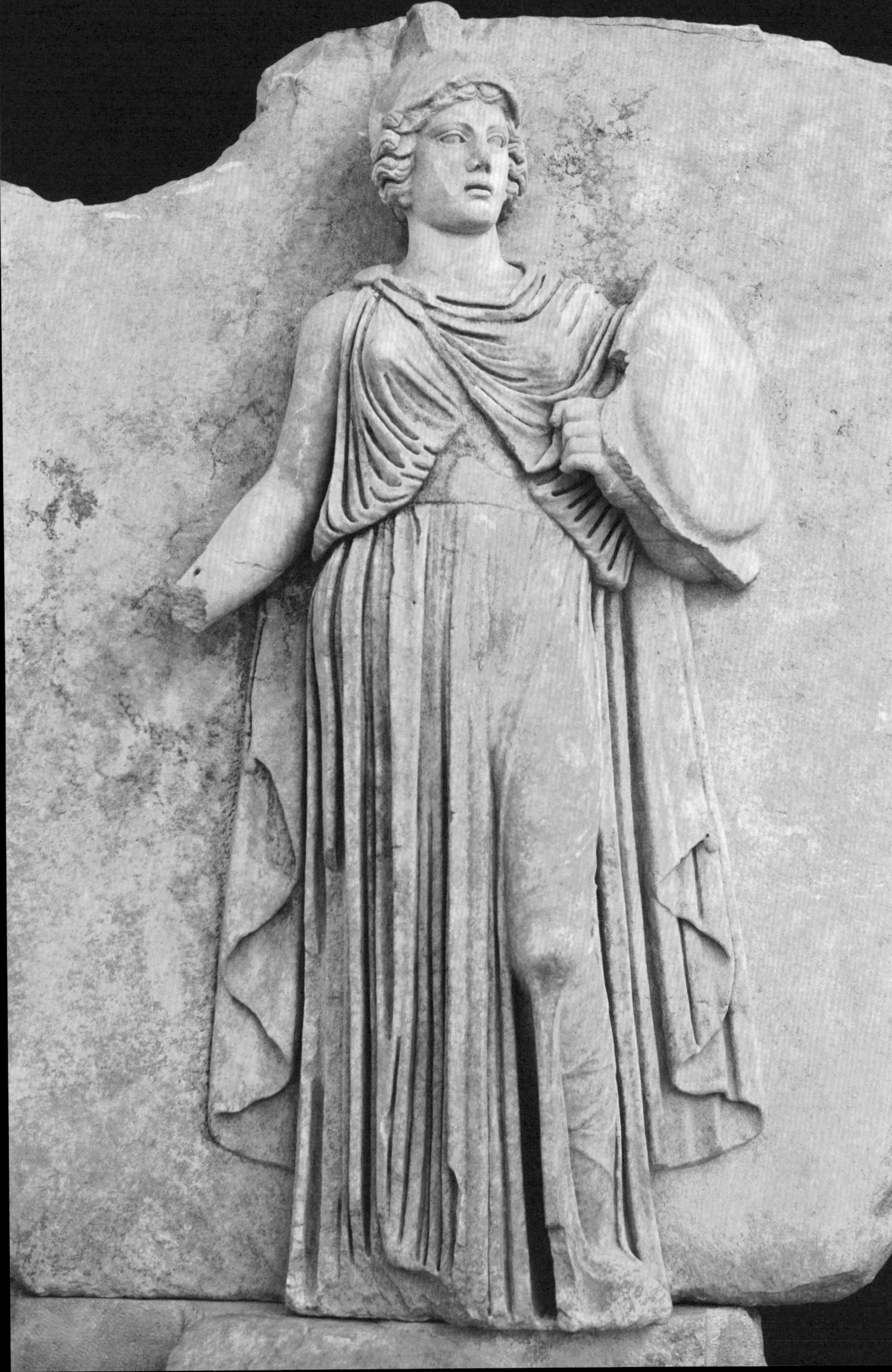

概 述

公元前 3 世纪和公元前 2 世纪，罗马共和国迅速崛起，建立了一个统治整个地中海盆地的帝国，这使它能够击败如迦太基、安提柯王朝和塞琉古王朝等强大的对手。在这两个世纪里，罗马从意大利中心的一个新兴小国变成了一个政治强国。它在地中海沿岸的广阔领土上建立了自己的霸权，罗马人自豪地称地中海为"我们的海"。罗马在新贵（贵族和平民之间的内部斗争中产生的帝国主义统治阶级）的领导下，在意大利实行系统的扩张主义政策，导致了与半岛中部和南部的人民以及与古希腊城邦的冲突。但罗马的影响力仍然不及迦太基。两个大国之间的紧张局势出现了。不久之后，西西里爆发了第一次布匿战争。罗马人和迦太基人之间的第二次冲突主要发生在意大利、西班牙和非洲，这是罗马人在地中海建立无可匹敌的霸权的决定性转折点。两国第三次也是最后一次对抗只是一种形式，最终导致了迦太基的灭亡。在与迦太基抗衡的同时，罗马人越来越多地出现在地中海东部水域。直到第二次布匿战争结束，罗马才进一步介入西方事务。虽然罗马想要成为一股能够解决希腊民族之间争端的和平力量，但它的帝国主义态度使它与希腊的主要强国发生了冲突。首先是腓力五世和珀尔修斯统治下的马其顿，然后是安条克三世统治下的叙利亚、塞琉西亚，以及菲洛皮门统治下的阿哈伊亚同盟。罗马企图在东方建立霸权，但以失败告终，于是激进地推行干涉主义，建立行省以取代衰落的希腊王国。

插图（第8—9页） 公元前3世纪，突尼斯艾尔姆圆形剧场。
插图（第10页） 塞巴斯蒂安浮雕，该人物代表了提比拉皇帝统治下的伊利里亚部落中的一个。土耳其，1世纪（阿弗罗戴西亚斯博物馆）。

罗马迦太基

在恺撒大帝的倡议下,迦太基在被摧毁一个世纪后成为罗马的殖民地。这张图片上显示的是公元2世纪安东尼皇帝建造的温泉浴场的遗址。

插图(右侧) 公元前3世纪巴卡家族时期的银币(国家考古博物馆,马德里)。

罗马与迦太基

公元前 3 世纪初,两个政治和经济强国的版图在地中海西部初具规模,它们都有着明显的扩张主义野心。一方面,迦太基作为一个贸易强国,具有强大的优势;另一方面,此时的罗马已经巩固了它在意大利的地位,成了一个新兴大国。在这种情况下,两国对抗是不可避免的。

在与罗马长期对峙的前夕,迦太基帝国是地中海西部的主要贸易力量。迦太基的船只畅通无阻地航行在保护良好的海上航线上,越过海格力斯之柱,也就是现在的直布罗陀海峡,到达大西洋水域。这个帝国的中心是位于北非的迦太基城(拉丁名 Qart Hadasht,意为"新的城市"),位于今天突尼斯的最东北部。迦太基城最初是一个小的殖民地,由腓尼基人在公元前 9 世纪建立。公元前 574 年,新巴比伦人征服了尼布甲尼撒二世,这座城市成了地中海中部和西部的腓尼基贸易网络的首都。

迦太基人在地中海的飞地

公元前3世纪初，迦太基统治了地中海西部，这确保了它在该地区的贸易主导地位。殖民地从现在的利比亚一直延伸到大西洋；非洲领土之外的飞地位于伊比利亚半岛、科西嘉岛、撒丁岛和西西里岛西部。

迦太基是公元前9世纪末从泰尔来的腓尼基人建立的一个贸易站，它继承了亚述人和新巴比伦人统治腓尼基时建立的贸易网络。因此，它控制了伊比利亚半岛南部（加迪尔、阿布德拉、塞西和马六甲）的老腓尼基人的贸易站，能够监控直布罗陀海峡，并获得农牧和金属资源。它还在马耳他群岛、西西里岛西部（莫特亚、利利巴厄姆、厄立特里亚、格塔莫斯、索罗托）、撒丁岛南部和西部（诺拉、比西亚、苏尔西斯、卡拉里斯、奥尔比亚、塔罗斯）和伊维萨岛（伊博西姆）拥有飞地。希腊的殖民统治引发了紧张局势，导致阿拉利亚之战（公元前535年）的爆发。在这场战争中，迦太基人与伊特鲁里亚人一起迫使腓尼基人放弃了他们的科西嘉殖民地。然而，希腊人和迦太基人成功地划定了各自的势力范围，使他们能够进行贸易。公元前3世

从公元前6世纪开始，迦太基海上贸易的扩大是其崛起和扩张的动力。这一贸易的主要目的是满足地中海沿岸人口（就像腓尼基人一样）对名贵商品日益增长的需求。此外，地中海沿岸人口迅速增长，但受限于狭小的陆地领土，为了找到足够的资源满足人口的需求，也促进了海上活动的发展。

迦太基人主要是在公元前5世纪开始向北非海岸扩张领土的。这种陆地扩张以牺牲海洋扩张为代价，并引

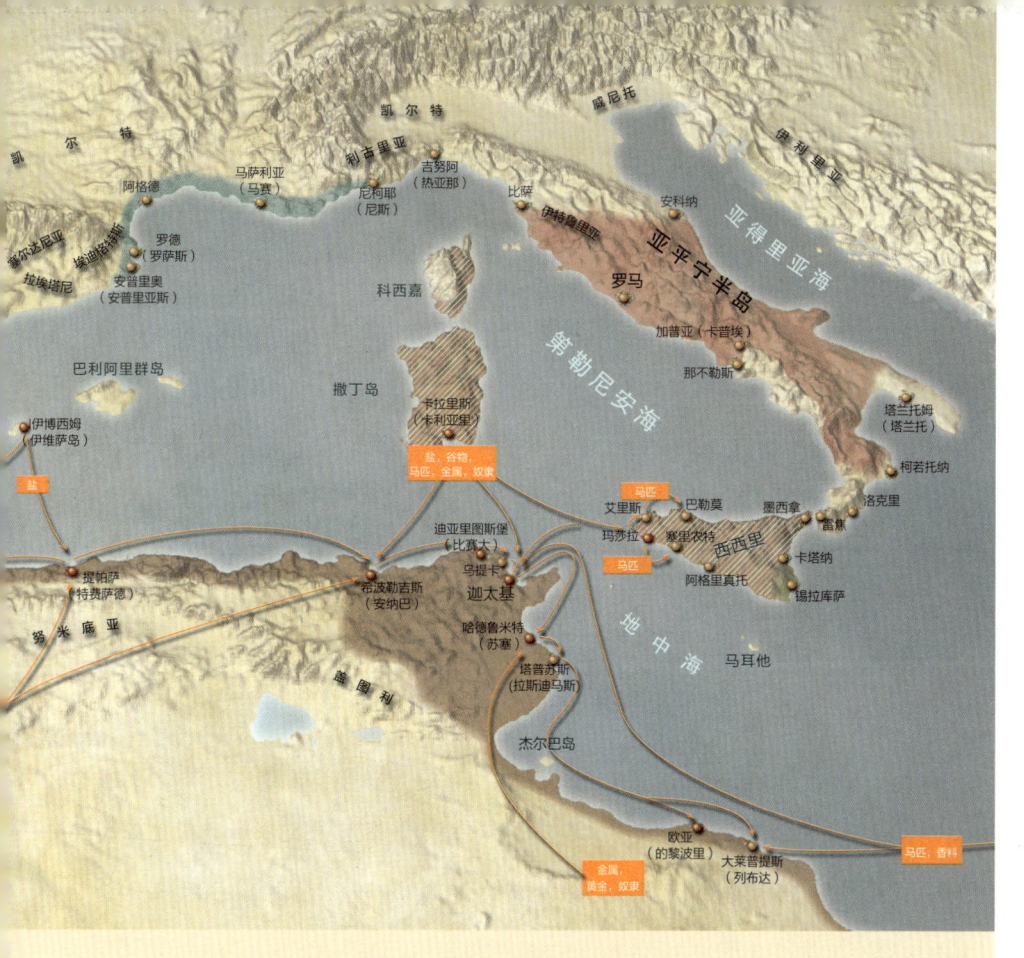

纪的迦太基已经采取了帝国主义路线，在西西里岛与罗马发生了冲突。在第一次布匿战争和失去对地中海中部的控制之后，迦太基人穿过伊比利亚半岛，并在那里建立了诸如阿利坎特和卡塔赫纳等中心城市；后者成为伊比利亚半岛上迦太基政权的中心。

发了一场分裂迦太基精英阶层的辩论：扩张应该更多地集中在地中海，还是在非洲土地上？

正如伟大的希腊历史学家波利比·德·梅加洛波利斯所言，非洲领土有两种类型。第一类是城市领土，由迦太基人供给和开发。迦太基人享有"优秀农民"的美誉，这一点在马戈于公元前3世纪编著的《农业条约》（*Traité d'agriculture*）中得到了证实。这部著作是古代农学的参考著作之一，很快就被翻译成拉丁文。第二类是属于迦太基的非洲领土，由当地人耕种。后者必须将部分作物交给迦太基作为贡品。

在不同程度上附属于迦太基的殖民地，似乎拥有与大都市相同的机构：一所由两名法官组成的修士院，每年任命，并掌握行政权；参议院，其成员为终身制，行使立法权；最后，还有一个平民议会，但权利有限。

与文学作品中描绘的迦太基军队主要由雇佣兵组成的传统形象相反，迦太基公民也参与了布匿战争。在地中海的鼎盛时期，迦太基有一支优秀的水手队伍，主要由迦太基公民组成，这支队伍在关键时刻使形势朝着有利于迦太基人的方向转变。因此，许多迦太基人成了汉尼拔在意大利的大军的一部分。公元前146年，最后一批保卫迦太基城的人也是迦太基公民。

迦太基军队还得到了辅助军的增援，辅助军的规模视情况而有差异，其成员来自属地或盟军地区，汉尼拔领导的著名的努米底亚骑兵就是这种情况。迦太基也有由雇佣兵组成的部队，这些雇佣兵在对罗马的战争中发挥了重要作用。多亏了他们，迦太基军队才拥有专业的、训练有素的士兵，从而避免了公民的重大损失。然而，雇佣兵可能会引起纪律问题，特别是在战败或不付款的情况下，可能会引发叛乱。

使用大象作为战争武器也是迦太基军队的一个特点。汉尼拔翻越比利牛斯山和阿尔卑斯山脉时，这些大型动物一直陪伴其左右。迦太基舰队是这座城市军事力量的另一个决定性因素，直到第二次布匿战争结束；它比罗马舰队大得多，布匿战争爆发时，罗马舰队还几乎不存在。不幸的是，局势渐渐不利于迦太基，其对陆地大国罗马的失败，被证明是不可避免的。

西西里岛的分歧

从公元前509年开始，地中海西部的贸易大国迦太基和前途无量的亚平宁城邦罗马签订了几项联盟条约。然而，到了公元前4世纪末，当罗马共和国开始逐步有条不紊地扩张其在意大利的领土时，迦太基开始觊觎这位盟友的胜利。

第一次布匿战争的主要战场是西西里岛。战争初期，迦太基人占领了西西里岛的西部，而另一部分领土则掌握在希腊人手中，尤其是锡拉库萨城。大约公元前289年，在意大利中部和南部分别来自萨姆尼亚和坎帕尼亚的雇佣兵"玛尔美提人"，他们利用锡拉库萨国王阿加托克利斯之死和希罗二世的继位，占领了位于西西里岛东北端的希腊要塞墨西拿。"玛尔美提"这一名字来自"Mamers"，意为"战神玛尔斯之子"，他们在墨西拿杀害或驱逐男性公民，侵占了他们的财产，占有了妇女和儿童。在公元前280—前275年伊庇鲁斯国王皮洛士的战争中，迦太基人通过玛尔美提人更好地了解了西西里岛。皮洛士战败后，玛尔美提人洗劫了西西里岛东北部的希腊社区。公元前268年，锡拉库萨的希罗二世成功地制约了玛尔美提人，并迫使他们撤退到墨西拿。玛尔美提人开始向罗马人和迦太基人寻求帮助。迦太基人认为这是一个很好的机会，可以通过在卫城设防来扩大他们在该岛东部的影响力，并立刻同意了。然而，执政官阿庇乌斯·克劳狄·考德克斯获得了"百人团会议"的支持得以出兵，并推动与玛尔美提人建立一项平行条约。玛尔美提人则分为联盟罗马人和联盟迦太基人两派。最终，他们决定与罗马人联盟，因为罗马将领们渴望与迦太基人作战。

促使罗马进行干预的原因之一，是罗马不仅要征服墨西拿，而且要征服锡拉库萨，以获得巨额战利品和赔偿，而锡拉库萨无论如何都不能落入迦太基人之手。征服西西里岛还可以为罗马带来肥沃的土地，确保谷物的供应。此外，罗马认为，墨西拿与亚平宁半岛隔海相望，墨西拿的迦太基人对罗马是一种威胁。罗马最终说服由帝国主义精英领导的参议院以迦太基和玛尔美提之间建立的联盟为"战争动机"，发动了一场先发制人的战争。

第一次布匿战争

由执政官阿庇乌斯·克劳狄·考德克斯指挥的罗马军队离开了卡拉布里亚的雷焦港，向墨西拿进发。面对罗马人的到来，保护城市的迦太基守军，在汉农的指挥下，选择了撤退。锡拉库萨方面决定与迦太基结盟，而迦太基在此之前一直是它的对手，这一联盟充分显示了锡拉库萨对罗马的惧怕。阿庇乌斯·克劳狄·考德

| 罗马与迦太基

> **第一次布匿战争的关键日期**
>
> **公元前 264 年**
> **第一次布匿战争开始** 罗马攻占墨西拿。希罗二世与罗马人签署和平协议。
>
> **公元前 262 年**
> **罗马围攻阿格里真托** 迦太基人汉农前来帮助,但罗马赢得了战争。
>
> **公元前 260 年**
> **罗马人在米莱取得胜利** 执政官杜伊利乌斯摧毁了迦太基舰队,解放了塞吉斯特和马凯拉。
>
> **公元前 259—前 258 年**
> **西西里岛中部和南部的战斗** 迦太基攻击恩纳和卡马里纳。作为报复,罗马人也占领了米提斯顿。
>
> **公元前 256—前 255 年**
> **罗马进攻迦太基** 执政官马尔库斯·阿蒂利乌斯·雷古鲁斯被斯巴达将军克桑提普斯击败。
>
> **公元前 254—前 242 年**
> **罗马人对利利卑和德莱帕那发动进攻** 哈米尔卡·巴卡进行了反攻,但最终还是失去了这两座城市。
>
> **公元前 241 年**
> **埃加特斯群岛海战** 迦太基人溃败。哈米尔卡·巴卡与执政官盖乌斯·卢塔蒂乌斯·卡图卢斯签署和平协议。

克斯领导了对希罗二世的战争,并取得了胜利。随后,公元前 263 年,马尼乌斯·奥塔基利乌斯·克拉苏和马尼乌斯·瓦莱里乌斯·梅萨拉率领的罗马军队成功地包围了锡拉库萨。希罗二世别无选择,只能承认罗马人至高无上的统治,此外,罗马人还要求希罗二世支付相当于 100 塔兰特银币的战争赔款。就这样,锡拉库萨与罗马结盟,与迦太基争夺西西里岛。

公元前 262 年,尽管迦太基人动员了大批特遣部队,罗马仍继续挺进。执政官卢基乌斯·波斯图米乌斯·梅格鲁斯和昆图斯·马米利乌斯·维图鲁斯成功地占领了该岛西南部的阿格里真托飞地。攻城战持续了七个月之久,罗马人克服了各种障碍,如防御工事和一支由庞大军队支持的强大守备部队。迦太基人被击败,阿格里真托城落入罗马人手中,罗马人对其进行了掠夺,并奴役了幸存者。

第二年,在西西里岛北部海岸的米莱海战中,罗马凭借一支强大的舰队击溃了迦太基人。罗马把这场意外的胜利归功于执政官杜伊利乌斯的策略。据说,罗马人为他们的船只配备了登船吊桥,让迦太基人的船更容易靠近,这样他们便能部署步兵。随着迦太基的统治范围缩小到西西里岛、利利卑(现在的玛莎拉)和德莱帕那(特拉帕尼),罗马元老院决定出兵干预科西嘉岛,迦太基人在那里也有很大的利益。这次干预导致了罗马对阿拉利亚的征服。

公元前256年夏天,一支由执政官卢基乌斯·曼利乌斯·乌尔索·隆古斯和马尔库斯·阿蒂利乌斯·雷古鲁斯率领的罗马大舰队离开墨西拿港,向迦太基进发。在克里比亚附近登陆后,罗马人洗劫了该地区。随着冬天的临近,罗马人决定减少军队人数,只剩一名执政官马尔库斯·阿蒂利乌斯·雷古鲁斯留在了非洲。后者打败了伟大的迦太基军队,成功夺取了阿迪斯城(乌德纳),这使罗马军队士气大振,向迦太基城进发。

迦太基人在斯巴达将军克桑提普斯的率领下,进行自卫反击战。这支军队对罗马人造成

锡拉库萨

罗马军队占领锡拉库萨是布匿战争中最重要的事件之一。这座城市位于西西里岛东海岸,自公元前275年起一直由希罗二世统治。最初,希罗二世与迦太基结盟。第一次战败后,希罗二世决定加入罗马阵营。然而,他的继任者与迦太基重修旧好。因此,公元前212年,罗马占领了这座城市,使其成了罗马西西里省的一部分。

插图 公元前2世纪建造的罗马圆形剧场。

罗马与迦太基

一支统治海洋的大型舰队

第一次布匿战争初期，罗马建立了第一支大型舰队，由100只五层桨座战船和29只三层桨座战船组成。尽管迦太基人经验丰富，但罗马阵营采用了新技术，如"乌鸦吊桥（corvus）"，并取得了胜利。

两军主要由三种类型的船只组成：五层桨座战船、三层桨座战船以及双层桨座战船。五层桨座战船长45米，可容纳420人：120名士兵和270名桨手，每边各排5队，配有50支桨。三层桨座战船长35米，可容纳200人，其中170名桨手，排成三行，操纵30支桨。双层桨座战船长24米，共计50名桨手，成两行排列。

插图 出自帕莱斯特里那的罗马双层桨座战船浅浮雕（考古博物馆，帕莱斯特里那）。
① 乌鸦吊桥。类似抓钩的登船系统：吊桥的前端有一形似鸟喙的重型铁钉。当吊桥下落时铁钉可以刺入敌船的甲板，使得两船相互固定，从而为罗马弓箭手进入敌船提供了通道。布匿战争结束后，就不再使用了。② 战斗塔。靠近乌鸦吊桥，用于容纳弓箭手。③ 桨手位置，可以按照不同的指令排列。

男子头像

由陶土制成，刻画了一个典型的迦太基年轻人，他留着长发和大胡子，但小胡须刮得很干净。在地中海两岸的几乎所有领土，特别是在西西里岛和巴利阿里群岛等岛屿上，都可以看到这张略显严肃的脸。

插图 该作品来自迦太基，其历史可追溯到公元前5世纪（巴尔多国家博物馆，突尼斯）。

了毁灭性的打击。马尔库斯·阿蒂利乌斯·雷古鲁斯和他的500名士兵一起被俘。

这一事件改变了双方局势，并导致了两军在西西里岛的新冲突。罗马派去营救马尔库斯·阿蒂利乌斯·雷古鲁斯军队幸存者的小分队在途中遭遇暴风雨，这一意外情况也是双方局势发生转变的决定性因素。尽管如此，罗马人还是设法在短时间内重建了他们的大部分舰队。公元前254年，罗马对西西里岛的迦太基中心之一——巴勒莫发动了陆海进攻，最终征服了该地。公元前250年，执政官卢基乌斯·曼利乌斯·乌尔索·隆古斯和马尔库斯·阿

蒂利乌斯·雷古鲁斯向西西里最后两个迦太基领地——利利卑和德莱帕那发动了进攻。由于独特的战略条件和强大的防御工事，对这两个城市的围城极其复杂。此外，公元前247年，哈米尔卡，通常称其为"巴卡"（字面意思是"闪电"），迦太基精英战斗派别的领袖，被任命为迦太基军队的指挥官。哈米尔卡·巴卡在意大利南部海岸和西西里内陆的战役中接连取胜。然而，迦太基精英阶层内部的持续分歧使其无法乘胜追击，这给了罗马宝贵的时间重组舰队并为最后的进攻做准备。公元前242年的夏天，罗马军队在执政官盖乌斯·卢塔蒂乌斯·卡图卢斯的带领下，向德莱帕那要塞派遣舰队，使迦太基人措手不及。就这样，罗马人成功地包围了利利卑和德莱帕那。

最后的战役

公元前 241 年早春，罗马人和迦太基人在埃加特斯群岛附近再次发生海上冲突。这是最后一场战斗。由汉农率领的迦太基战船，由于载重过重，施展不开，面对罗马舰队的突袭，束手无策。迦太基人被迫求和。最后，盖乌斯·卢塔蒂乌斯·卡图卢斯和哈米尔卡·巴卡签署了一项条约，结束了第一次布匿战争。

根据该条约，迦太基人同意离开西西里岛，放弃与罗马盟友锡拉库萨的希罗二世的战斗，并释放罗马俘虏。两国承诺不攻击彼此的盟友。罗马要求战争赔偿，最初是 2000 塔兰特，且迦太基人必须在接下来的 20 年里还清。然而，不久之后，罗马人便制定了更为苛刻的经济赔偿条款：赔款总额增至 3200 塔兰特，10 年内还清，其中，先行支付 1000 塔兰特，剩余部分分 10 年支付，每年 220 塔兰特。此外，罗马还要求迦太基撤离位于西西里岛和意大利之间的利帕里群岛。很明显，条约中并没有任何有利于罗马商人的明确条款。罗马商人在战争中发挥了重要作用。他们中的许多人（超过 500 人）被迦太基俘虏，后被罗马用迦太基囚犯换回。

罗马人在第一次布匿战争中获胜的另一方面导致了为迦太基而战的雇佣兵们没有得到报酬。这些雇佣兵被哈米尔卡·巴卡和哈斯德鲁巴·吉斯戈共同从西西里岛转移到非洲大陆，最终爆发叛乱并包围了迦太基。

这场由马索、斯宾迪奥斯和奥塔利特联合领导的叛乱持续了三年多，从公元前 241 年一直到公元前 238 年。雇佣军还与深受迦太基人剥削的努米底亚人联合了起来。哈米尔卡取代汉农担任总指挥官，才使得迦太基平息了这场危险的雇佣军叛乱。哈米尔卡解除了叛军对迦太基城和乌提卡的围攻，随后，恢复了与努米底亚人的关系。

几次冲突后，迦太基军队损失惨重，最后，哈米尔卡终于成功击败了最后一个叛军首领马索，马索被俘并被处决。罗马抓住这个独特的机会，攫取土地。

公元前238年，反叛的迦太基雇佣兵承诺将撒丁岛割让给罗马人，随后罗马人介入撒丁岛。迦太基人重新控制了非洲领土后，准备了一支舰队来镇压叛乱。他们向罗马元老院提出抗议，但最终因害怕再次向罗马宣战而屈服。就这样，迦太基失去了对撒丁岛的控制，并承诺再支付1200塔兰特。

首批罗马行省

迦太基战败后不久，公元前241年，西西里岛成为罗马在意大利以外的第一个领地，也因此成为罗马的第一个行省。当时，"行省"一词是指大法官（行省总督）的活动范围。这一定义后来扩大到有指定界的领区。随着西西里岛行省的建立，罗马从岛上的迦太基人手中夺取领土，占为己有。罗马很快就耗尽了资源，并向当地居民征收什一税。锡拉库萨依旧独立、繁华，在罗马统治下也是如此。

科西嘉岛和撒丁岛于公元前227年成为罗马的行省。这两个岛分别被命名为"Corsica"和"Sardinia"，并交由行省总督负责维持秩序、收集贡品和资源。

由于受到了人民的顽强抵抗，罗马军队对这两个岛屿的征服无疑是残酷的。失去了像西西里岛、科西嘉岛和撒丁岛这样宝贵的领土，迦太基人开始寻找新的资源，以筹集欠罗马人的战争赔款，在伊比利亚半岛重整旗鼓。公元前237年，哈米尔卡·巴卡来到了加迪尔（罗马人称加得斯，即今天的加的斯）。没有人知道，这位迦太基将军是按照迦太基政府的命令行事的，还是自己主动采取的这一行动。但可以肯定的是，哈米尔卡·巴卡在迦太基精英中的影响力大增。

考虑到罗马人在雇佣军叛乱危机中的态度，以及他们侵占科西嘉岛和撒丁岛的方式，迦太基精英对其痛恨不已，哈米尔卡·巴卡正是利用了迦太基精英对罗马人的这种仇恨。无论如何，哈米尔卡在加迪尔的登陆标志着迦太基人在伊比利亚半岛扩张的开始。

迦太基的目的是建立一个庞大的领土帝国，以吸引重建迦太基王国所需的经济资源和人力资源。迦太基人并没有把自己局限在沿海地区，他们还冒险进入了伊比利亚半岛的内陆地区。

罗马与迦太基

波尔库纳的战士

该雕塑发现于一座伊比利亚王子的陵地。战士头戴盔甲，身配圆形盾牌，由皮带固定于胸前。伊比利亚战士的典型武器包括伊比利亚剑（falcata）、匕首和一到两支长矛。该作品可追溯至公元前5世纪，发现于塞里洛·布兰科考古公园（省博物馆，贾恩）。

寻找资源的迦太基

迦太基人不仅能够从莫雷纳山脉的矿山中提取宝贵的金属资源，而且还通过掠夺和对当地居民征税的方式获得巨大收益。此外，他们在伊比利亚半岛的扩张也使他们能够重新招募雇佣兵。迦太基人对西班牙领土的侵占引起了罗马人的警觉：公元前231年，罗马决定向哈米尔卡·巴卡派遣首位大使，以了解其意图。哈米尔卡保证说，这些征服的唯一目的就是清偿迦太基对罗马的债务。

哈米尔卡在阿克拉·勒克（现在的阿利坎特）实施了一项征服新领土的政策，主要是对付图尔德塔尼亚人。为此，他控制了莫雷纳山脉和瓜达尔基维尔河谷的矿区。然而，公元前228年，在对伊比利亚半岛东部的一次远征中，哈米尔卡在赫利克围攻（很可能是现在的埃尔切-德拉谢拉）中不幸牺牲。他的女婿，"美男子"哈斯德鲁巴尔，接替了他的位置。他与当地部族签订协定，制定了一项政策，从而巩

迦太基士兵的武器

迦太基士兵佩戴金属头盔、护胸甲、凹面盾牌以及包裹小腿和脚踝的高护腿铠甲来保护自己。士兵们的武器通常是5至7米长的长矛，以及用于肉搏的短剑。有些部队经过专门的埋伏训练，用标枪代替长矛。士兵们通过从战败者手中夺取武器来丰富自己的装备。

❶ **三叶形护胸甲** 护胸甲上装饰有东方风格的装饰细节和花卉图案，描绘了一个头戴王冠的保护女神的形象；该护胸甲很可能属于一位迦太基高级军官。该装备可追溯到公元前3世纪或公元前2世纪，现存于突尼斯的巴尔多国家博物馆。

❷ **保护者** 这是迦太基人崇拜的一个腓尼基神灵，名叫巴阿尔•哈蒙，罗马语中意为"土星"。这是迦太基人祭祀的主要神灵（尽管对此存在争议）。他的座下弟子塔尼特是庇佑丰收和生育的月亮女神。

伊比利亚同盟的武器

迦太基人征服伊比利亚半岛后，半岛上的雇佣军就迅速成群结队地加入了军队。伊比利亚人和凯尔特人使用标枪和投石器，用金属、皮革或木头制成的圆盾保护自己。战斗的主要武器是短而弯的伊比利亚剑，以及带有三角形刀片的带触角的剑。一些凯尔特部队使用了火箭（falcata），这是一种燃烧武器，由一个木制把手和一个金属尖组成，金属尖周围缠绕着浸有沥青的羊毛。

❶ **伊比利亚剑** 是半岛上最常见的武器，由钢制成，刀锋长达半米。图中的剑可追溯到公元前4—前3世纪。

❷ **盾牌** 这个圆形盾牌可追溯至同一时期，镶嵌在木头上的凸起部分由金属制成（国家考古博物馆，马德里）。

罗马与迦太基

巴卡家族，迦太基帝国主义的化身

巴卡一家（巴卡意为"闪电"）组成的贵族家族，在对抗罗马的战争中发挥了重要作用。其创始人哈米尔卡·巴卡在第一次布匿战争失败后，率兵征服了伊比利亚半岛大部分地区。

哈米尔卡的三个儿子，汉尼拔、哈斯德鲁巴和马戈，是第二次布匿战争中的主要将军。他的女婿，"美男子"哈斯德鲁巴尔，接替他成为伊比利亚军队的指挥官。"美男子"哈斯德鲁巴尔去世后，汉尼拔接任指挥官，向罗马宣战。汉尼拔在意大利征战期间，他的两个兄弟在伊比利亚领军作战。只有汉尼拔在第二次布匿战争中幸免于难，并不得不在公元前195年离开迦太基，前往塞琉西国王安条克三世、比提尼亚的普鲁西亚斯一世的宫廷中避难。这枚公元前3世纪的迦太基硬币上印有汉尼拔头像（国家考古博物馆，西班牙马德里）。

```
              哈米尔卡·巴卡
                   │─────────── "美男子"哈斯德鲁巴尔
                   │              （哈米尔卡的女婿）
        ┌──────────┼──────────┐
     哈斯德鲁巴   汉尼拔       马戈
```

固了在此之前被兼并的领土。为此，他娶了属于奥尔塔尼人的伊比利亚国王的女儿为妻。哈斯德鲁巴尔还负责建立了"新迦太基"（拉丁语为 Carthago Nova，即现在的卡塔赫纳），新迦太基区域内拥有丰富矿产，还是一个天然港口，地理位置优越，便于半岛内部沟通，具有很强的战略意义。因此，新迦太基成了伊比利亚迦太基王国的主要城市。

哈斯德鲁巴尔在新迦太基安定后，接待了一名新的罗马大使，该大使希望迦太基人放缓令罗马人倍感焦虑的扩张的脚步。公元前226年，双方就这一点缔结了一项协定，称为《埃布罗条约》。这是对公元前241年条约的补充，该条约明确禁止迦太基人越过埃布罗河以北，从而限制了他们的扩张。哈斯德鲁巴尔是这场谈判的获胜方；条约承认迦太基人对埃布罗河以南领土的主权。

当时的罗马正在征服山内高卢，无法对迦太基提出太严格的要求。他们只是迈出了限制迦太基向伊比利亚半岛扩张的第一步。公元前221年，哈斯德鲁巴尔被一个当地人杀害，此人想要为他主人的死报仇。哈米尔卡·巴卡的儿子，25岁的汉尼拔成了迦太基军队的领袖。他被任命为迦太基军队的总司令时，引起了迦太基保守派精英的反对。尽管如此，这一任命还是被通过了，因为巴卡家族在元老院和迦太基人民中有着不可否认的影响力。汉尼拔被希腊和罗马的历史学家认为是对罗马人仇恨的化身，是一个尽管有军事才华却被卑鄙的恶行所驱使的人物。

汉尼拔继续父亲哈米尔卡的侵略政策，比哈斯德鲁巴尔的侵略政策更军国主义。然而，他并没有忽视外交方面的问题，并以他的前任哈斯德鲁巴尔为榜样，娶了一位来自卡斯图洛的年轻姑娘。这位伟大的军事家指挥军队远征半岛内部，到达北部高原，寻找资源、战利品和雇佣兵。远征期间，他与奥卡德斯部落（居住在瓜迪亚纳河以北的凯尔特人）交战，然后穿过塔霍河，抵达萨拉曼卡的核心地带，与瓦凯伊人（卡尔特人后裔）交战，随后又占领了杜埃罗河岸的托罗。

公元前221年至公元前220年，汉尼拔凯旋，战胜了卡尔佩塔尼亚人以及首都为托利多的凯尔特人。除了霸权主义的领土扩张，迦太基到这些半岛内部的军事远征的目的还在于寻找贡品和战利品。汉尼拔占领了直到萨贡托的整个地中海东海岸；这一事件引发了第二次布匿战争。

第二次布匿战争

罗马和迦太基之间在第一次布匿战争之后的第二次冲突，引起了历史学家的关注。许多古代文学资料都详尽地描述了这一事件。然而，这些资料大多偏袒罗马人，尤其是波利比乌斯的著作。这些文献指出，迦太基人，尤其是他们的指挥官汉尼拔，对发生在萨贡托的冲突负有责任。

这位迦太基将军以托罗波提人（迦太基人的盟友）遭到萨贡托居民的袭击为由，包围了萨贡托。托罗波提可能过去从属于萨贡托，他们希望削弱罗马盟友、强大的地中海东海岸中心城市萨贡托的力量，并结束萨贡托对托罗波提领土的奴役。

萨贡托的牺牲

公元前 219 年，古城阿斯被汉尼拔围困时，是一个繁华的城市。罗马共和国花了很长时间帮其解困，这导致汉尼拔占领了萨贡托，并开始了第二次布匿战争。这幅由吉罗摩·迪·罗马诺（1485—1566 年）创作的铜版画描绘了萨贡托居民的传说。他们宁愿纵火自焚，也不愿死在汉尼拔手里（德文郡收藏，查兹沃斯）。

公元前 219 年秋天，经过 8 个月的围攻，汉尼拔攻占了萨贡托，并在城里驻扎军队。罗马认为这一事件是迦太基人的挑衅，因此宣布这是一场"正义之战"。罗马共和国认为这次侵略违反了公元前 226 年的《埃布罗条约》，该条约由哈斯德鲁巴尔签订，禁止迦太基人越过埃布罗河。罗马派遣由著名的元老院议员昆图斯·费边·马克西穆斯·维尔鲁科苏斯率领的使团到迦太基，正式向其宣战。公元前 218 年的 4 月底或 5 月初，汉尼拔决定率领 9 万名士兵和 1.2 万名骑兵穿越埃布罗河。

第二次布匿战争开始的时间，一直是历史学家们争论的话题。有些历史学家认为，攻占萨贡托并没有违反公元前226年的条约，因为萨贡托是迦太基向埃布罗河扩张的极限。编年史家波利比乌斯明确地指出，萨贡托位于埃布罗河以北。他可能会犯地理错误，就像他之后的其他作家那样。另一种假设认为，条约中提到的河流不是埃布罗河，而是另一条河流，如流经萨贡托以南的朱卡尔河。萨贡托在公元前226年罗马与迦太基签订条约后，成为飞地，考虑到这个位于半岛地中海东海岸的飞地在经济和商业上的重要性，萨贡托和罗马之间也有可能结成联盟。

萨贡托的重要性可以追溯到史前时代，这一点在希腊的长篇著作和商业书信中得到了证实，这些文字记载了希腊的安普里亚斯殖民地和利翁湾的其他飞地之间的密切关系。事实上，从公元前3世纪开始，罗马商人就常常出现在半岛的东北部，这就强化了罗马和萨贡托之间存在联盟的理论。

无论事实如何，罗马为进军萨贡托并宣布这是一场正义的战争，找到了一个完美的借口：保卫盟友。而事实上，面对迦太基对西班牙领土的侵占，为了保卫土地资源，罗马发动了一场先发制人的战争。迦太基也在寻求战争契机，因为它知道自己进军半岛的行为必定会增加罗马人焦虑的情绪。

第二次布匿战争的关键日期

公元前219年

萨贡托沦陷 汉尼拔攻占了罗马盟友萨贡托，引发了第二次布匿战争。

公元前218年秋

穿越阿尔卑斯山 尽管遭遇寒潮和当地部落的攻击，汉尼拔的军队越过阿尔卑斯山到达意大利。

公元前218年冬

意大利半岛战争 汉尼拔几天内先后在提西努斯河战役和特雷比亚河附近战胜了罗马人。

公元前217年

特拉西梅诺湖战役 汉尼拔在特拉西梅诺湖与罗马军团交战，并取得了胜利。死亡人数为15000人。

公元前216年

坎尼战役获胜 汉尼拔最伟大的胜利就是在这片开阔的土地上取得的。在这场战斗中，5万罗马士兵阵亡。

公元前203年

汉尼拔离开意大利 汉尼拔在意大利半岛坚持作战16年后，终于离开了这个国家。

公元前202年

扎马战役 西皮奥在这场战役中击败了汉尼拔。

汉尼拔征战意大利

在决定越过埃布罗河之后,汉尼拔想出了一个让罗马人大吃一惊的战略。他的计划是穿越半岛东北部和高卢南部,避开与罗马结盟的希腊领土,使意大利成为主战场。罗马曾预言两国会在西班牙和非洲的土地上交战,而汉尼拔的战略完美避开了这一预言。

在深秋的时候,穿越比利牛斯山脉和阿尔卑斯山是很危险的。然而,对迦太基人来说,陆路路线仍然是最安全的,因为公元前241年的条约、条款大大削弱了迦太基人的海军力量。此外,汉尼拔也了解埃布

罗河以南和高卢南部的地形。他知道，罗马人无法阻止他翻越阿尔卑斯山。在组织了对西班牙领土的保卫战，并将总指挥的职位交给了他的弟弟哈斯德鲁巴之后，汉尼拔从内陆穿越比利牛斯山脉，率领 5 万名士兵、9000 名骑兵和 37 头大象向意大利进发。

一路上，汉尼拔总是选择内陆路线，以避开希腊的沿海飞地，尤其是罗马的忠实盟友马赛。因此，除了几次小冲突之外，他几乎没有遇到什么障碍。他还赢得了被罗马人压迫的山内高卢人的信任；汉尼拔的军队中有许多高卢特遣队。他迅速向意大利推进，打

汉尼拔在意大利

这幅雅格布·里潘达（16 世纪）的作品，再现了第二次布匿战争中，汉尼拔率军翻越阿尔卑斯山的场景。翻越阿尔卑斯山是军事史上最著名的军事行动之一。11 月中旬，这位将军率领 5 万人的军队和 37 头全副武装的大象向意大利进军。汉尼拔在意大利土地上 16 年不败（卡皮托里尼博物馆，罗马）。

乱了罗马的计划。这得益于罗马人的缓慢反应，因为他们正忙于应对几个高卢部落的起义，主要是波河波伊人和因苏布里亚人。起义使得执政官普布利乌斯·科尔内利乌斯·西庇阿未能及时赶到马赛，在汉尼拔的军队到达阿尔卑斯山前截住他们。

当普布利乌斯·科尔内利乌斯·西庇阿到达罗讷河时，汉尼拔已经提前四五天到达了。因此，他决定立即返回意大利，和另一名执政官提贝里乌斯·塞姆普罗尼乌斯·隆古斯一起组织防守。提贝里乌斯·塞姆普罗尼乌斯·隆古斯也不得不匆忙地从西西里岛返回，当时的他正驻守在西西里岛，准备向非洲发动进攻。尽管如此，普布利乌斯·科尔内利乌斯·西庇阿还是决定采纳元老院的意见，派其兄弟格涅乌斯率领大约25000人的军队前往西班牙，以阻止迦太基在伊比利亚半岛的势力，并切断对汉尼拔军队的补给。在罗马人看来，控制或至少尽可能削弱迦太基人在西班牙土地上的基地似乎是必要的。

公元前218年秋，汉尼拔翻越了阿尔卑斯山（可能是通过现在的蒙特热内夫尔山口）。这次远征持续了两个星期，是一次真正的挑战。到了熟悉的意大利土地上后，汉尼拔立即制定了一项联盟政策，以补充军需，重组军队，同时也将罗马与其意大利同盟隔离开来。迦太基人深知，罗马的崛起是建立在意大利的统治之上的，但这种统治还没得到充分的肯定。汉尼拔进军意大利，试图以此打破罗马建立的联盟网络，煽动一些新近结盟的、忠诚度不高的盟友叛变。带着这一想法，汉尼拔毫不犹豫地宣布，他要把意大利人民从罗马的枷锁中解放出来。此外，为了证明他的善意，在战争的头两年，在提西努斯河、特拉西梅诺湖和坎尼接连取胜后，他还决定不交赎金就释放拉丁和盟军囚犯。这些确保他得到意大利人的支持、损害罗马人利益的措施，很快就产生了效果。

坎尼战役

公元前217年夏天，在特拉西梅诺湖惨败之后，罗马政府终于意识到其军团在战术上的劣势，并决定任命一名独裁官。这是一个特殊的地方行政长官，其手中的权力超越并且凌驾于一切之上，任期6个月。经人民议会批准后，执政官昆图斯·费边·马克西穆斯·维尔鲁科苏斯当选独裁官，他后来还于公元前215年、前214年和前209年担任执政官。这位独裁官和他的副手马库斯·米努西乌斯·鲁福斯采取拖延战术，有计划地拒绝与汉尼拔作战。这一策略为他赢得了"定时器"的绰号。然而，迦太基人深知罗马人的弱点，公元前216年春天，汉尼拔决定率军占领用来供给罗马军团的坎尼粮仓。汉尼拔知道，这一策略将彻底结束费边·马克西穆斯·维尔鲁科苏斯的谨慎拖延策略。

公元前216年，执政官盖乌斯·特雷恩蒂乌斯·瓦罗和卢基乌斯·埃米利乌斯·保卢斯（保罗·埃米尔）决定采取更激进的策略来对抗汉尼拔。公元前216年8月2日，两军都在坎尼附近，或许就在奥菲杜斯河（即今天的奥凡托河）河畔的平原上。此次交战伤亡严重：迦太基人只损失了6000人，且其中大部分是高卢人，但罗马人痛失45000名步兵和近3000名骑兵，其中包括执政官保罗·埃米尔。他们还失去了一位公元前217年的执政官——盖乌斯·塞尔维利乌斯·格米努斯以及卢基乌斯·阿蒂利乌斯、卢基乌斯·福里修斯·比巴库勒斯两位大臣，48个军官中的29个和大约80位元老院议员；此外，两万罗马人被俘虏。尽管此次战败使罗马陷入了非常困难的境地，但它还远远没有被征服。

坎尼战役胜利后，汉尼拔继续不懈地进行外交活动。这位迦太基将军知道他必须利用这一形势，尽可能地减少罗马的盟友，将其孤立是让它投降的唯一途径。带着这个目标，汉尼拔鼓励意大利部族和城市与迦太基签署条约。倒戈的城市中，有坎帕尼亚的加普埃，它享有罗马直辖市的地位，于公元前216年秋天加入了迦太基人的阵营。汉尼拔还得到了许多港口城市的支持，如位于布鲁提恩（卡拉布里亚大区）的洛可（洛克里）和克罗托内，以及布鲁提伊部落、卢卡尼亚部落，他们是意大利南部罗马化程度较低的民族。希腊殖民地塔拉斯（塔兰托）、梅塔蓬特和图里奥伊也与汉尼拔结盟，随后是一些伊特鲁利亚人部落，他们在战争期间多次威胁要背弃罗马人。汉尼拔向罗马的意大利同盟提出的条约保证了他们的完全自治，没有迦太基驻军，尊重其法律和制度，免除缴纳贡品，结束强制征兵。

汉尼拔还把马其顿王国列为他的盟友之一：为了给自己征战意大利找到支持者，这位迦太基统帅毫不犹豫地求助于马其顿国王腓力五世，并于公元前215年与他签

罗马与迦太基

汉尼拔进攻坎尼路线图

汉尼拔无法应对罗马舰队，尽管困难重重，他还是决定从陆路进军意大利。这一大胆的策略让罗马人大吃一惊，节节败退，在坎尼更是溃不成军。

公元前219年，汉尼拔开始了对萨贡托长达八个多月的围攻。胜利后，他将部队集结在①新迦太基，率9万士兵向意大利进发。公元前218年秋天，他开始了穿越阿尔卑斯山的冒险之旅，这是古代最著名的战略之一。据记载，罗马人无法抵御他的进攻，导致了3000到20000人的死亡。汉尼拔穿过波河流域，毫不费力地征服了②陶拉西亚（现在的都灵）。他没有让军队休息，继续向南推进，同时巧妙地操纵当地部落反抗罗马。尽管汉尼拔在提契诺、特雷比亚河和特拉西梅诺湖取得了胜利，但他不敢向重建了9万强大军队的罗马进军。尽管数量上不占优势，汉尼拔的军队还是在③坎尼3次击败了罗马军团，这是这位迦太基领袖的最后一次重大胜利。

勇气的象征

这个大理石狮头是尊严和王权的象征，位于迦太基市遗址马贡地区的一个古物陈列馆。

署了一项协议。事实上，汉尼拔利用了马其顿对罗马的厌恶，尤其是因为后者公元前229年以来在伊利里亚的活动。

与马其顿的条约是在坎尼战役后签署的。汉尼拔当时正处于鼎盛时期，他接受了腓力五世的帮助，作为交换，汉尼拔将罗马人驱逐出了达尔马提亚海岸。

公元前215年，汉尼拔获得了锡拉库萨的支持，当时，年仅15岁的希罗尼穆斯继承了老国王希罗二世的王位。希罗二世是希罗尼穆斯的祖父，也是罗马的盟友。年轻的希罗尼穆斯得到了摄政委员会的协助，该委员会鼓励他与汉尼拔

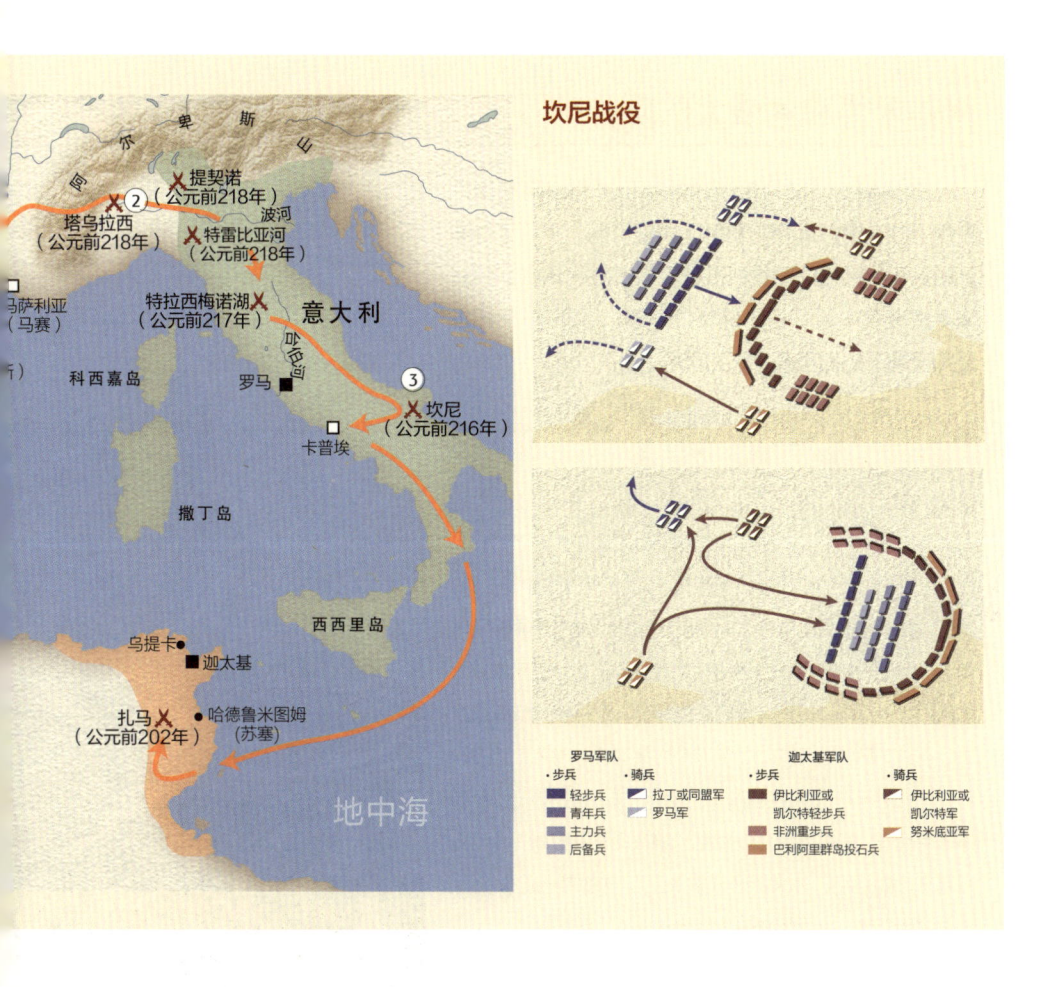

保持外交关系。汉尼拔派出了两名代理人，希波克拉底和埃皮西迪，他们都是出生于锡拉库萨的迦太基公民。两人扮演了中间人的角色，成功与锡拉库萨结盟，并承诺将该城市的霸权扩展到整个西西里岛。然而，公元前214年的夏天，一场由罗马支持者煽动的叛乱在锡拉库萨爆发。动乱中，年轻的国王及其家人遭到屠杀。

希罗尼穆斯的消失似乎有利于罗马的利益，但汉尼拔的代理人设法重新控制了局势，并确保了盟约的继续。然而，锡拉库萨对汉尼拔并没有多大帮助，因为在同一年，

■ 罗马与迦太基

阿基米德和他强大的防御机器

公元前3世纪的希腊数学家和发明家阿基米德在保卫故乡锡拉库萨时发挥了关键作用。多亏了他设计的机器，锡拉库萨得以抵抗罗马围城一年多。阿基米德的成就中最著名的是杠杆原理、圆周率 π 和主要几何图形的面积及体积的计算。

在阿基米德发明的所有战争机器中，除了弹弓，还有一项很有名，那就是"阿基米德的铁腕"。这是一种巧妙的抓钩，能够将船从墙头吊起，其运作细节在另一页的插图中有详细描述。据说，这位伟大的希腊科学家还发明了"热射线"，这是一种反射阳光的镜子系统，它能将阳光集中成一束，从而点燃敌方船只。这项发明是在锡拉库萨城被围困期间发明的，阿基米德逝世一个世纪后才有文字记载。该系统所需的条件太过特殊，因此完全有理由相信，这种武器实际上从未存在过。尽管公元前212年下令活捉这位数学家，但罗马历史学家对阿基米德之死仍有不同的说法。希腊传记作家普卢塔克写道，一名士兵命令阿基米德去见马塞拉斯，却遭到阿基米德的拒绝，他表示必须解决正在研究的一道数学题。面对这种拒绝，士兵用剑刺死了他。

插图 这幅18世纪的罗马马赛克画描绘了阿基米德之死，他在罗马人攻占锡拉库萨时被一名士兵杀害（古代雕塑博物馆，法兰克福）。

锡拉库萨不得不面对马尔库斯·克劳狄·马尔凯鲁斯将军、舰队首领阿庇乌斯·克劳迪亚斯·普歇尔的围攻。这次行动极其危险，除了强大的城市防御外，锡拉库萨还使用了由著名数学家和工程师阿基米德设计的机器。据说，阿基米德发明了一种装置，利用一套巨大的镜子系统，能够点燃罗马船只的船帆，通过科学为同胞服务。

① **抓钩** ② **船被吊起** ③ **船只被毁**

起重机吊杆越过墙壁；吊杆一端装链条，链条顶端悬挂抓钩，浸入水下。

抓钩紧紧抓住船首冲角，整个装置将船首托起几米高，造成恐慌。

由于滑轮和链条系统的作用，一旦船被提起，就会突然松开，撞入水中或撞到岩石上。

公元前212年夏，虽然以埃皮西迪为首的迦太基守军顽强抵抗，但马尔库斯·克劳狄·马尔凯鲁斯发现了一处特别脆弱的城墙，从而得以进入城中。西班牙雇佣军首领梅里科的背叛，使罗马人最终攻下了锡拉库萨。洗劫期间，许多锡拉库萨的居民要么死亡，要么沦为俘虏或奴隶。阿基米德是最著名的受害者之一，他被一名

37

罗马与迦太基

罗马军团士兵杀害，这名士兵违抗了将其活捉的命令。

对锡拉库萨的洗劫使罗马获得了一笔巨大的战利品，缓解了国库的紧张状况。这次胜利之后，罗马在恢复对整个西西里的统治方面几乎没有再遇到任何困难，包括公元前 210 年被迦太基人占领的阿格里真托。

汉尼拔的行动有其军事和外交目的，并不像人们普遍认为的那样，只是出于仇恨或毁灭罗马的欲望。事实上，在坎尼战役的胜利之后，汉尼拔并没有对这座城市发动最后的进攻，而是选择等待罗马政府进行谈判。

也许汉尼拔在坎尼战役之后没有围攻罗马，主要是出于后勤方面的原因：他的军队在经过长期战斗后需要修整，或者他可能面临补给问题。迦太基元老院无法为意大利战场分配必要的资源，这并非偶然——即使在汉尼拔通过他的兄弟马戈把在坎尼沦陷的罗马贵族的金戒指送交元老院之后也是如此。也许，迦太基人只是渴望荣耀、罗马的认可和投降，从而改变迦太基城第一次布匿战争以来所处的屈辱处境。

罗马的抵抗

尽管迦太基人在军事和战术上占据优势，但罗马帝国坚持抵抗，且兵力充足，这意味着，这是一场持久战，并最终导致了汉尼拔的失败。坎尼战役惨败后的第二天，罗马人民克服了恐慌，表现出极大的镇定，没有出现像迦太基将军所预计的军心动摇那样的状况。归根到底，他低估了罗马人及其忍受压迫的能力。此外，汉尼拔在意大利的联盟政策只取得了部分成功，仅限于半岛的南部地区：中部地区仍然忠于罗马，这起到了决定性的作用。

公元前 213 年到公元前 212 年间，虽然汉尼拔统治了意大利南部，但罗马人并没有投降。罗马意识到自己的军队在战术上的劣势，再次采取消耗战的策略，密切观察汉尼拔的行动，并围攻所有因人手不足而无法被迦太基守备部队防守的城市。借助这个策略，罗马人收复了失去的地区（如普利亚大区、坎帕尼亚或萨莫奈），控制了主要的反叛城镇（如公元前 201 年的锡拉库萨和加普亚，公元前 205 年的塔拉斯或洛可），最后成功地将汉尼拔阻断在意大利最南端。公元前 203 年，迦太基当局要求汉尼拔离开意大利。他被困在卡拉布里亚，没有任何行动自由。

第二次布匿战争是罗马的转折点。意大利是这场战争的主要战场之一，其严酷程度迫使人们付出了巨大的经济代价，并造成许多平民伤亡。对抗汉尼拔的第一次战争造成了灾难性的人员伤亡，古籍记载的数字触目惊心。

坎尼战役惨败后，罗马政府不得不采取特殊措施，这些措施遭到了民众的强烈质疑。例如，决定动员所有17岁以上的罗马公民；甚至还从无产阶级和赤贫公民中招募士兵，而在此前，这些人一直被排除在军队之外。由于兵力短缺，罗马政府还不得不从奴隶中招募划桨手甚至步兵，并归还他们的自由，这违反了所有既定的公民原则。

公元前214年，罗马有大约20个现役军团，相当于10万人。这对国家来说是一项巨大的经济开支，在耗尽最后的国库储备之后，除了贷款外，罗马政府没有其他办法来支付这些费用。罗马的精英们被迫割让部分财产和奴隶，用以发行债券。政府还不得不出售大量的国有土地。

残酷的战争也对罗马市民产生了巨大的心理影响。自战争开始以来，他们就一直为战败而焦虑不安。此外，战争还对政治和体制产生了影响，破坏了罗马司法机构所特有的轮换和年制原则。自公元前215年起，政府扩大了法官的权力，以改善军队在战场上的行动，并保证将军们决策的一致性。

此外，公元前217年，执政官再次当选必需的十年间隔期被废除了。例如，马尔库斯·克劳狄·马尔凯鲁斯在公元前222年担任执政官，并于公元前215年、前214年、前210年和前208年再次当选；昆图斯·费边·马克西穆斯·维尔鲁科苏斯分别于公元前215年、前214年和前209年担任执政官。然而，普布利乌斯·科尔内利乌斯·西庇阿·埃米利安努斯（即小西庇阿）的情况独一无二。公元前210年，25岁的小西庇阿被提升为伊比利亚半岛行省总督，他连续任职17年，直到公元前194年。汉尼拔的战略和战术让罗马人惊讶不已，他们不得不重新审视他们所有的军事方法。

西庇阿，一个为罗马扩张服务的贵族家庭

西庇阿属于科尼利亚的贵族氏族，在罗马共和国的帝国主义扩张中发挥了重要作用。公元前 350 年，从卢基乌斯·科尔内利乌斯·西庇阿开始，大约 20 名家族成员担任过执政官。他们还在各省担任指挥官和地方行政长官。

西庇阿家族一贯主张扩张，其中两个杰出的代表成了战胜迦太基并最终导致其毁灭的创导者：在扎马打败汉尼拔的普布利乌斯·科尔内利乌斯·西庇阿，即大西庇阿，以及在公元前 146 年攻占迦太基并在公元前 133 年攻占努曼西亚的普布利乌斯·科尔内利乌斯·西庇阿·埃米利安努斯，即小西庇阿。还有卢基乌斯·科尔内利乌斯·西庇阿·亚细亚提库斯，大西庇阿的弟弟，他在公元前 189 年的马格尼西亚战役中战胜了安条克三世。其中最著名的是大西庇阿，他在 17 岁时参加了提契诺战役，挽救了他父亲的生命。公元前 211 年，罗马军队在西班牙土地上溃败，大西庇阿和两个军团被派往那里。公元前 209 年，他征服了新迦太基城，这标志着两军冲突进入了一个新阶段。在将迦太基人驱逐出西班牙领土后，他指挥军队入侵非洲。公元前 202 年，大西庇阿在扎马取得了最后的胜利，也因此获得了"非洲征服者"的绰号。

插图 这尊半身像出自赫尔库拉涅乌姆的帕比里庄园（国家考古博物馆，那不勒斯）。

意大利以外的情况

伊比利亚半岛内部进行的军事行动与在意大利进行的军事行动同样重要。尽管罗马军队于公元前 217 年到公元前 215 年之间在意大利战场的战况令人担忧，罗马仍然继续向西班牙进发，执政官大西庇阿和弟弟格涅乌斯领导了一场战役，阻止汉尼拔的军队从后方获得补给。即使在公元前 211 年惨败之后，罗马也没有忽视西班

牙阵线。当时，两名罗马指挥官在位于半岛南部的一场雄心勃勃的战役中丧生，这场战役的目的是将迦太基人彻底驱逐出伊比利亚半岛。

第二年，年轻的小西庇阿接任行省总督，接管了行动指挥权，并准备对半岛上的迦太基首都新迦太基城发动大规模进攻。这次进攻是决定性的。年轻的小西庇阿犯了一个错误：放走了迦太基指挥官哈

普布利乌斯·科尔内利乌斯·西庇阿（大西庇阿）

费德里科·德·马德拉佐绘制的《西庇阿的节制》（皇家美术学院，马德里）。公元前209年，这位罗马统治者在攻占新迦太基城后，将一位伊比利亚公主献给了他的父亲。从文艺复兴和巴洛克时期开始，他的高贵品格就成了作家和画家最喜爱的主题。公元前2世纪，波利比乌斯首次提到，西庇阿的美德战胜了欲望，西庇阿被认为是罗马对抗西班牙部落的美德典范。

斯德鲁巴。哈斯德鲁巴在两万名士兵和一万名高卢辅助士兵的保护下，沿着哥哥汉尼拔同样的道路成功到达意大利，并于公元前 207 年与其会师。凯乌斯·克劳迪亚斯·尼禄和马库斯·里维乌斯·塞林领导率领四万人的军队，在哈斯德鲁巴前往普利亚中部的路上截住了他，此时的汉尼拔正在那里等着弟弟。公元前 207 年夏天，两军在梅陶罗河岸交战。寡不敌众的迦太基军队被击败。哈斯德鲁巴在一场殊死搏斗中，独自对抗罗马人，不幸身亡。战斗结束后，胜利者发现了他的尸身，砍下了他的头，扔进了汉尼拔的营地。此时的汉尼拔正在普利亚等待弟弟的到来。哈斯德鲁巴的战败，标志着西班牙和意大利战场的结束，罗马人获胜。

公元前 205 年，年轻的西庇阿第一次当选为执政官（当时他 30 岁），并被委任为西西里省的总督，这里是向迦太基发动最后一场进攻的理想平台。然而，这是一项艰巨的任务，因为他的计划遭到了颇有影响力的费边·马克西穆斯的强烈反对，费边是整个贵族派的领袖，他认为西庇阿的计划过于危险。毫无疑问，费边不愿看到把罗马带向最终胜利的是一个年轻将军。

尽管如此，公元前 204 年，这位年轻的将军带着 50 艘船和 25000 人的舰队离开了西西里的利利卑港。他在由提卡城附近登陆，当时那里是仅次于迦太基城的第二大中心。罗马军队立即得到了马西尼萨军队的增援；这个努米底亚国王被他的对手、迦太基人的盟友西法克斯赶下了王位。随着西庇阿对哈斯德鲁巴·吉斯戈和西法克斯军队的连续胜利，迦太基元老院不得不求助于仍在意大利的汉尼拔，并于公元前 203 年的秋天开始和平谈判。然而，当汉尼拔到达时，迦太基最终决定撕毁与罗马的协议。

战争的结束

最后一场战斗发生在迦太基首都附近的扎马；罗马将此次胜利归功于西庇阿实施的卓越战略，不可否认，这是对汉尼拔在意大利战术的模仿。胜利的另一个重要因素是罗马军队与马西尼萨经验丰富的努米底亚骑兵的合作，后者希望借迦太基的陷落获得巨大利益。面对这些损失，汉尼拔不得不带领军队离开之前的避难城市哈

迦太基：消失的文学，罗马人笔下的迦太基形象

迦太基的形象仍然充满了刻板印象和陈词滥调。这座城市在公元前146年被罗马摧毁，这标志着迦太基国的终结以及所有迦太基文献的消失。这就是为什么我们今天只读到亲罗马的叙述，因为这些都是胜利者所写的版本。

波利比乌斯、提图斯·利维乌斯、普鲁塔克、亚庇安、伊索克拉特和狄奥多罗斯·德·西西里等作家都认为迦太基是野蛮和充满恶意的国家，他们举行各种仪式，如molk，意为"献童子祭"。其居民被描绘成性格狡猾、贪婪、冷酷、愤怒、狂热和粗鲁的商人。像汉尼拔这样的领导人则被描述为对一切罗马事物怀有憎恨。与慷慨对待盟友的罗马不同，迦太基人背信弃义，一再打破既定的契约和条约。然而，这个关于迦太基世界的传说据说是在希腊产生的，在公元前5世纪的中世纪战争时，迦太基已经被认为是波斯的忠实盟友。这些陈词滥调歪曲了历史，与罗马著作相呼应，却没有考虑到迦太基文献的缺失。迦太基的文学资料几乎不存在。迦太基灭亡后，罗马迅速销毁了除马戈的农学专著之外的一切迦太基文学记载。这本书被翻译成拉丁文，与卡顿、华隆和科卢梅拉的作品一起成为参考著作。

插图 这座波利比乌斯的雕像位于维也纳议会对面。

罗马与迦太基

德鲁米特（苏塞）。这次战败是决定性的：罗马有1500人阵亡，而迦太基则损失了近20000名士兵，外加同样数量的俘虏。

扎马战役之后，罗马对迦太基强加了一项带有苛刻条款的和平条约，从那时起，迦太基地中海强国的形象就被蒙上了一层阴影。罗马要求所有仍在意大利的迦太基军队撤离，并承诺在未来5个月内从非洲撤军。迦太基人能够保留其自治权和努米底亚边界线以内的非洲领土，以及保留驻军的权力。他们还必须把窃取的领土归还给新努米底亚国王马西尼萨。因此，罗马促进了努米底亚王国的巩固，以便使后者对迦太基王国施加压力。

迦太基承诺释放所有的罗马囚犯，并交出接收到的所有异端分子和逃兵；解散海军，将整个舰队以及战斗大象交给罗马，只能留10艘防海盗的船。根据条约，没有罗马的允许，迦太基不能在非洲领土上发动任何战争。当然，罗马还要求迦太基支付一笔高额的战争赔偿：50年内要赔偿不少于一万塔兰特黄金。迦太基还必须选出100名年龄在14岁到30岁的男子赴罗马充当人质。

随着罗马重新控制这些领土，它对所有叛变的意大利部族进行了严厉的报复。卡普阿所遭受的镇压是众所周知的：当地那些要求弃城的精英分子被杀害，大部分人被驱逐或沦为奴隶。但还有其他例子：屠杀、驱逐、奴役、没收土地和打砸在意大利各地发生。第二次布匿战争在罗马人和意大利人之间造成了一种焦虑和不信任的气氛，这种气氛很久之后才被消除。因此，这次战争加强了罗马人对意大利的统治。

罗马在第二次布匿战争后对迦太基采取的措施取得了成效。虽然迦太基能够预见到一定程度的经济复苏，从而能够偿还罗马强加给它的沉重的战争赔款，但它不再具有以前的政治光环，其各项活动，特别是与努米底亚国王马西尼萨的连续冲突，都集中在非洲。

公元前153年，由马尔库斯·波尔基乌斯·加图（也称监察官加图或老加图）率领的使团，被派去仲裁迦太基和马西尼萨之间的冲突，这在罗马与迦太基的最后一次冲突（即第三次布匿战争）中起了决定性作用。老加图是公认的迦太基敌人，

以节俭和严谨的习惯而闻名。他惊讶于这座城市重建的速度，因为迦太基在罗马规定的时间内准时支付了赔偿金。回到罗马后，老加图在他所有的演讲中都会重复这样一句名言："在我看来，必须毁灭迦太基！"

在元老院内部，除了老加图外，还有其他人也呼吁结束迦太基作为一个独立国家的地位，导致元老院启动外交手段寻求战争契机。公元前150年，迦太基对努米底亚发动了一场军事行动，以回应由罗马支持的马西尼萨的挑衅。

迦太基的这一行为在罗马元老院看来违反了扎马战役后签订的条约。元老院要求立即停止敌对行动，并向努米底亚国王支付赔偿金。迦太基遵照罗马人的

大莱波蒂斯

大莱波蒂斯是迦太基王国的一座城市，建立于迦太基在北非的大扩张时期。在第三次布匿战争之前，这座城市一直是迦太基式的，汉尼拔在意大利战败后也在此处登陆。后来，像由提卡和其他城市一样，大莱波蒂斯落入了罗马人之手。伟大的罗马皇帝之一塞普蒂米乌斯·塞维鲁（公元146—211）就出生在这座城市。塞维鲁带领着大莱波蒂斯走向了繁荣的顶峰，共有10万居民。上图是该城的古集市。

汉尼拔，迦太基战略家和政治家

汉尼拔的军事才能被他的罗马敌人所认可，这一点在他带领军队离开补给基地的布匿战争中表现得尤为明显。仅仅两年，他就危及了罗马的存在。翻越阿尔卑斯山的过程持续了15天，消耗了他将近一半的兵力，这是历史上最令人钦佩的战争史诗之一。尽管疲惫不堪，人数不足，他还是在意大利领土上取得了四连胜。他巧妙地利用了当地部落对罗马的怨恨。在形势不利的情况下，他的谈判技巧和利用分歧的能力使他成为一名政治家。

插图 右图是莫斯科普希金博物馆收藏的朱里奥·罗马诺的油画，描绘了扎马战役；下图是一尊汉尼拔的大理石半身像，创作于16世纪下半叶（奎里纳勒宫，罗马）。

❶ 重标枪

重标枪是一根长1.20米的木棍，上面有一个长约60厘米的金属尖刺，可以穿透木盾，刺杀敌军。另一种较短的轻标枪射程较远，但穿透力较弱。

❷ 罗马步兵

为了保护自己免受大象的攻击，罗马军团的士兵们用刺耳的喇叭声吓退大象。然后，大象退至一旁，罗马军得以通行。就这样，他们打开了一个缺口，把箭刺向大象身体两侧。

❸ 大象

作为汉尼拔军队的重要组成部分，大象经常打头阵，其作用是践踏敌军的士兵。在扎马战役中，这位迦太基将军率领了近80头由印度血统的驯象人（mahout）驾驭的大象。

❹ 象轿

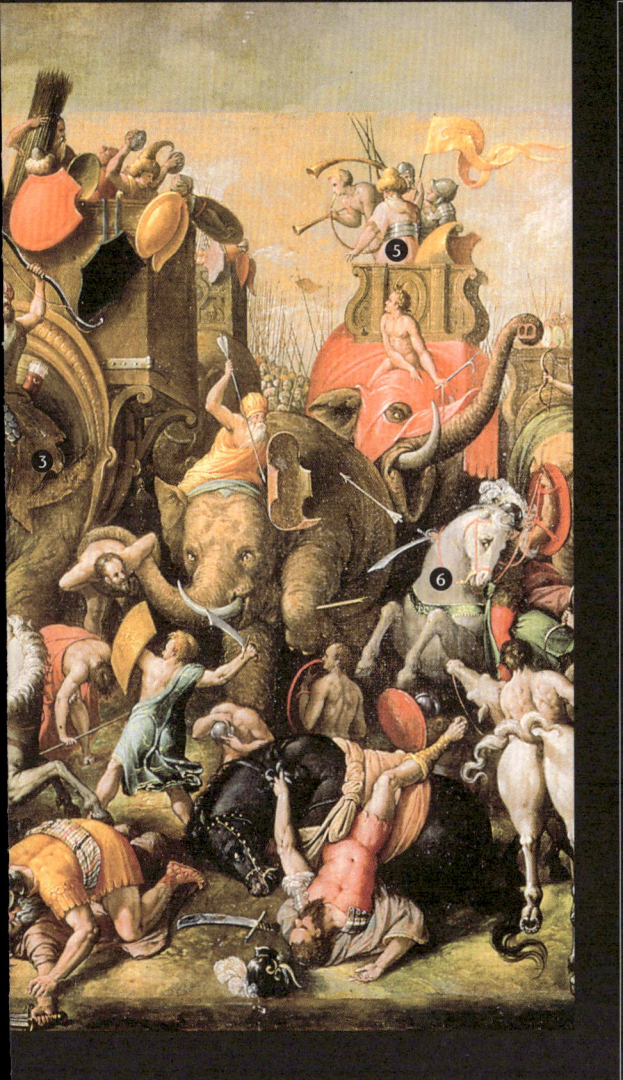

印度象用象轿（howdah）驮着军队。一路上，大象能够摧毁敌人，但如果控制不当，大象可能会转而攻击自家军队。因此，驯象人的战斗训练很重要。

❺ 汉尼拔

尽管这位画家描绘的是大象上的汉尼拔，但这位将军通常并不位于这个位置。他通常站在较有经验的士兵旁边。他精力充沛，沉着冷静，颇受将士们的欢迎和赞赏。

❻ 罗马骑兵

每个罗马军团都由骑兵和侧翼组成。布匿战争期间，努米底亚骑兵，以及敏捷却不守纪律的柏柏尔人和毛里塔尼人，是罗马战胜汉尼拔军队的决定性因素。

大象——迦太基的特遣部队

提到汉尼拔，人们就会想到大象。亚历山大大帝效仿了汉尼拔，塞琉西国王和托勒密王朝也是如此。在早前与伊庇鲁斯国王皮洛士的战争中，罗马就已经不得不面对这些动物了。公元前218年，汉尼拔试图率领37头大象前往意大利半岛，但在特雷比亚河战役之后，翻越阿尔卑斯山的大象只剩下了一头。汉尼拔在扎马的决战中也使用了大象，但最终还是败给了罗马人。大象的来源一直存在争议：这些是被印度人驯化的亚洲象，还是更难控制的非洲象呢？有人认为，汉尼拔使用的，似乎是一个现在已经灭绝的物种，来自非洲西北部的阿特拉斯山脉。这就解释了为什么他决定带着大象一起翻越阿尔卑斯山，但这也让人们对背着战斗塔的巨型动物的形象产生了怀疑，比如这个陶制的小雕像：大象背着战斗塔，由驯象师驾驭（国家考古博物馆，那不勒斯）。

罗马军队对迦太基的围攻和征服

最初，已投降的迦太基城，应罗马元老院的要求，放下武器，交出了人质。摧毁这座城市的命令迫使居民进行了绝望的抵抗。罗马人对迦太基城进行了围攻，切断了生存物质的供应，因此，被围困的居民重建了军火库，顽强抵抗了两年之久。

西庇阿·埃米利安的最后一次进攻打破了迦太基的防御，但对这座城市的全面征服持续了好几天，面对居民的抵抗，罗马人不得不逐门逐户地缓慢前进：居民一旦被抓，就会自杀，被杀害或奴役。这是一次无情的攻击。25万迦太基人中只有5万人幸存，其中大部分是妇女和儿童。按照罗马元老院的意愿，这座城市被夷为平地，田地里撒满了盐。在另一侧的照片中，我们可以看到是哈德良统治时期建造的迦太基罗马剧院的废墟。① 罗马营地。罗马军队部署了80000名步兵和4000名骑兵，以及150艘船组成的舰队。迦太基最高指挥官哈斯德鲁巴出乎意料地重建了大约50只三层桨战船。然而，当迦太基战船被摧毁时，所有与外界的联系都被切断了。② 三重防御墙。该墙曾被用来抵御第一次进攻，但在迦太基军队在开阔地带被击败后，它被证明是无用的。罗马人突破了三种防御墙，到达了防御脆弱的城市周边。③ 随着最后一次进攻的推进，罗马人摧毁了城市周边的防御工事。

新要求，承诺挑选300名儿童和青年精英作为人质，并交出所有的武器和物资。

公元前149年春天，罗马军队在由提卡城登陆。执政官路奇乌斯·玛尔奇乌斯·肯索里努斯和曼尼乌斯·曼尼利乌斯命令迦太基当局立即离开这座城市，

搬入北非内陆，并将人口分散到离海 80 多斯塔德（约 15 公里）的地方。迦太基人拒绝服从这一命令，罗马以此为借口，向迦太基宣战。由于无法通过协议解决冲突，迦太基元老院组织了抵抗，动员了包括奴隶在内的所有公民。迦太基凭借港口和卓越的防御工事，顽强抵抗了三年。这种不懈的抵抗最终被年轻

罗马与迦太基

的普布利乌斯·科尔内利乌斯·西庇阿·埃米利安努斯打败，他有着高贵的血统，是马其顿征服者路奇乌斯·埃米利乌斯·保路斯的儿子，也是在扎马战役中获胜的"非洲征服者"西庇阿的养孙子。虽然他既不符合法定年龄，也没有经过必要的"荣耀之路"（晋升体系），但西庇阿·埃米利安努斯还是在公元前147年当选为执政官，当时他只有37岁。

迦太基的战败

这位年轻的执政官重新整顿了军队，并成功占领了迦太基的郊区。他打败了阻碍围城的迦太基军队，并从陆地和海上完全封锁了这座城市。这样一来，迦太基城便无法长时间抵抗。公元前146年4月，西庇阿·埃米利安努斯下令攻城。罗马人趁着一些士兵因饥饿而变得虚弱、注意力分散的机会，爬上了一段城墙，进入了城墙的内部。罗马人在狭窄的街道上进行了8天的激烈战斗后，到达了比卡尔山城堡，那里是大部分迦太基人的避难所，当他们意识到敌军的优势时，最终选择了投降。许多市民在袭击中丧生，幸存的人被卖为奴隶；据估计，约有5万人。甚至迦太基诸神的雕像也被转移到了罗马。罗马宣布迦太基的土地为"被诅咒之地"，变为罗马公地，最终被夷为废墟。

胜利后，罗马将迦太基的前非洲属地割划分为行省。这样就形成了新的非洲行省，与现有的西西里岛、科西嘉岛和撒丁岛、伊比利亚半岛并列。西庇阿·埃米利安努斯庆祝了这一场辉煌的胜利，并像祖父一样，获得了"非洲征服者西庇阿"的绰号。迦太基被毁后，这块荒废的飞地一直被遗忘，直到公元前123年这一情况才发生了改变。这一年，盖乌斯·山普洛尼乌斯·格拉古发起了他最大胆的行动之一。他以平民护民官的身份，让人投票通过了《森布罗尼法》，在

第三次布匿战争的关键日期

公元前150年
马西尼萨的挑衅　迦太基违反了不侵略罗马的条约。

公元前149年
第三次布匿战争爆发　罗马人在由提卡登陆。

公元前146年
神话的破灭　西庇阿·埃米利安努斯的军队摧毁了迦太基。

该法案通过的诸多措施中，包括在迦太基旧址上建立罗马殖民地的设想。

迦太基城于公元前 146 年被彻底摧毁，但这并不意味着非洲布匿世界的终结。乌提卡和大莱波蒂斯等城市意识到反抗是徒劳的，同意向罗马投降。迦太基给当地居民留下的印记是不可磨灭的，尽管罗马化了，这些城市居民的迦太基历史是罗马帝国这一地区的特性。当然，历史是由胜利者书写的，他们试图抹去失败者的所有痕迹。然而，尽管罗马努力消除对迦太基的记忆，但迦太基的印记仍然存在于其原本的土地之上。

■ 档案：迦太基，繁荣和辉煌

档案：迦太基，繁荣和辉煌

  伟大的城市迦太基是罗马的宿敌，起源于公元前 9 世纪末优秀的商人——腓尼基人建立的一小块飞地。

游斯丁在关于迦太基建立的小说中写到，这座城市起源于推罗王朝内部的冲突。据说，这场冲突导致了精英阶层在王位候选人问题上的分裂。然而，事实上，推罗精英成员之间的冲突似乎是由地中海东部地区的地缘政治引发的，几个大国试图控制该地区，尤其是亚述。虽然由地主组成的贵族派系主张支持亚述人，而由商人和金融家组成的寡头派系则持相反的观点，他们认为亚述人的监护严重损害了他

一座被罗马军队摧毁的城市

迦太基（来自腓尼基语的 Qart Hadasht，即"新城"），位于今天突尼斯的东北海岸，是地中海最大的贸易帝国之一的中心。它的帝国主义倾向不可避免地导致了与罗马的对抗。公元前 146 年，布匿战争结束时，迦太基被夷为平地。传说，为了防止迦太基人再于原址建新城，罗马人在周围土地撒盐将其盐碱化，这样，这片土地再也不能种植任何作物。

插图 左图是安东尼斯浴场遗址（公元 2 世纪）；上图是迦太基鸟舍别墅马赛克上的战士。

们的利益。贵族派实施的恐怖政策迫使寡头派迁移，这种迁移最初是暂时的。后来，一个永久的飞地在一个特殊的地方建立：迦太基。

根据《公元前 1 世纪》的作者、拉丁历史学家维莱里乌斯·帕特尔库鲁斯的说法，迦太基比罗马要早 65 年建立，而罗马的正式建立可以追溯到公元前 753 年。希腊人丹尼斯·狄奥尼修斯则认为，迦太基成立于公元前 776 年的第一届奥运会之前 38 年，也就是公元前 814 年。然而，考古发掘没有发现任何公元前 8 世纪之前的遗迹。

这座城市建在一个面积约 100 公顷的三角形区域，顶部分别是比尔萨山、乐克拉姆湾、德梅赫和杜伊姆高地。城市规划与地形相适应：山坡区域呈辐射状，平坦区域是希腊城市特有的完全正交的布局。街道由夯土铺成，根据地区的不同，宽度

档案：迦太基，繁荣和辉煌

从 3 米到 7 米不等。一条 9 米宽的主干道通向海滨的"海之门"。根据斯特拉波的估计，这座城市的强大防御工事长 360 斯塔德，即大约 64 公里，而根据提图斯·利维乌斯的估计，防御工事长 34 公里，每 52 米就有一座塔楼。考古人员发现了一座巨石塔楼，外围是沟渠，并由适应攻城战和地形的栅栏加固。

文学资料表明，城中有一座公共广场，是迦太基政治和社会生活的中心，可能被门廊包围；不远处是迦太基元老院的所在地，以及最高执政官（苏菲特）的修士院。古代文献中还提到了供奉着诸神朱诺、克洛诺斯、阿斯克勒庇俄斯和阿波罗的神庙，这些希腊罗马神话中的神分别对应着塔尼特、阿斯塔特、埃希蒙和瑞瑟夫。城市的建立者，被神化的公主埃莉萨，也有参拜的庙宇。考古人员发现了几座寺庙和圣殿，其中包括迦太基主神巴力·哈蒙的德非祭坛和至圣所。在德非祭坛中，发现了公元前 8 世纪的建筑材料，也就是该城市建立的年代。这是迦太基最著名的圣所。它位于露天，用于举行祭祀神灵的 molk（献童子祭）仪式，在这一仪式中，焚烧祭品是重要的组成部分。

考古人员还发现了另一个重要的大墓地（shad elohim，"众神之地"）。根据时代的不同，它占据了城市内部不同的位置，由几百个不同类型的坟墓组成：简单的坑，坟墓或带有侧室的深坑，配以石碑、祭坛或小型建筑。

在海湾中建造的城市港口以及两个大型人工港具有特殊重要性。根据波利比乌斯的一篇文章，阿皮安将迦太基各港口描述成第三次布匿战争期间的

巴力·哈蒙

巴力·哈蒙是迦太基万神殿中的主神，起源于腓尼基，是女神塔尼特的丈夫。迦太基人极其崇拜这位神灵，以及健康保护之神埃希蒙（其庙宇位于毕尔萨山丘之上）和好运之神迦得。

迦太基建立的神话

关于迦太基建立的主要记载来自公元 3 世纪或 4 世纪的后期作家游斯丁。推罗王贝洛斯逝世后,留下皮格马利翁和埃莉萨(也被称为狄多)作为继承人。尽管腓尼基女性可以继承王位,皮格马利翁还是被选为继任者。为了继续争夺王位,狄多嫁给了王国里仅次于国王的最富有的人,她的叔父阿塞巴斯·麦刻都是一位非常富有的大祭司。皮格马利翁嫉妒他的财富,下令暗杀他,从而剥夺了妹妹狄多登上王位的任何可能性。此后,狄多就在推罗精英们的支持下密谋反叛她的哥哥。她以休战为借口,带着追随者们和阿塞巴斯的宝藏逃离了推罗。在塞浦路斯短暂停留后,她在非洲海岸的一个海角定居下来,在那里建立了迦太基。狄多赢得了利比亚人的信任,尤其是他们的国王希尔巴斯。她想出了一个好计策,弄到了一大片土地:希尔巴斯只给了她一块牛皮大小的区域,她把牛皮剪成一根根又细又薄的皮条,并将它们首尾相连,从而得到了想要的地盘。任务完成后,狄多自杀了。

插图 安德里亚·萨基想象创作的场景(美术博物馆,卡昂)。

■ 档案：迦太基，繁荣和辉煌

军事建筑。

阿皮安认为，迦太基各港口相互连通：船只首先进入大型商港，然后通过第二个军事内陆港，该港口可容纳 200 多艘船只，中间有一座岛屿，那里是作战中心——海军指挥部的所在地。考古人员的发现证实了阿皮安的描述：他们发现了两个大型人工湖，一个是长方形的，另一个是圆形的，连通乐克拉姆湾的水道。通过对建筑材料的分析，可以确定这些非凡的港口基础设施建造于公元前 4 世纪到公元前 2 世纪之间。

政治结构

亚里士多德认为，迦太基有一个由元老院和平民议会组成的宪法体系，负责立法权和选举管理民事、行政和司法事务的大法官。尽管据估计，迦太基的元老院（波利比乌斯称之为 gérousie，提图斯·利维乌斯称之为 consilium）和罗马的元老院一样，约有来自精英阶层的 300 名元老，但很难确定确切的数字，这可能会随着政治和社会经济背景的不同而变化。元老院处理城市的所有事务，对公共犯罪作出判决，并审查社会经济生活、税收和公共财产管理的某些方面。另外，平民议会由所有迦太基公民（波利比乌斯和亚里士多德称之为 demos，提图斯·利维乌斯和游斯丁称之为 populus）组成，构成政治派别——赫塔雷亚。平民议会在公共生活中发挥重要作用，例如参加大法官和将军的选举。

苏菲特院是迦太基最高的行政机构，有两名成员，每年选举产生。提图斯·利维乌斯将苏菲特比作罗马执政官。苏菲特（来自腓尼基语的 choftim，意为"法官"）行使政治、军事、司法和宗教权力。然而，他们似乎逐渐丧失了军权。其他下级行政官员负责公共生活的各个方面，如会计、司书和牧师。亚里士多德在他的著作《政治学》一书中，提到了"百人院"（实际共有成员 104 人），这是一个处理政治事务的法庭，既不属于元老院，也不属于平民议会。游斯丁也提到一个由 100 名法官组成的法庭，这可能是亚里士多德提到的司法制度的一个变体。所有的法官都被进入元老院的精英所垄断，这些精英以其财富或执政能力而著称。

塔尼特和德非祭坛的奥秘

  迦太基的主神是塔尼特女神和巴力·哈蒙神。为了纪念巴力·哈蒙，人们做出了血腥的牺牲。在迦太基广场，也就是德非祭坛（上图）的所在地，有成千上万的坟墓，里面埋葬着孩童的尸骨。献祭理论得到了狄奥多罗斯·德·西西里和普鲁塔克等作家的支持，在《圣经》的某些章节中也有说明。然而，鉴于《圣经》和希腊—罗马资料来源的不准确性，以及没有相关的迦太基文献对此进行描述，这一假设的理论在今天正变得越来越不流行。此外，死亡的新生儿和幼儿并不被认为是真正的死亡；他们通过 molk 这一仪式，回归神性，而不是被埋葬在墓地里。

档案：迦太基，繁荣和辉煌

迦太基的经济

海上贸易在迦太基的经济中发挥了重要作用，这是由拥有资源和商船队的精英们所推动的。迦太基人是精明的商人和企业家，经常长途航行。为了获得最好的交易，他们毫不犹豫地学习与他们做生意的人的语言、品位和传统。

他们在交易时相当灵活，交替使用传统的易货贸易和谢克尔币，第一枚谢克尔币可以追溯到公元前5世纪，包括2谢克尔和3谢克尔等辅币。此外，迦太基商人毫不犹豫地使用外国货币，尤其是希腊货币；这一做法表明，当时不同的商业贸易之间存在着共生关系。除了海上贸易在迦太基经济中所起的根本作用，还必须强调农业的重要性。迦太基农业发达，也是受到了精英阶层的推动。这些大地主充分认识到了非洲土地的巨大潜力，决定对其加以开发，以满足城市日益增长的需要。

在这方面，我们可以参考马戈笔下的28卷农学专著。这套著作涉及葡萄、橄榄和谷物的种植，以及牲畜和农村财产的管理。罗马人意识到书中所提问题的重要性和解决办法的有效性，便剽窃了这部著作，并将其译成拉丁文。这一举措，使得该著作得以保存，马戈也因此成为农学之父。除了丰富的谷物生产，迦太基还种植了大量的树木，尤其是橄榄树。考古人员发现了大量配有生产食用油基础设施的农场（压榨机、蒸馏和精炼罐、陶瓷炉）。除橄榄树外，迦太基人还种植了无花果树、杏树和其他树种。

迦太基人也以他们的手工业和制造业而闻名于世，这不仅是为了满足城市的需求，也是为了维持他们在地中海地区繁荣的名贵商品贸易。他们擅长加工羊毛，用动物和植物纤维（如多年生植物细茎针茅草）制成织物。他们还以生产"骨螺紫"（一种从软体动物骨螺身上提取的染料）以及腌制产品而闻名，尤其是鱼酱（garum）———一种由浸泡过的鱼渣制成的酱汁。

迦太基的社会

由于缺乏文献资料，而且它是一个不断发展的文明，我们很难准确地描述迦太基社会。建立迦太基的腓尼基人与当地土著融合在一起，这种民族文化的融合催生了迦太基社会。此外，许多外国人（希腊人、意大利人、埃及人、塞浦路斯人）在迦太基定居；他们大多是商人、工匠、雇佣兵和政治流亡者。允许异族通婚的政策使这些人毫不费力地融入了迦太基社会。

例如，被汉尼拔派去获得锡拉库萨支持的使者希波克拉底和埃皮西迪，都是有希腊血统的迦太基公民，这使他们在与锡拉库萨人谈判时占有优势。希腊地理学家斯特拉波认为，迦太基有 70 万居民，这个数字被认为过高。事实上，这里大约有 25 万居民。

迦太基社会由一群中产阶级公民（手工艺者、小商人）组成。这些人与许多定居或过境的外国人以及赤贫公民和奴隶等被边缘化的群体生活在一起，构成从事最艰难的体力劳动的劳动力。

社会的顶层是强大的精英阶层，包括大船主和土地所有者，他们垄断了元老院和大法官的席位。精英阶层的主要氏族包括有影响力的麦戈尼德家族以及他们的对手巴卡家族，后者凭借对罗马的战争在名望上压倒了前者。

就家庭圈而言，古代文献、碑文和考古学似乎都表明，一夫多妻等习俗并不普遍，迦太基妇女比在罗马社会中享有更高的地位。

事实上，妇女除了享有相对的独立性和社会关怀，似乎还可以拥有和管理自己的资产。鉴于这座城市是由一个叫狄多的女人建立的，这绝非巧合。

至于宗教方面，波利比乌斯的著作和菲罗·德·比布鲁斯的著作，尤其是后者，提供了有关神灵和仪式的详细资料，有待考古和碑铭（石碑、雕像、珠宝、护身符）发现。迦太基诸神主要包括庇佑丰收和生育的月亮女神塔尼特，庇佑成功、财富和幸福的太阳神巴力·哈蒙，后者是迦太基的守护者，居斯塔夫·福楼拜在其一个叫《萨朗波》的小说中可以看出对其的崇拜。

迦太基人还特别崇拜健康之神埃希蒙和好运之神迦得。埃希蒙的神庙建在毕尔萨山上。他们还借鉴了其他国家的神灵参拜，特别是埃及人崇拜的神（伊西斯、奥西里斯、荷鲁斯、贝斯和普塔神）。

奥德翁山丘

在城市的这一部分，矗立着用丰富马赛克装饰的罗马别墅遗迹。右边是鸟舍别墅（第60—61页）。

■ 档案：迦太基，繁荣和辉煌

61

■ 档案：迦太基，繁荣和辉煌

迦太基，一个起源于腓尼基的大都市

这座城市的历史延续了700多年，在此期间，它成了一个地中海帝国的中心。该帝国依赖于舰队力量，因此港口很重要。毕尔萨山由军队和坚固的城墙保护，在山顶可以俯瞰这座城市。它与城区和郊区一起构成迦太基的三个主要地区。

① **德非祭坛** 德非祭坛位于城门西侧，是迦太基人参拜塔尼特和巴力·哈蒙的地方，也有可能是儿童祭祀的地方。

② **商埠** 这个锚地是迦太基商船的基地。入口处是为外国商人准备的码头。港口两侧有仓库，商人们可以在那里存放货物。最北端是通往军事港口的通道。

③ **军港** 军港呈圆形，中央小岛是海军上将的住所。大约有30个干船坞、130到135个船坞，用于安放和修理军舰。20世纪70年代，考古学家证实了阿皮安对这几个公元前2世纪港口的描述。

女神像 她梳着复杂的发型，戴着大大的球状耳环和双项链，肩上披着厚厚的纱巾。这座公元前4世纪的小陶俑来自圣路易斯墓地（迦太基博物馆，突尼斯）。

④ **毕尔萨山** 从广场出发，有三条街通向这座小山的山顶，埃希蒙神庙就建在山顶上。这座寺庙的美丽远远超过其他寺庙，必须爬60级台阶才能到达。这座城市的设计与罗马时期的建筑相一致。

⑤ **罗马遗址** 近几年的挖掘工作显示了奥古斯都时期在毕尔萨山建造的大量建筑，其中包括一座广场、一座大寺庙（可能是一座国会大厦，或者是一座供奉协和女神的寺庙）和一座巨大的教堂。

⑥ **住宅区** 在此处，考古人员发现了由街道划分的住宅区。这些房子有一个中心庭院，庭院周围是不同的房间。房屋通常建有蓄水池、排水系统、灰泥墙壁和马赛克。

⑦ **广场** 主要的公共广场可能位于军港的北部或东北部。市政厅和雷谢夫神庙就在其附近。很难确定这座寺庙是为了纪念雷谢夫·荷鲁斯，还是其他代表巴尔的太阳神而建造的。

⑧ **城墙** 迦太基建立在地峡尽头，其地形随着时间的推移而改变。环绕城市的城墙在地峡处变为三道，并建有地堡，最多可容纳300头大象、4000匹马和骑士，以及20000名士兵。

迦太基毕尔萨山地区遗迹 这里是城市的制高点,也是贵族住宅的所在地。

在丧葬仪式方面,迦太基人通常会将死者埋葬,他们相信灵魂(rouah,相当于拉丁语中的 animus,意为"生机之气")的存在,也相信往生,通常会在墓穴中放入陪葬品。

埃尔切的贵妇

这尊著名的伊比利亚半身像由彩色石灰石制成，装饰着精致的头饰和珠宝。它来自埃尔切南部（阿利坎特附近）的阿尔库迪亚考古遗址，可追溯到公元前6世纪—前5世纪（国家考古博物馆，马德里）。

插图（右侧） 佩带伊比利亚剑的青铜骑士，发现于巴斯蒂达·德·拉斯·阿尔库塞斯遗址，可追溯到公元前6世纪—前5世纪（史前博物馆，瓦伦西亚）。

西班牙的罗马化

第二次布匿战争导致罗马涉入西班牙领土。罗马共和国必须结束迦太基在伊比利亚半岛的霸权，阻止汉尼拔在意大利不断推进，利用西班牙人的巨大资源继续战斗。迦太基战败后，罗马收获胜利的果实，继续帝国主义扩张。

在第二次布匿战争结束时，迦太基的西班牙领土落入罗马手中。然而，尽管迦太基人已不构成威胁，罗马人并没有离开伊比利亚半岛。相反，罗马人开始充分利用对这些新领土的统治，从而开始了一个比预期更漫长和更困难的征服过程：这一过程持续了200余年。事实上，直到公元前25年至公元前19年屋大维·奥古斯都的帝国统治时期，西班牙才被并入罗马。

作为一个帝国主义强国，罗马总是采用相同的征服和统治模式。但是，根据每个地区的特点、目标和与当地人民的关系，它采取了各种务实和灵活的解决办法。罗马在西班牙领土上付出了极大的努力。事实上，这是罗马第一次不得不管理意大

■ 西班牙的罗马化

在罗马人统治前定居西班牙的群体

在罗马时代，伊比利亚指的是西班牙领土上伊比利亚人居住的地区。正如历史学家波利比乌斯所写："沿着地中海一直延伸到海格力斯之柱的那部分叫作伊比利亚。"然而，伊比利亚人并不是唯一居住在这一领土上的民族。

在公元前1200年到公元前800年之间的铁器时代初期，几个来自中欧的凯尔特民族定居在伊比利亚半岛的北部和西北部。南起瓜达尔基维尔河，北至埃罗河，分布在地中海沿岸的不同伊比利亚民族发展了自己的文明。公元前1100年左右，腓尼基人建立了加迪尔城，即今天的加的斯。公元前6世纪，希腊人到达了今天的加泰隆尼亚海岸。所有这些民族都使用同一种语言，即通过贸易传播的伊比利亚语。当地的伊比利亚酋长和罗马人在征服伊比利亚半岛的过程中建立了基本的合作关系。

利以外的大陆土地。这对罗马来说有点为时过早，因为它没有足够的经验来有效地管理和开发这类领地。它必须适应复杂的地形，非常不同的气候和土壤。此外，土著人民的政治、社会和经济组织水平差别很大，城市化进程也不均衡。

尽管罗马扩张了，但它仍然使用自己的统治机制。设有市区中心的地区通过中央集权，方便行政工作的展开。然而，西班牙的多样性迫使罗马适应不同的政治行政格局。在推进征服的过程中，罗马遇到众多土著民族，如伊比利亚人、凯尔特人、卢西塔尼亚人、坎塔布里亚人、阿斯图里亚人和加利西亚人。

伊比利亚人在西班牙的存在

公元前600—前400年

受腓尼基和希腊影响，伊比利亚人开始出现在西班牙 设防寨堡（oppida）和贵族纪念碑的发展：奥布尔科（波库纳，哈恩省），波佐莫罗（钦奇利亚，阿尔巴塞特省），康丘罗阿诺（萨拉梅阿－德拉霍塞雷纳，巴达霍斯省），塞罗·德·洛斯·桑托斯（蒙特亚莱格雷·德尔·卡斯蒂略，阿尔瓦塞特省），阿尔库迪亚（阿利坎特省）以及巴萨（格拉纳达省）。

公元前400—前218年

伊比利亚鼎盛时期 设防寨堡最密集，伊比利亚主要民族的形成。伊比利亚文字从安达卢西亚东部传播到法国南部，用于制造工具和武器的生铁加工的普及。

公元前218年

第二次布匿战争爆发 罗马人到达半岛，建立了塔拉克——罗马权力的中心。

公元前205年

迦太基人离开伊比利亚半岛 加迪尔与罗马谈判投降。从此，伊比利亚半岛处于罗马统治之下。

伊比利亚各民族

罗马人首先接触的是生活在半岛地中海沿岸的伊比利亚人。最北部的部族拥有印欧血统，并受到希腊殖民地（恩波里翁和罗德）的影响。在东部和更南部的地区，没有印欧血统的部族，腓尼基—迦太基人的影响更加明显。迦太基人哈米尔卡·巴卡在公元前241年战败后的落脚之地加迪尔，在众多中心城市中显得尤为突出。其他中心城市如阿夫季拉（阿德拉）、塞克西（阿尔穆涅卡）、马拉卡和伊博西姆也值得一提。根据希腊历史学家蒂迈乌斯的说法，伊博西姆（位于现在的伊维萨岛之上）建于公元前654年，从而证明了迦太基在很久以前就涉足

伊比利亚青铜夫人

这座小雕像发现于伊比利亚和凯尔特地区交界处的德兰纳皮罗斯（国家考古博物馆，马德里）。

67

西班牙的罗马化

了西班牙土地。当时，不同区域的部族之间的差异非常明显。

总体来说，伊比利亚人在政治、社会和经济方面都取得了很高的发展，这引起了腓尼基人和希腊人的注意。为了定居下来，这些殖民者确实需要一个复杂的社区，有一定的社会等级制度，有可以谈判的精英，有能力建立和控制当地的交换网络。由于缺乏对这种没有印欧根源的语言的了解，伊比利亚著作难以破译，但伊比利亚语由希腊字母改编而来，这样殖民者便能抄写伊比利亚人的著作。

考古学以及从希腊罗马资料中收集到的信息，特别是关于征服罗马的信息，使我们能够大致了解这些伊比利亚人的日常生活。据古代文学资料记载，尽管有时会提到国王和首领，但其政治和社会组织似乎是围绕着一个贵族宫廷而展开的。一般来说，伊比利亚人有一个参议院，这是主要的政治机构，从中选举出军事领袖：伊尔该特斯酋长，印地比利斯和曼多尼乌斯就是这样一个例子。伊尔该特斯是一个强大的伊比利亚部族，他们在莱里达平原建立了自己的中心。此外，他们有一个复杂的居住模式。该地区实际上被社会精英居住的城镇"奥必达"（oppida）主导。除了这些中心之外，还有一系列具有不同功能的次级住区，例如军事、防卫和农业功能。伊比利亚社区利用农业的能力比人们通常认为的要强得多。因此，经常能在"奥必达"周围的领土上发现许多农村居民点。

伊比利亚部族的社会生活以各种依附体系为基础，这些体系基于血缘关系、个人品质或宗教，例如类似于罗马庇护主义的信仰（Fides），或奉献（deuotio），一种强化的信仰，诱导个人对主人的忠诚至死不渝。这些社会行为的存在促进了罗马的行动。很快，罗马皇帝就在土著领土内建立起了"客户"网络。罗马不仅想要在政治上控制当地居民——通过强制驻军或迫使他们交出武器并支付巨额战争赔款——它还想通过"信仰"来控制伊比利亚人，通过投降条约迫使他们加入罗马军队作为辅助力量。作为对其所提供服务的回报，罗马还向伊比利亚人授予珍贵的罗马公民权，该方法被罗马皇帝们用来获得西班牙贵族的支持。罗马将军和当地人之间建立的"客户"关系是征服期间一种非常有效的罗马化手段。

罗马统治前伊比利亚人的艺术

雕塑和陶器是伊比利亚艺术最美丽的表现形式，主要在安达卢西亚的雅恩省和格拉纳达省、拉曼查省和西班牙黎凡特地区盛行。小铜像常被用作供品；更大的石像则被用来举行葬礼或宗教仪式；此外，还有丰富的腓尼基陶器。

伊比利亚雕塑最早可追溯到公元前5世纪，在阿尔巴塞特省尤为常见，那里出土了270件石灰岩雕塑，其中包括公牛或狮子形状的狮身人面像等。在安达卢西亚，已经发现了4000尊青铜雕像，部分为银制，描绘的是战士、骑士、祈祷者、马或人体的一部分，有时非常简约。伊比利亚陶器，起源于公元前7世纪末的腓尼基殖民地，具有实用功能（酒壶和厨房用具）。考古人员还发现了钻孔的带把手的容器，以及用油漆打磨、带装饰图案的器皿。

插图 来自公元前6世纪巴拉索特（阿尔巴塞特省）的牝鹿。它由石灰岩雕刻而成，长93厘米，高73厘米（国家考古博物馆，马德里）。

西西斯的胜利

公元前219年汉尼拔攻占萨贡托后，罗马立即派遣大使前往西班牙，与土著部族谈判结盟，避免其倒戈迦太基。在整个第二次布匿战争期间，双方不断寻求与土著人民达成协议，以获得必要的人力和物力资源，从而巩固其领土统治。

当执政官普布利乌斯·科尔内利乌斯·西庇阿被派往马萨利亚（马赛）拦截汉尼拔前往意大利时，他意识到自己来不及阻止对手的进攻，于是派出了大部分军队，约25000人，由其兄弟格涅乌斯指挥，前往恩波里翁。执政官本人则返回意大利，准备抵抗迦太基军队的到来。格涅乌斯·科尼利厄斯·西庇阿·卡尔乌斯必须将汉尼拔之弟哈斯德鲁巴驱逐出半岛，以阻止他向意大利的迦太基军队提供补给，从而阻断西班牙提供的所有后勤援助。

希腊殖民地恩波里翁是罗马在西班牙的第一个行动基地。公元前218年夏天，

西班牙的罗马化

格涅乌斯及其军队在恩波里翁登陆。到达后，格涅乌斯开始了征服进程，首先是拉西塔尼（一个居住在加泰罗尼亚中部的部落）海岸，一直到埃布罗河，同时试图恢复与某些土著民族的旧联系。

控制了海岸线后，格涅乌斯转战内陆，在那里他建立了武装联盟，招募当地居民作为辅助部队。这些辅助军在罗马征服后的罗马化和文化适应过程中发挥了重要作用。公元前218年，西西斯战役中，格涅乌斯·科尼利厄斯·西庇阿·卡尔乌斯对阵负责守卫埃布罗河以北领土的迦太基将军汉农。据文学资料记载，西西斯位于海洋部落科斯塔尼的领土上，是一个面积不大、战略意义不强的小镇（oppidum parvum）。然而，西西斯也可能指的是塔拉克（即现在的塔拉戈纳），那里的考古发掘表明，该地是伊比利亚半岛的一个重要中心。从这个意义上说，西西斯这一地名（也写作"基萨"）可以指当时位于现在的塔拉戈纳的中心城市的名字，即科斯塔尼部族的主要城镇。

西西斯的冲突以罗马人的胜利告终，汉农本人以及迦太基人的伊比利亚盟友领袖安多贝尔被捕。西西斯的沦陷只给罗马人带来了微薄的战利品。相反，对迦太基营地的洗劫则更有利可图。

西西斯战役胜利后，在格涅乌斯的游说下，埃布罗河北部的人民选择支持罗马。历史学家提图斯·利维乌斯认为，正是在这个时候，这位罗马指挥官决定在塔拉克建立一支小型驻军，然后返回他在恩波里翁的冬季住所。塔拉克要塞被认为是罗马在西班牙的主要据点，因此被罗马学者老普林尼称为"西庇阿作品"（Scipionum opus）。事实上，由于恩波里翁地理位置过北，无法有效地管理罗马的军事行动，西庇阿家族很快便用塔拉克取代了恩波里翁的位置，将这座城市变成了一个新的中心，成了西班牙土地上最古老的罗马防守地。

哈斯德鲁巴趁格涅乌斯·科尼利厄斯·西庇阿·卡尔乌斯返回恩波里翁之机，煽动了罗马最强大的盟友之一——伊尔该特斯部落的叛乱。这位罗马指挥官被迫组织讨伐，最终围困了伊尔该特斯的首都阿塔纳格鲁姆。格涅乌斯随后向迦太基人的盟友奥斯塔尼进军，尽管拉西塔尼前来支持，奥斯塔尼仍旧被打败了。奥斯塔尼的

战败导致其首领阿穆斯库斯的逃亡，并由其部落人民支付 20 塔兰特的赔偿。

埃布罗河以北地区

在伊比利亚半岛，当汉尼拔的迦太基军队无情地攻入波河沿岸的意大利前线时，罗马人已经在埃布罗河和比利牛斯之间建立了安全区。根据提图斯·利维乌斯的记载，在镇压了伊尔该特斯、奥斯塔尼和拉西塔尼的起义之后，格涅乌斯·科尼利厄斯·西庇阿·卡尔乌斯决定将军队转移到

西庇阿兄弟塔

这座纪念塔建于公元 1 世纪，距离塔拉克 6 公里，位于连接比利牛斯山脉和加迪尔的奥古斯特高速公路（Via Augusta）上。纪念塔上因刻有西庇阿兄弟的面孔而得名，这两个形象代表了佛里吉亚神话中的阿提斯神。西庇阿兄弟于公元前 211 年在西班牙的战斗中牺牲。

勇士的花瓶

这件伊比利亚陶瓷作品的装饰图案描绘的是武士贵族的战士，他们在行军过程中展示其作为步兵和骑兵的技能。该作品发现于瓦伦西亚省的伊比利亚飞地利里亚（史前博物馆，瓦伦西亚）（第 72—73 页）。

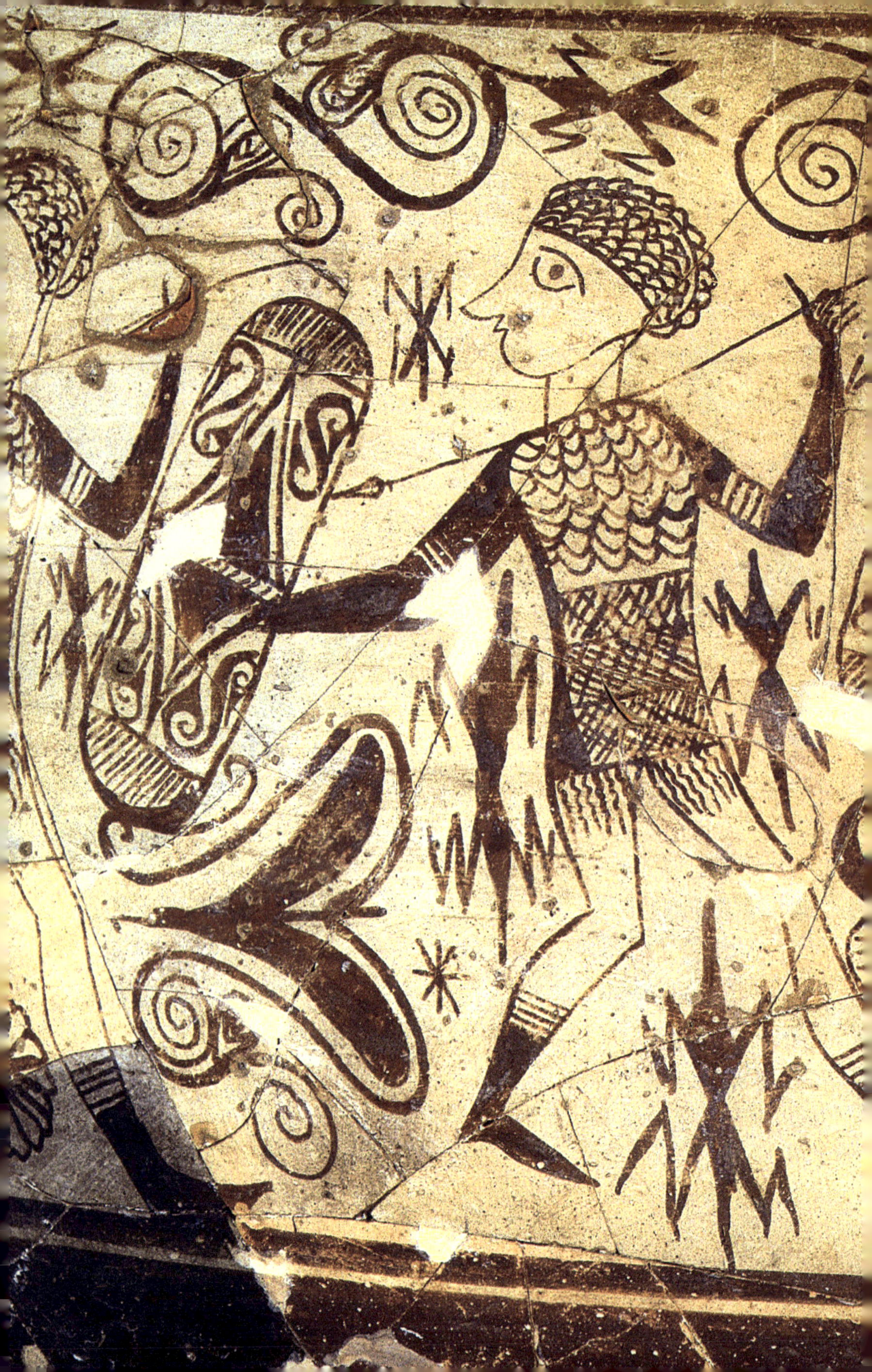

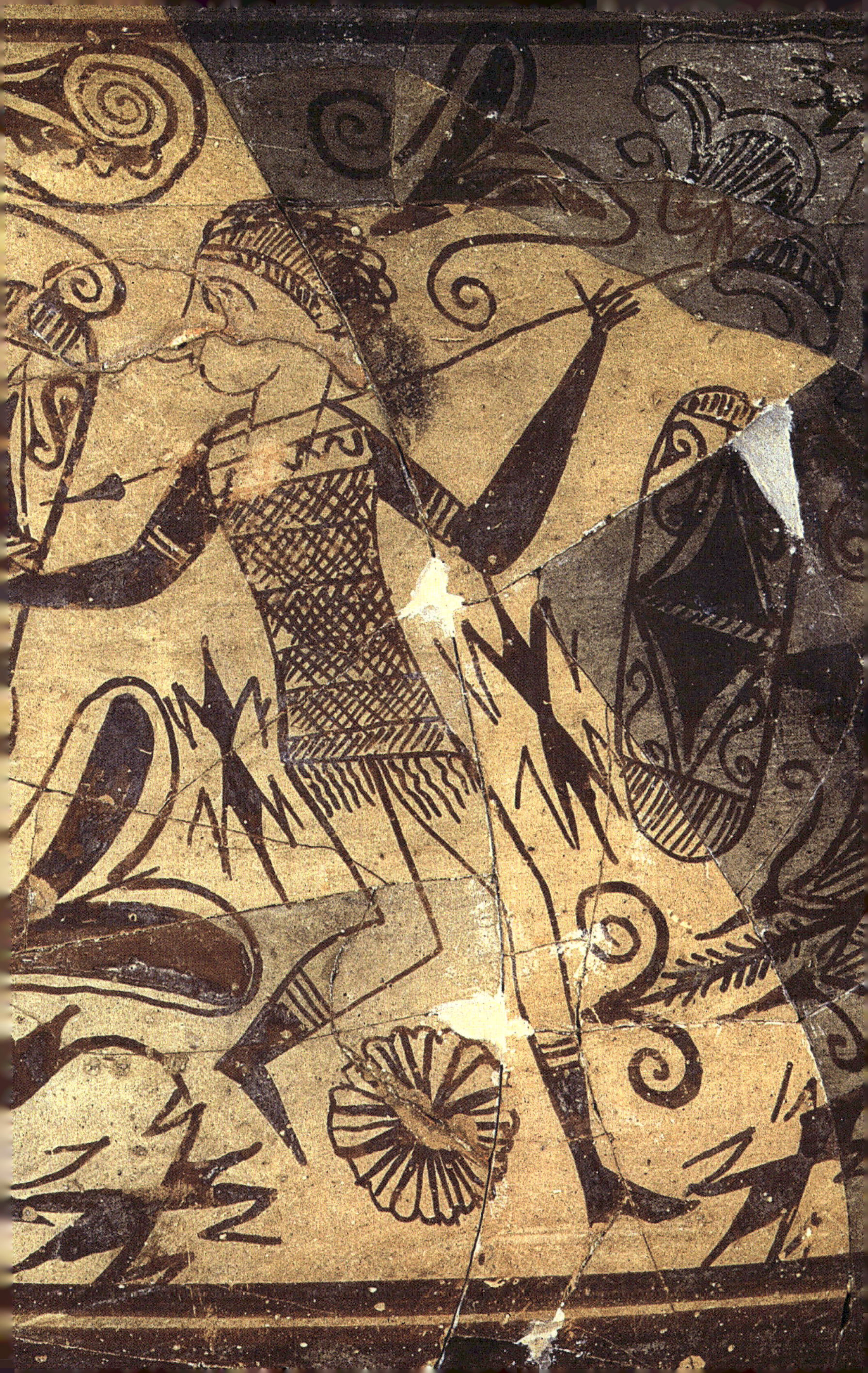

■ 西班牙的罗马化

"美男子"哈斯德鲁巴尔，伊比利亚半岛著名将领

哈米尔卡·巴卡的女婿哈斯德鲁巴尔（公元前 270—前 221 年）是主要的迦太基将领之一，也是西班牙土地上一位有影响力的政治家，并在那里建立了新迦太基城。

在征服了反对迦太基的努米底亚人之后，"美男子"哈斯德鲁巴尔成了哈米尔卡·巴卡征服伊比利亚半岛计划的心腹。公元前 228 年，在围攻赫利克期间，哈米尔卡逝世，哈斯德鲁巴尔自然地接替哈米尔卡，接管了军队。他主张使用外交手段而不是使用武器成功征服了当地部族，使其归顺迦太基，从而稳定了局势。公元前 227 年，他在伊比利亚的马斯提亚中心附近建立了新城（Qart Hadasht），罗马人后来称其为新迦太基（现在的卡塔赫纳，穆尔西亚自治区）。这座城市地处战略要地，拥有丰富的矿产资源和优良的天然港口。"美男子"哈斯德鲁巴尔建造了一个大型的中心城市，拥有强大的城墙（现部分保存完好）和所有必要的基础设施。他在拉尤尼翁开发采矿业，并铸造自己的货币，以证明自己的权力。哈斯德鲁巴尔在新迦太基接待了来到西班牙意图阻止迦太基扩张的罗马使团。公元前 226 年，罗马人签署了《埃布罗条约》，承认迦太基人对半岛上被吞并领土的统治，这对哈斯德鲁巴尔来说是一个巨大的胜利。公元前 221 年初，哈斯德鲁巴尔被一名伊比利亚人刺杀身亡。据悉，此人的主人被哈斯德鲁巴尔处死，他想为主人报仇雪恨。

插图 卡塔赫纳托雷斯公园的哈斯德鲁巴尔半身像。

塔拉克，公元前218年的夏天，其军队也驻扎在该地。

这块飞地比恩波里翁的位置好得多，是控制埃布罗河北部领土的理想战略位置。它在图尔西斯河口也有一个小港口，足够停泊一定吃水的船只。该地区还拥有持续充足的饮用水供应。此外，与地中海西部海上航线相比，塔拉克地理位置绝佳，可通过穿越博尼法乔海峡的公路与意大利的拉齐奥和坎帕尼亚港口相连。这条公路比传统的海上航线更可取，因为后者更耗时，且沿着危险的利古里亚海岸。

公元前217年春天，哈斯德鲁巴尔率领一支40余艘军舰的舰队，向埃布罗河进发，打算对罗马人的定居点发起突然袭击。然而，马萨利亚的军舰立即识破了这一计谋，并立即通知了他们的罗马盟友格涅乌斯。罗马人和迦太基人进行了一场战斗，最后罗马人取得了胜利。这使得格涅乌斯第一次进入了伊比利亚半岛的东部，并最终到达了半岛南部。回到塔拉克后，格涅乌斯召开了第一次盟军会议。

120个部族的代表出席了这次大会，他们承认罗马的霸权并将人质交给了罗马。事实上，格涅乌斯在塔拉克组织的这次会议，反映了该城市作为罗马在西班牙的权力中心的重要性。意大利的援军和补给品也到达此处，罗马军团的冬季驻地也是在这里建立的。这座城市还是军事远征的起点。以印地比利斯和曼多尼乌斯为首的伊尔该特斯没有参加这次会议，再次反叛罗马。

就在这时，普布利乌斯·科尔内利乌斯·西庇阿来到了事实上的首都塔拉克，与格涅乌斯会合，为西班牙的战争注入了新的活力。在集结了同样由伊比利亚辅助军组成的军队之后，兄弟俩发动了一场进攻，向萨贡托附近挺进。在萨贡托，他们解救了被迦太基人扣押的大部分伊比利亚人质，这些人质主要是当地部族首领的儿子。这一行动加强了罗马人在该地区联盟的建立。在负责看守人质的伊比利亚人阿贝卢克斯的帮助下，他们不必动用武力去征服这座城市。

西元前217年，罗马在西班牙阵线上势如破竹。然而，意大利的形势开始变得危急起来，罗马军队无力阻挡迦太基军事天才汉尼拔的进攻，在特拉西梅诺湖附近又一次遭遇了失败。

鉴于这一情况，汉尼拔·巴卡宣布，他的弟弟哈斯德鲁巴·巴卡离开伊比利亚

> 西班牙的罗马化

半岛的时机已经到来，哈斯德鲁巴不久前刚刚镇压了一场图尔德泰尼人的叛乱，并将其收录了他在意大利的军队。面对这一威胁，公元前 216 年夏天，西庇阿两兄弟在繁荣的小镇依比沙附近挑起了一场对峙，依比沙是未来罗马城市德尔托萨（托尔托萨）的基地，从而阻止了哈斯德鲁巴的离开。

征服萨贡托

萨贡托是伊比利亚的一个主要中心（oppidum），属于艾德塔人。它位于半岛东岸，埃布罗河以南约 160 公里处，伊比利亚人将它命名为"阿斯（Arse）"，在硬币上可以看到这一名称；或者在希腊文献中也被称为"扎金索斯岛（Zakynthos）"。萨贡托对周围的中心地区实行"领土征服"，例如属于迦太基同盟的托博勒特。萨贡托还与位于半岛东北部的希腊殖民地保持着密切的商业和金融关系，尤其是与恩波里翁。

各种文学资料都提到了萨贡托的繁华。在这方面，根据提图斯·利维乌斯的记载，萨贡托居民"在短时间内变得富有，要么是通过海上贸易，要么是通过土地的收入，要么是通过人口的增加，要么是通过神圣的纪律……"。在波利比乌斯看来，这些居民"靠土地自给自足，这块土地非常肥沃，比整个西班牙加起来还要肥沃"。

另外，两位史学家对于公元前 216 年至公元前 211 年发生在西班牙土地上的行动的描述却有一定的出入。这一时期最重要的事件是公元前 212 年罗马人对萨贡托的征服。虽然意大利的局势仍旧令人担忧，但西庇阿兄弟却采取了有效的行动，迫使迦太基向西班牙派遣了原本会对汉尼拔起决定性帮助作用的军事特遣队。

萨贡托的成功促使西庇阿兄弟在西班牙发动了最后一场战役，试图将迦太基赶出半岛。这是一项大胆的举措，因为需要深入敌军领土内部。然而，这场战役并没有预期的那么成功。事实上，除了西庇阿兄弟的战略错误之外，还有大约 2 万名凯尔特盟友背叛了罗马。西庇阿兄弟最终被打败并遭杀害。据记载，普布利乌斯牺牲于卡斯图洛（利纳雷斯）附近，其兄弟格涅乌斯牺牲于乌尔索（奥苏纳）附近。罗

马军队的 4 万名士兵中只有 1 万名幸存。鉴于这种情况，由提比略·方提乌斯和凯乌斯·卢修斯·玛尔奇乌斯率领的罗马军队以最有秩序的方式撤退到他们在塔尔克营地内的安全区。对罗马来说幸运的是，虽然在西班牙土地上节节败退，但对汉尼拔的战争却取得重大进展。汉尼拔在失去对坎帕尼亚大区卡普埃城的控制后，向意大利南部进发。锡拉库萨的投降和与埃托利亚人签订的条约使得罗马能够召集起一个强大的支持者来阻止汉尼拔的盟友——马其顿国王腓力五世，后者正在利用意大利的权力问题来扩大他在伊利里亚的统治。

萨贡托

罗马人对这座城市的征服是西庇阿兄弟为了在西班牙对汉尼拔后卫军施加压力而采取的行动。兄弟两人试图转移迦太基军队在意大利的活动，削弱他们在意大利的势头。下图为印有罗马人头像的萨贡托银币。

塔拉克的崛起

塔拉克市自公元前218年建立以来，由于其战略位置，成了罗马在西班牙所有行动的主要基地。

我们知道，公元前179年凯尔特伊比利亚战役后，西班牙行省总督提比略·森普罗纽斯·格拉古带领军队到达塔拉克，在此处重新整顿，这证明了该城市在该省的重要性。塔拉克和新迦太基是罗马人在西班牙的主要军事基地。公元前209年，年轻的总督普布利乌斯·科尔内利乌斯·西庇阿征服了迦太基新城。这两个城市同为半岛东部最重要的中心。今天，我们认为西班牙行省的首府更有可能是塔拉克，而不是传统上所说的新迦太基。无论真实情况如何，直到公元前27年奥古斯都重组后，塔拉克与新迦太基对立的情况才开始朝着有利塔拉克的方向发展。当时，塔拉克不可辩驳地巩固了它作为该省首府的地位。在此之前，该市主要是西班牙行省的政治行政中心，而不是首府。当时，省的法律概念是含混不清的，因为它受限于拥有绝对权力的地方法官的权限。在此之前，首府地位尚不明确，塔尔克和新迦太基都是省长的临时住所。然而，半岛上最古老的罗马后卫军塔拉克占据上风。

插图 新迦太基罗马剧场遗址。该建筑建于公元前1世纪末。

新迦太基

公元前201年，元老院任命的总督凯乌斯·克劳迪亚斯·尼禄率领一支增援部队来到了塔拉克。他曾参与围攻卡普埃，并从部丢利港（波佐利港）登陆。尽管兵力不足，凯乌斯·克劳迪亚斯·尼禄仍试图给罗马军队注入新的活力，但收效甚微。

面对伊比利亚半岛的困境，罗马派出了年轻的普布利乌斯·科尔内利乌斯·西庇阿（后被称为"非洲人"西庇阿）来指挥军队，当时他只有25岁。普布利乌斯·科尔内利乌斯·西庇阿的父亲与其同名，前一年战

死于西班牙。因此，这项任命是特殊的，也是非法的，因为根据罗马宪法，"非洲人"西庇阿既不符合年龄，也不符合罗马的晋升体系（cursus honorum）。然而，他的年轻和短暂的从政经历（他仅在公元前213年担任过市政官）并没有阻止他成为行省总督，这是一个通常由执政官担任的军事职位。

  这一任命无疑是元老院不同派别之间政治游戏的结果。然而，我们不能忘记，这位年轻将军在军事上享有卓越的声誉。此外，他是伊比利亚半岛前任指挥官的儿子，继承了父亲和叔父在这块领土上活动时建立的外交

■ 西班牙的罗马化

关系。年轻的西庇阿成为伊比利亚半岛军队的统帅，这是罗马历史上最杰出的人物之一迈出的第一步。西庇阿和他的副官，经验丰富的老将马尔库斯·尤尼乌斯·西拉努斯，率领着一支由 10000 名步兵和 1000 名骑兵组成的军队，乘坐大约 30 艘深吃水船，于公元前 210 年秋天登陆伊比利亚半岛，随后前往塔拉克。西庇阿在塔拉克组建了一个新的同盟大会。军队组建完毕后，第二年，这位年轻的将军就离开了塔拉克，去攻占迦太基在西班牙的首府新迦太基城。在此之前，他对这座城市的地形和防御进行了详尽的分析。

为此，他借助了一些土著盟友的宝贵帮助。由于在军队数量上处于劣势，这次陆地和海上同时发起的进攻让迦太基人措手不及，无法保卫自己的城市。

罗马人对这个重要后勤中心的征服是战争的决定性转折点。首先，被迦太基扣押的人质，如伊尔该特斯酋长印地比利斯的妹妹，以及曼多尼乌斯的妻子和孩子，被罗马人释放，以确保伊尔该特斯部族的忠诚。其次，新迦太基港是迦太基人在伊比利亚半岛上的主要港口，对它的征服使罗马人获得了大量的供给、战争物资，以及巨大的战利品。最后，新迦太基为西庇阿提供了一个理想的基地，他可以从那里保护半岛东部地区，也可以下令前往瓜达尔基维尔河执行任务。

作为一种惩戒性的惩罚，罗马人洗劫了这座城市，屠杀了居民。战役结束后，西庇阿回到塔拉克的冬季营地，随即释放了 300 名被迦太基人作为人质的囚犯，以确保土著人民的忠诚，从而与先前未被征服的部族建立联盟。西庇阿与艾德塔尼酋长埃德斯科，以及伊尔该特斯酋长印地比利斯和曼多尼乌斯签署了一项协议，他们同意服从罗马人的命令，以换取个人利益。这是一项政策的开端，在罗马化的进程中，这一政策将变得频繁而具有决定性。该政策偏袒土著社会的某些阶层，通常是精英成员，以获得他们的支持，并使其成为各自人民的罗马发言人。

公元前 208 年，西庇阿打败了哈斯德鲁巴（在现在的拜伦附近）。就这样，迦太基人失去了对瓜达尔基维尔河上游的控制。又一次胜利之后，西庇阿回到塔拉克过冬。哈斯德鲁巴决定离开西班牙和他的哥哥汉尼拔一起驻扎在意大利。新迦太基的失守和拜伦一役的战败深刻地改变了迦太基人的目标。多亏了迦太基的坚定盟

印地比利斯和曼多尼乌斯，抵抗罗马入侵的伊尔该特斯酋长

第二次布匿战争期间，伊尔该特斯部落和奥斯塔尼部落的两位酋长印地比利斯和曼多尼乌斯多次在伊比利亚半岛上奋起反抗罗马人。他们是罗马征服半岛时最具象征意义的反抗主角。

当罗马人到达西班牙人领土时，这两位伊比利亚酋长是迦太基的盟友。伊尔该特斯部落的首领印地比利斯和居住在奥索纳平原（加泰罗尼亚北部）的奥斯塔尼部落的首领曼多尼乌斯一起袭击了与罗马结盟的邻近部落。他们派出士兵增援迦太基军队，并参加了公元前211年击败西庇阿的战役。在公元前209年新迦太基被罗马人征服之后，印地比利斯和曼多尼乌斯与罗马人结盟，因为罗马人解救了被迦太基扣押的人质，其中就有印地比利斯的妹妹和曼多尼乌斯的妻子和儿子。公元前206年和公元前205年，他们认为罗马人违反了联盟协议，再次起义。印地比利斯在阿格·塞德塔努斯战役中阵亡，曼多尼乌斯被罗马人捕获。

插图 位于莱里达的代表两位伊比利亚酋长的雕像。

■ 西班牙的罗马化

友——凯尔特伊比利亚人，哈斯德鲁巴得以穿过内陆半岛。他成功绕过了罗马人的警戒，穿过了比利牛斯山脉的最东端。然而，尽管哈斯德鲁巴先后成功翻越了比利牛斯山、阿尔卑斯山最终到达波河流域，他的努力还是被公元前207年夏天梅陶鲁斯河战役的溃败所毁，哈斯德鲁巴本人也于此处牺牲。

控制半岛南部

在哈斯德鲁巴远征意大利失败后，汉尼拔撤退到意大利最南端的布鲁提乌姆。公元前207年到前206年，趁哈斯德鲁巴不在伊比利亚半岛，以及利用迦太基军队的弱点，西庇阿在半岛南部几次战胜了由马戈、哈斯德鲁巴·基斯科和接替哈斯德鲁巴的新将军汉农领导的迦太基军队。最具决定性的胜利是公元前206年的伊利帕（阿尔卡拉德尔里奥）战役。这场战斗的结果是罗马军队以压倒性优势战胜了哈斯德鲁巴·基斯科和马戈联合率领的迦太基军队，后者撤退到加的斯（加迪尔）。这场胜仗促进了罗马人在半岛南部的战役，罗马军团成功地控制了许多与迦太基人结盟的城市，如伊利图尔吉斯（今门希瓦尔附近）、卡斯图洛和阿斯塔帕（埃斯特帕）。

在酋长库尔查斯的带领下，图尔德泰尼人最终抛弃了迦太基人。西庇阿带领伊利帕战役的伤兵建立了伊塔利卡城（今桑蒂蓬塞），这个名字源于定居在那里的退伍军人的故乡。

公元前205年，当马戈意识到加迪尔城是迦太基人在伊比利亚半岛的最后一个据点、围攻不可避免时，他对新迦太基城发动了一场绝望的进攻，试图重新占领这座曾经的首府。不幸的是，罗马驻军人数众多，没有给他留下任何机会。他重新回到加迪尔，却遭遇了一段羞辱性的经历：这座迦太基标志性的城市拒绝他进入港口。加迪尔曾是半岛上腓尼基权力的象征，现在已经落入罗马人之手。

这位迦太基将军不得不逃离到巴利阿里群岛避难。他从巴利阿里群岛出发，前往意大利营救汉尼拔，此时的汉尼拔正在布鲁提恩领导一场殊死抵抗。加迪尔与罗马人谈判投降，签订了一项协议，该协议承认加迪尔是一座罗马联邦城市，并享有一定程度的自治。当迦太基人离开伊比利亚半岛，危险暂时消除后，西庇阿带着丰

伊比利亚贵妇人

伊比利亚艺术包含诸多重要的雕塑作品，通常以等级森严的人物为原型，他们身着华丽衣服，佩戴奢华珠宝。有些雕塑被放置在一个巨大的宝座上，颇具古希腊风格，但不同的是，这些雕塑不符合正常的身体比例。这些雕塑有时被用作收集逝者骨灰的骨灰瓮，可以代表女神或贵妇，她们的死亡具有神圣的性质。

右图 巴萨夫人（格拉纳达），公元前4世纪的石灰岩雕塑（国家考古博物馆，马德里）。

这位夫人佩戴着两串奢华的珠宝，一串是柱形珠子，另一串是心形吊坠。

彩色披肩从头到脚敞开，为束腰外衣锦上添花。

她戴着头巾（头饰），遮住双耳，这是伊比利亚妇女的特征。

祭献妇人

这尊优雅的石灰石雕像高1.3米，于1870年在位于蒙特亚莱格雷·德尔·卡斯蒂略（阿尔瓦塞特省）的塞罗·德·洛斯·桑托斯考古遗址被发现。除了这件作品（左）外，还发现了数百件用于宗教目的的小型青铜雕塑。这很可能是信徒们献给神的礼物：它们代表张开双臂祈祷的男男女女。

西班牙的罗马化

古罗马时期的西班牙货币

在罗马人和迦太基人的冲突后，货币逐渐开始在西班牙被广泛使用。在此之前，货币只存在于希腊的恩波里翁和罗德飞地，以及迦太基的加迪尔和埃布索斯。

布匿战争期间，罗马人用恩波里翁的德拉克马银币为其军队提供资金。因此，阿斯、赛提比、塔拉克和伊尔达等飞地以此为例，开始打造伊比利亚德拉克马。在德拉克马之后，出现了伊比利亚货币，印有伊比利亚传说，但遵循罗马模式（银币和铜制阿斯）。伊比利亚货币的发行是为了满足伊比利亚人民履行罗马规定的义务的需要，包括为军事特遣队筹措经费和为领土重组提供资金。罗马成功对伊比利亚社会进行了货币化，方便了支付，促进了贸易，并得以在计算税收时评估当地财富。战争使土著居民熟悉了这种货币。

伊塔利卡的维纳斯

伊比利亚半岛上第一个罗马城市伊塔利卡建立仅十年后，罗马人就将西班牙划分为几个省。这座城市曾经是拉丁殖民地，在一个世纪内获得了巨大的繁荣，并成为半岛罗马化的支柱。这尊维纳斯雕像以它被发现的地点命名，现存于塞维利亚考古博物馆。

富的战利品回到罗马，庆祝胜利。这位年轻的将军已经在考虑他的下一个战役，他将目光放到了非洲。

西班牙行省

在普布利乌斯·科尔内利乌斯·西庇阿在扎马击败迦太基人，赢得了"非洲人"西庇阿的绰号后，罗马军队继续驻扎在伊比利亚半岛。所有有利于罗马人的历史资料都表明"迦太基危险"的存在。然而，在公元前202年投降之后，迦太基的势力大大削弱，罗马也非常清楚这一点。因此，很明显，罗马军队留在西班牙，是出于扩张主义政策，这也是对迦太基战争的

①**铜币** 克赛（塔拉克）货币；公元前3世纪。正面：人像。

②**德拉克马银币** 恩波里翁货币；公元前3世纪。正面：珀尔塞福涅女神侧身像。

③**铜币** 波尔斯坎货币，波尔斯坎位于今天的韦斯卡市附近。反面：手持长矛疾驰的骑手。

④**德拉克马银币** 恩波里翁货币；公元前4—3世纪。反面：飞马（诗神所骑的有翼天马）。

⑤**铜币** 奥布尔科（波库纳）货币；公元前3—2世纪。反面：犁和穗。

⑥**铜币** 乌蒂凯舍肯货币；公元前2世纪，该名称指的是恩波里翁的伊比利亚货币。

⑦**铜币** 埃布索斯（伊维萨岛）；公元前1世纪。正面贝斯，埃及保护神。

⑧**铜币** 埃布索斯（伊维萨岛）；公元前1世纪。反面：迦太基文字。

起源。一旦敌人被消灭，罗马就会收获胜利的果实。

  罗马首次在伊比利亚半岛建立两个行省的时间可以追溯到公元前197年。在此之前，罗马任命了四名总督：一名负责罗马的城市管辖，一名负责对外国人的管辖；另外两名负责管理第一批行省领土：一个是西西里，另一个是科西嘉—撒丁岛。公元前197年，罗马又任命了两名新总督。他们掌管着西班牙领地，分为两个省：以塔拉克为首府的近西班牙行省，以及后来以科尔多巴（现在的科尔多瓦）为行政中心的远西班牙行省。根据提图斯·利维乌斯的记载，第一任近西班牙行省总督是盖乌斯·山普洛尼乌斯·都蒂

西班牙的罗马化

塔努斯，第一任远西班牙行省总督是马库斯·海尔维斯。这两个省的设立使被征服领土的管理标准化，但并未能阻止全体土著人民的反抗。两位图尔德泰尼酋长，库尔查斯和卢西尼乌斯，是第一个起来反抗罗马人的人，他们后来在西班牙沿海地区建立了 17 个定居点。

公元前 196 年，元老院收到通知，在一起与行省人民联盟的冲突中，罗马战败，近西班牙行省总督阵亡。这是第一次由伊比利亚人，而非迦太基人，在西班牙发起的反罗马起义。事态之严重，导致公元前 195 年，两位执政官中的一位被派往西班牙。马尔库斯·波尔基乌斯·加图被抽签抽中，离开了意大利的卢尼港（现在的卡拉拉港），在马萨利亚短暂停留后，到达恩波里翁。他的营地极有可能建在俯瞰这座希腊城市的小山丘上，后来恩波里翁的城市商业中心就是在那里发展起来的。

加图在返回罗马前，接见了远西班牙行省总督马库斯·海尔维斯。他还接受了一个代表团的访问，该代表团由伊尔该特斯国王和罗马盟友布里斯塔赫斯之子率领。他前来请求执政官的帮助，以阻止半岛东北部的反叛人民对伊尔该特斯人的攻击。加图认真地听取了这个请求，以避免这个曾经好战但现在是盟友的强大的伊比利亚部族的背弃。这位执政官从恩波里翁发动了几次进攻，解放了希腊殖民地罗德（罗萨斯），驱逐了一支规模越来越大的土著军队，着手恢复与该地区人民昔日的联盟关系。因此，他准备发起进攻，收复埃布罗河以北地区，并以丰厚的战利品激励士兵们。他在恩波里翁附近发动了一场大战役，杀敌 4 万名，并占领了土著营地。随后，加图向海岸进发，来到了大本营塔拉克，在那里接待了许多前来签署协议的土著部族代表。

埃布罗河以南地区

控制了埃布罗河北部后不久，加图就着手准备恢复南部的秩序。然而，在向半岛南部发动进攻之前，他必须先镇压贝尔吉斯塔尼人（加泰罗尼亚北部居民），他们在听闻执政官加图离开后发动了起义。加图对形势进行评估后，决定解除该地区

监察官加图，罗马紧缩政策的捍卫者

马尔库斯·波尔基乌斯·加图，又名老加图或监察官加图，出身于平民家族，是家族中的第一位执政官和监察官。贵族们认为他是个新人（homo novus）。然而，他是贵族秩序和古老传统的狂热捍卫者，也是摧毁迦太基的支持者。

他参加了公元前 207 年的第二次布匿战争和梅陶罗河战役，哈斯德鲁巴·巴卡便是在梅陶罗河战役中牺牲的。在完成了必要的晋升体系（honorum）后，加图于公元前 195 年成为执政官。公元前 191 年，他作为军事保民官参加了德摩比利（温泉关）战役，击败了安条克三世。他的政治生涯在公元前 184 年达到顶峰，当选监察官，这一职位只能由前执政官担任。作为监察员，加图担心制度和社会的腐败，宣扬罗马旧原则（mos majorum），反对希腊习俗，与大西庇阿家族政见相左。在公元前 157 年的一次外交出使任务中，迦太基复苏的程度给加图留下了深刻的印象。他是第一个支持摧毁迦太基城的人，他在元老院中的任何发言都以这句话结束："在我看来，必须毁灭迦太基！"加图在写作方面也有一定的造诣，著有农学著作《农业志》。

西班牙的罗马化

所有人民的武装,然后带着军队越过埃布罗河。

根据文学资料记载,执政官加图召集了土著部族的代表。首先,他试图说服他们裁军的必要性。面对他们的困惑,加图迫使他们摧毁城镇的城墙。同日,他向各土著部族寄去密函,使他们无法相互联系。如果不服从,他们的城镇就会受到攻击,居民将沦为奴隶。关于这一事件的叙述似乎有些夸大。无论如何,加图的军事摧毁行动仅限于一个相对较小的区域,可能位于埃布罗河谷下游,其重点是拆除被认为太过危险的军事塔和防御工事。

这一任务完成后,卡托得以向半岛南部进军。执政官阿皮乌斯·克劳迪亚斯·尼禄已经开始在那里镇压叛乱了。在图尔德泰尼,加图与当地部族以及几个凯尔特伊比利亚部落签订了协议。这几个部族成为为罗马服务的雇佣军。加图就这样成功地击败了库尔查斯和卢西尼乌斯,以及马拉卡和塞克西等城市的抵抗。随后,他控制了半岛的南部海岸和瓜达尔基维尔河谷。他甚至冒险深入内陆,占领了塞贡提亚城(也许就是现在的西贡萨)。在努曼西亚附近(现在的索里亚附近)也发生了几次小冲突。回到塔拉克后,卡托再次面临埃布罗以南几个民族的起义,其中包括受到残酷镇压、首都被占领的拉西塔尼人和贝尔吉斯塔尼人。贝尔吉斯塔尼人自己的领袖曾被一个反罗马的派别赶下台,后把这座城市拱手让给了罗马人。部族通常分两派:支持罗马的精英和反对罗马的民众。这一事件突出反映了这些土著部族内部持续存在的紧张局势。

在这一系列冲突之后,加图认为西班牙各省都被平定了。然而,根据提图斯·利维乌斯的记载,加图在返回罗马之前,进行了一些行政重组,对铁矿和白银征收了新的税。任务完成后,加图回到罗马庆祝这一伟大的胜利,展示了大量可以用于补充国库的战利品。

西班牙人民的大规模反抗可能是罗马执法官们无数次横征暴敛的结果。然而,与其说是最初的、不正规的征收制度,不如说是军队的不撤离和两个行省制度的正式建立挑起了冲突。土著人民终于明白了罗马帝国主义的真正意

恩波里翁

希腊医神阿斯克勒庇俄斯的雕像俯瞰着这座城市的废墟。这座城市由希腊人在公元前6世纪建立(第89页)。

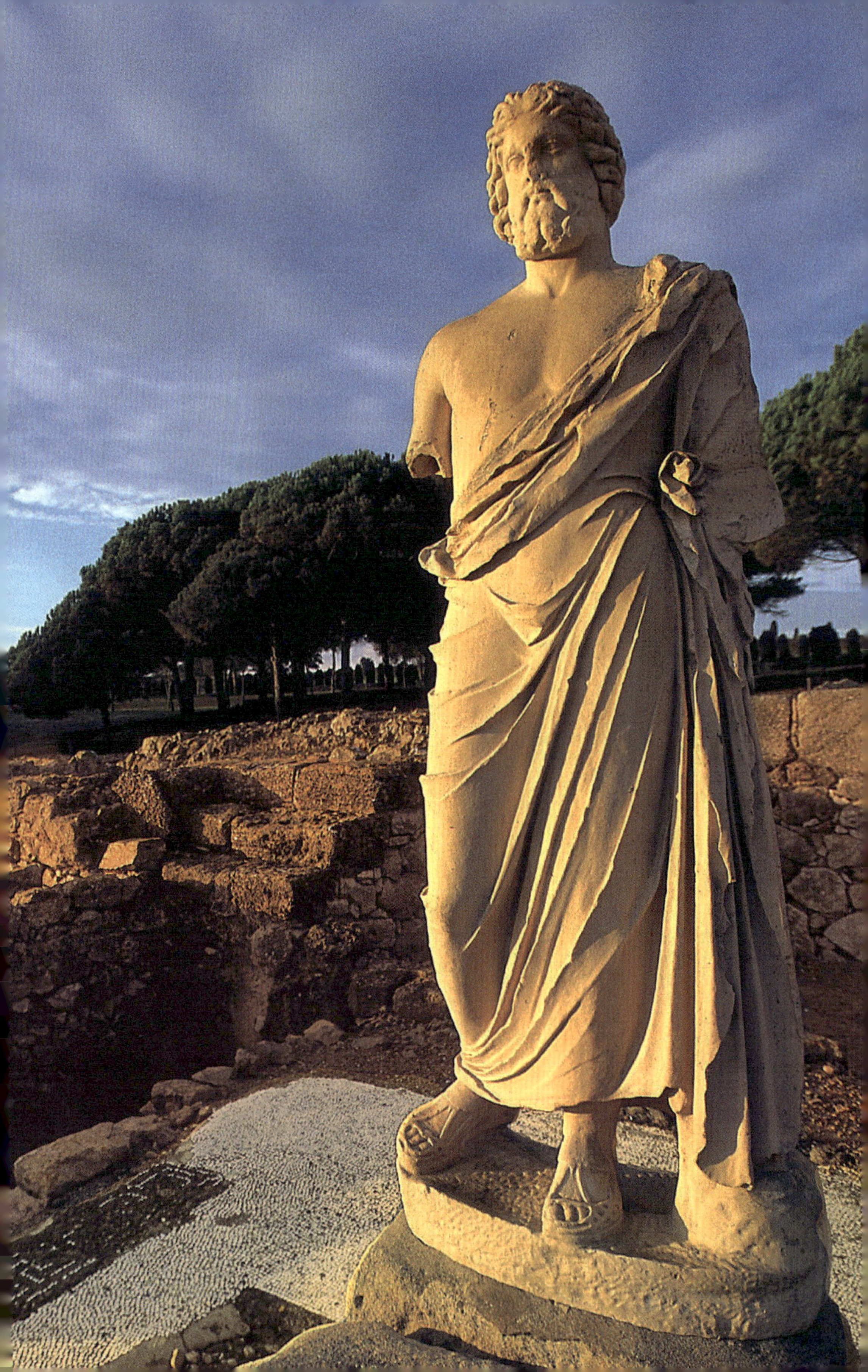

伊比利亚半岛，西方的黄金国

古代文献中有大量关于这个半岛矿产资源的记载。斯脱拉波引述了波西佐尼奥斯的话："这片土地比它所展现的更富饶，更富饶之处在于其隐藏的东西——不是地狱之神，而是占据地下深处的财富之神普路托斯。"

丰富的金属是殖民者，尤其是腓尼基人和希腊人，来到西班牙海岸定居的主要原因之一。许多描述该地区丰富金属矿藏的故事，如提到塔特西人和他们神秘的国王阿尔冈托尼奥斯的故事，都起源于此。罗马被这种财富所吸引，自征服之初起，就在整个半岛开挖矿山，攫取各种重要资源。出土的大量武器反映了凯尔特伊比利亚地区金银器加工和冶金业的发展。在共和国时期，罗马集中开采主要矿区：新迦太基和卡斯图洛（利纳雷斯）的银矿，以及莫雷纳山脉和韦耳瓦的力拓河的银矿。在征服西班牙的末期（公元前19年），罗马人开采了半岛东北部的金矿，这里是黄金的首要来源，尤其是在拉斯梅德拉斯。

插图 右①**触角式剑**，因剑柄形状奇特而得名；右②**铁矛**；右③**宽三角刃匕首**；右④**伊比利亚剑**。左图是出自埃尔·卡拉姆伯洛宝藏的金项链，可能属于腓尼基人（考古博物馆，塞维利亚）。

图，用提图斯·利维乌斯的话来说，就是"让他们在尝到自由的滋味后再次成为奴隶"。

西班牙行省的扩张

尽管表面看来，加图平定了叛乱，但在他离开后仅仅一年，又发生了一场新的土著起义，造成新总督塞克斯图斯·迪吉图斯的军队大量人员伤亡。在接下来的几年里，在罗马控制下的整个地区，罗马军队与当地人的冲突此起彼伏。公元前

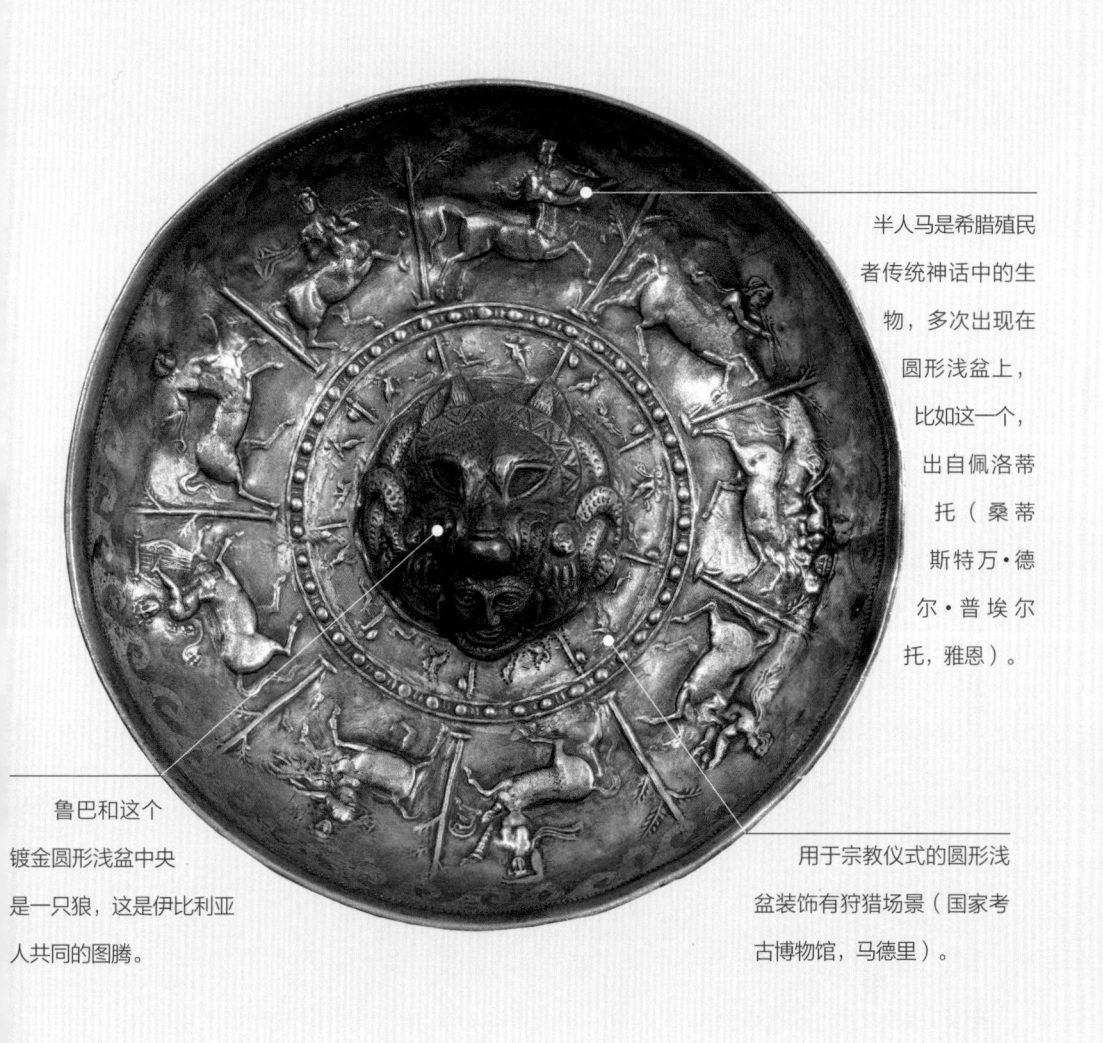

半人马是希腊殖民者传统神话中的生物，多次出现在圆形浅盆上，比如这一个，出自佩洛蒂托（桑蒂斯特万·德尔·普埃尔托，雅恩）。

鲁巴和这个镀金圆形浅盆中央是一只狼，这是伊比利亚人共同的图腾。

用于宗教仪式的圆形浅盆装饰有狩猎场景（国家考古博物馆，马德里）。

190年，远西班牙总督卢基乌斯·埃米利乌斯·保卢斯被巴斯特泰尼人击败。他后来通过各种征服来弥补此次失败。卢西塔尼亚人也发动了起义，为了对其进行镇压，卢基乌斯·埃米利乌斯·保卢斯部署了辅助部队。

在这样的背景之下，不得不提到埃米利乌斯·保卢斯在梅萨斯·德·阿斯塔颁布的一项法令，该法令被称为"拉斯库塔青铜"。这项法令规定，总督不仅给予图里斯·拉斯库塔纳居民自由，而且还解放他们的城镇及其土地。在此之前，

91

◼ 西班牙的罗马化

这些农民都是阿斯塔雷吉亚的农奴。只要元老院和罗马人民同意，他们将一直享有占有权（用益物权）。换句话说，土地的实际所有权掌握在罗马人手中。通过这种方式，罗马对土著世界进行了干预，重申了它的霸权，但没有完全打破以前的制度，而且它知道如何充分利用这种制度为自己的利益服务。

在近西班牙行省，集中在凯尔特伊比利亚地区的叛乱是罗马军队前进的严重障碍。公元前 180 年至公元前 179 年间，提贝里乌斯·塞姆普罗尼乌斯·格拉古斯担任该省总督。他率领军团来到这一地区，征服了 130 座城市。因此，提贝里乌斯·塞姆普罗尼乌斯·格拉古斯的战绩相当不俗。事实上，他成功地制定了一系列条约，在不妨碍罗马利益的情况下满足了土著人民的需要。这位总督通过保障土著人的生存，旨在与被征服的部族和解，从而进行合作。

从那时起，开发西班牙的战略变得更加系统而有效。公元前 178 年至公元前 154 年是一段和平时期。提图斯·利维乌斯描述了一个事件，它高度揭示了罗马人对土著社区经济剥削的程度。

公元前 171 年，一个由这两个西班牙省的盟友代表组成的委员会访问了罗马，并在元老院受到接待。代表们抱怨某些罗马官员的贪婪和狡诈，不遵守某些契约，敲诈勒索。元老院发起了一项调查，由五名著名元老领导，但最终不了了之。

同年，殖民地卡泰亚（圣罗克）建立，大约有 4000 名居民，他们都是西班牙妇女和罗马士兵结合的后代，土著人也能在此处定居。

当地世界的力量

在很长一段时间里，历史学家对西班牙的征服和罗马化的看法相当一致。他们认为，从一开始，大批罗马—意大利人就定居在被征服的半岛领土上，从而正式向罗马政治和经济制度转变。大批新建和重建的城市，如伊塔利卡（公元前 205 年）、格拉丘里斯（公元前 178 年）、卡泰亚（公元前 171 年）、科尔多瓦（公元前 169 年）或瓦伦西亚（公元前 138 年），以及存在大量意大利人的本土中心城市，如塔拉克、新迦太基、恩波里翁构成了强大的罗马帝国—意大利式的殖民统治，形成了一个名副其实的罗马城市网络（文明社会）。然而，伊比利亚土著习俗持续存在。为了达到一体化的目的，罗马鼓励使用统一的伊比利亚语和文字。直到公元前2世纪中叶，罗马一直利用原有的土著社会结构建立了战争经济，而没有改变其本质；相反，它恢复了某些文化元素，以促进对话和与当地世界的逐渐融合。同一时期，还发行了伊比利亚货币，由当地人铸造的，印有伊比利亚传说，但遵循罗马的图像和模式（银币和铜制阿斯）。伊比利亚货币的年代和功能很难确定，但很明显，它的发展得益于罗马的存在及其需要。

虽然在公元前2世纪上半叶，土著世界没有经历任何巨变，但在下半叶，罗马人加大了干预的程度。罗马表现出了改造西班牙领土的明确意愿，并引入了典型的罗马式剥削。这并不仅仅体现为大量罗马—意大利人口的拥入。这些变化是由罗马当局在当地精英的宝贵帮助下促成的。首先受到影响的是继续按照罗马的要求在土地上生活和工作的土著居民。这些变化的根源是干涉主义、变革性日益增强的罗马帝国主义。这一过程中的一个关键日期是公元前146年。这一年，迦太基在第三次布匿战争中战败并被摧毁，非洲行省建立。同年，希腊还吞并了地中海另一个主要的经济中心科林斯；马其顿成为罗马的一个省。此外，在公元前133年，阿塔罗斯三世意外去世后，佩加莫斯王国被吞并。这一事件导致了公元前129年至公元前126年亚洲省的建立。

卢西塔尼亚人，凯尔特伊比利亚人

公元前2世纪下半叶，罗马开始征服半岛的内陆地区，对抗卢西塔尼亚人和凯尔特伊比利亚人。这两个民族已经与罗马的政治和经济结构有了接触，但他们还没有受到执政官们的控制和压榨。卢西塔尼亚战争（公元前151—前138年）和凯尔特伊比利亚战争（公元前153—前133年）揭示了罗马人行动的两个截然相反的方面：有时，他们同意与当地人结盟；有时，他们则表现得极度残忍。

例如，公元前150年，塞尔维乌斯·苏尔皮基乌斯·加尔巴（后来的远西班牙行省总督）撕毁条约，对卢西塔尼亚人进行了大屠杀。他借口给卢西塔尼亚人分

■ 西班牙的罗马化

维里阿修斯，勇敢的军事领袖，罗马抵抗运动的首领

维里阿修斯是卢西塔尼亚部落最后一位伟大的首领，抗击入侵的罗马军团长达八年之久。亚庇安、斯脱拉波和狄奥多罗斯·德·西西里等历史学家都曾描述过他的战绩。尽管他的出身不为人知，但一切似乎都表明他属于卢西塔尼亚的精英阶层。公元前139年，他在睡梦中被谋杀。

根据提图斯·利维乌斯的说法，维里阿修斯是牧羊人、猎人和士兵，他在公元前151年由执政官塞尔维乌斯·苏尔皮基乌斯·加尔巴策划的大屠杀中幸存了下来。不久之后，他领导了卢西塔尼亚起义，采用游击战术，击退了三位执政官。直到公元前141年，昆图斯·费边·马克西姆斯·塞尔维利安努斯才镇压了起义。随后签订的和平条约承认卢西塔尼亚人对其领土的主权，并授予维里阿修斯"罗马人民的朋友和盟友"的称号。然而，和平只持续了很短时间：一支由克文图斯·塞尔维利乌斯·卡皮奥领导的领事部队屠杀了大量卢西塔尼亚人，但维里阿修斯逃脱。执政官贿赂了维里阿修斯的随从人员奥德克斯、迪塔库斯和米库鲁，让他们在睡梦中将其杀死，从而结束了这场冲突。当他们索要奖赏时，被卡皮奥一口回绝，他说了这样一句名言（真实性不得而知）："罗马不给叛徒支付报酬。"

插图 上图为何塞·德·马德拉佐创作的《维里阿修斯之死》（普拉多博物馆，马德里）；右图为竖立在葡萄牙城市维塞乌的这位卢西塔尼亚酋长的雕像。

配土地，改善他们悲惨的生活条件，将他们聚集在一起。卢西塔尼亚人集合后，立即被解除武装，大多数人遭到无情屠杀。约3万人落入陷阱，其中8000人被杀害，其余被卖为奴隶。大屠杀的幸存者中，有一位神秘人物维里阿修斯，他后来成为卢西塔尼亚人的领袖，并领导了一场反对罗马的大起义，与罗马人对峙了近十年。这些以游击战为基础的军事行动，首要目的是使其人民独立于罗马，并征服新的土地，使人民脱离苦难。由于内部人员的背叛，维里阿修斯最终败给了执政官克文图斯·塞尔维利乌斯·卡皮奥。

努曼西亚是罗马在伊比利亚最后的主要敌人，是阿尔瓦克部落的防御据点，位于索里亚附近。罗马人为夺

努曼西亚

该城位于加雷（索里亚）的穆埃拉山上。该地区公元前3000年开始有人居住，主要是阿尔瓦克部落，自公元前4世纪起成为主要的凯尔特伊比利亚中心之一。公元前133年，努曼西亚被西庇阿·埃米利安摧毁，但很快又有了新的居民。

插图 古罗马时期部分新定居点的遗址，街道铺满鹅卵石，房屋宽敞。

努曼西亚的防守与沦陷

公元前132年，西庇阿与50名牛仔的努曼西亚人在罗马庆祝胜利。由于没有战利品，他不得不动用个人财力，给每个士兵七枚银币。德国考古学家阿道夫·舒尔滕是最伟大的研究努曼西亚的专家，在他看来，努曼西亚沦陷的重要性不亚于迦太基的沦陷，两者之间相隔了13年。他认为，西庇阿·埃米利安既配得上"第二个非洲人西庇阿"的称号，也配得上"努曼西亚西庇阿"的称号。迦太基围城战持续了六个月，而努曼西亚围城战则持续了十五个月。无论是准备阶段还是执行阶段，这次胜利主要归功于西庇阿。"被大火包围的努曼西亚对西庇阿来说，还意味着一次个人胜利：这是他对凯尔特伊比利亚人的战争政策的伟大辩护。"阿莱霍·维拉·埃斯塔卡的画作《努曼西亚的最后一天》（1881）描绘了被围困者集体自杀的情景（普拉多博物馆，马德里）。

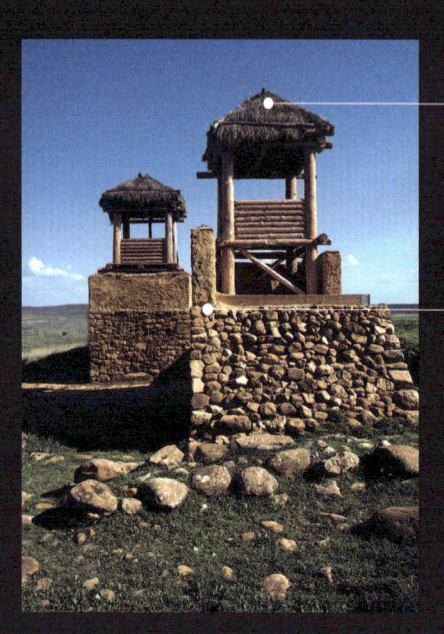

在努曼西亚考古遗址重建的城市防御塔。

墙体结构简单，由两堵平行的石墙组成，两边都填满了碎石。

努曼西亚水瓶
该水瓶瓶口为三叶开口，瓶身装饰着驯马场景，可追溯至公元前1世纪（努曼西亚博物馆，索里亚）。

围攻

西庇阿使用的部署几乎是不可逾越的，包含7个军营，通过一堵2.5米宽、3米高的墙连接起来。每隔30米就有一座军事塔，塔上装备着弩和其他战争武器，以及大量弹药。西庇阿使用了一个巧妙的信号系统下达命令，并将军队转移到任何他想去的地方。

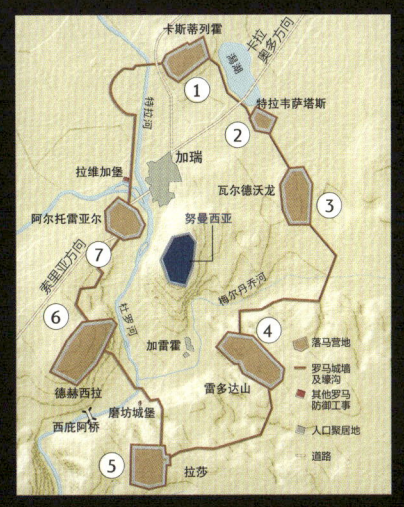

① 卡斯蒂列霍 西庇阿在这个5000人的营地里建立了自己的指挥部，营地被陡峭的山坡和坚固的城墙保护着。

② 特拉韦萨塔斯 该营地只有意大利军队驻扎，由两座巨大的塔楼保护着。

③ 瓦尔德沃龙 该营地被一条又深又宽的沟渠所环绕，可以俯瞰峡谷和周围的群山。

④ 雷多达山 该营地建在努曼西亚南部山坡上，最容易受到努曼西亚人的攻击。

⑤ 拉莎 该营地面积约为6公顷，由一堵城墙保护，部分被保存下来，是伊比利亚军队的驻地。

⑥ 德赫西拉 该营地海拔1050米，是最大的营地。

⑦ 阿尔托雷亚尔 该营地可能是伊比利亚辅助部队的驻地。

陶土战争号角 这个工具用于召唤士兵发起进攻或警醒民众（努曼西亚博物馆，索里亚）。

■ 西班牙的罗马化

埃布索斯，伊维萨岛的前身

伊维萨岛的考古遗址证实，该岛早在青铜器时代就有人居住，大约从公元前2000年开始。该岛上还发现了腓尼基人和迦太基人的考古遗址，反映了它对贸易的重要性。

伊维萨城由腓尼基人在公元前7世纪中叶建立。中心城市由一个卫城和海湾周围的港区组成，有几座寺庙和工艺品作坊，特别是陶器作坊。该城市向整个地中海地区出口制成品。它自公元前6世纪以来就是迦太基人的盟友，也是最后一个忠于迦太基的城市，马戈在加迪尔一役溃败后，也撤退至此处。公元前5世纪，伊维萨人口达到5000人。迦太基被摧毁后，它就落入了罗马人手中，罗马人利用它生产羊毛、无花果、酒和盐，并将其命名为埃布索斯。磨坊山（右图）是当时最大的墓地之一，岩石之下深埋着近3000个地下墓穴。

左图 公元前3世纪的迦太基双柄长颈高水瓶（磨坊山博物馆，伊维萨）。

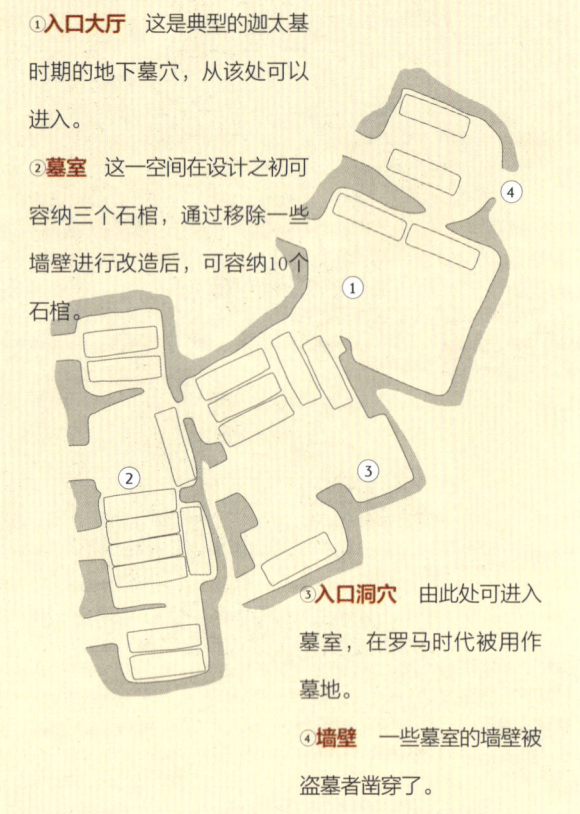

①**入口大厅** 这是典型的迦太基时期的地下墓穴，从该处可以进入。

②**墓室** 这一空间在设计之初可容纳三个石棺，通过移除一些墙壁进行改造后，可容纳10个石棺。

③**入口洞穴** 由此处可进入墓室，在罗马时代被用作墓地。

④**墙壁** 一些墓室的墙壁被盗墓者凿穿了。

取努曼西亚城而投入的大量资源清楚地表明，从公元前2世纪起，罗马人就决心加强和扩大其在西班牙的统治。

普布利乌斯·科尔内利乌斯·西庇阿·埃米利安努斯，又名西庇阿·埃米利安，于公元前134年第二次被任命为执政官，他领导了反对努曼西亚（公元前143—前133年）的战争。在这场冲突中，他征募了大约6万名志愿者。到达战场后，西庇阿·埃米利安立即下令修建了两道防御工事，并在努曼西亚所在的高原周围修建了一条 9 公里长的壕沟。他还建立了七个营地，通过光学信号进行交流，确保任何被围困的人都不能离开这座城市。就这样，他对努曼西亚人进行了长达 15 个月的全面封锁，直到饥饿和瘟疫迫使这座城市于公元前 133 年投降。

返回罗马之前，西庇阿·埃米利安将努曼西亚的领土划分给邻近的部族，并威胁那些前来援助努曼西亚人的居民。这是罗马干涉主义态度在土著世界的典型表现，它根据自己的利益对土著世界进行了组织规划和重新分配。

根据亚庇安的记载，努曼西亚陷落后，一个由 10 名元老组成的委员会到访了西班牙。一些历史学家认为，正是代表团的此次到访，导致罗马对其统治下的所有西班牙领土进行深刻而广泛的重组。相反，另一些人认为，这次访问仅限于新征服的地区，如西庇阿·埃米利安征服的凯尔特伊比利亚地区，由执政官德西姆斯·朱尼乌斯·布鲁图斯·卡莱库斯于公元前 139 至公元前 138 年吞并的卢西塔尼亚地区。

征服新领土

在卢西塔尼亚战争和凯尔特伊比利亚战争之后，文献资料中有关西班牙省的资料大大减少。然而，一些重要的事实是众所周知的，例如半岛上大量的谷物种植和道路工程，后者可以从公元前 120 年至前 114 年在东北部建造的许多里程石中看出（每千"里"有一块，古罗马的计量单位和今不同，1000 罗马单位约合今 1460 米）。此外，还有一个重大事件：公元前 123 年和公元前 121 年之间，常常被人们称为"巴利阿里库斯"的昆图斯·卡埃基利乌斯·梅特鲁斯征服了巴利阿里群岛。地中海的海盗活动在这些岛屿上猖獗，对航行于意大利中部和东部海岸、途经科西嘉岛和撒丁岛之间的博尼法西奥海峡的船只构成了巨大威胁。罗马的目标是彻底根除这些海盗活动，并占领这个具有战略意义的群岛。为此，巴利阿里库斯在马略卡岛上建立了两座城市，帕尔马和波伦提亚，有 3000 多名来自西班牙的罗马殖民者定居于此，这反映了罗马想要干涉并改变这片土地的愿望。

飞翼斯芬克斯像

这尊伊维萨岛的雕塑可追溯到公元前6世纪，饰有斯芬克斯像（一种长着女人的头、狮子的身体和鸟的翅膀的生物），头戴双层埃及王冠。它起源于希腊；浮雕图案在整个中东地区普遍存在；迦太基水手很可能将它带回了皮尤斯岛。皮尤斯岛是由伊维萨岛、福门特拉岛和其他巴利阿里群岛的小岛组成的群岛。根据当时的资料记载，这些岛屿以其投石兵而闻名。来自伊比利亚半岛东南海岸殖民地的迦太基人定居在伊维萨岛，当时那里的人口比其他岛屿少（国家考古博物馆，马德里）。

大约在公元前125年，罗马建立山外高卢省，该省成为代替危险的利翁湾沿岸传统沿海货运航线的陆路通道，从而改善了意大利和西班牙之间的交通。公元前2世纪下半叶，罗马人取得了根本性的进展，建立了多个中心城市，例如公元前138年的瓦伦西亚，或者公元前100年左右罗马对希腊殖民地恩波里翁的扩张。

此外，罗马人在埃布罗河谷对土著居民进行了重大的人口改组，包括比尔比里斯（卡拉泰乌德）和塞格达，这两个改组都有充分的文献记载。这些行动反映了罗马人开始对新领土采取更具侵略性的征服和占领政策。与此同时，罗马帝国的其他地区也在进行着同样的行动——公元前146年迦太基和科林斯的毁灭，非洲和马其顿诸省的建立，还有罗马对山外高卢的干预，并导致在公元前118年建立了纳尔榜玛提厄斯（现在的纳博讷）殖民地，以及多美亚大道的建设和土著居民的重大重组。

凯尔特战士

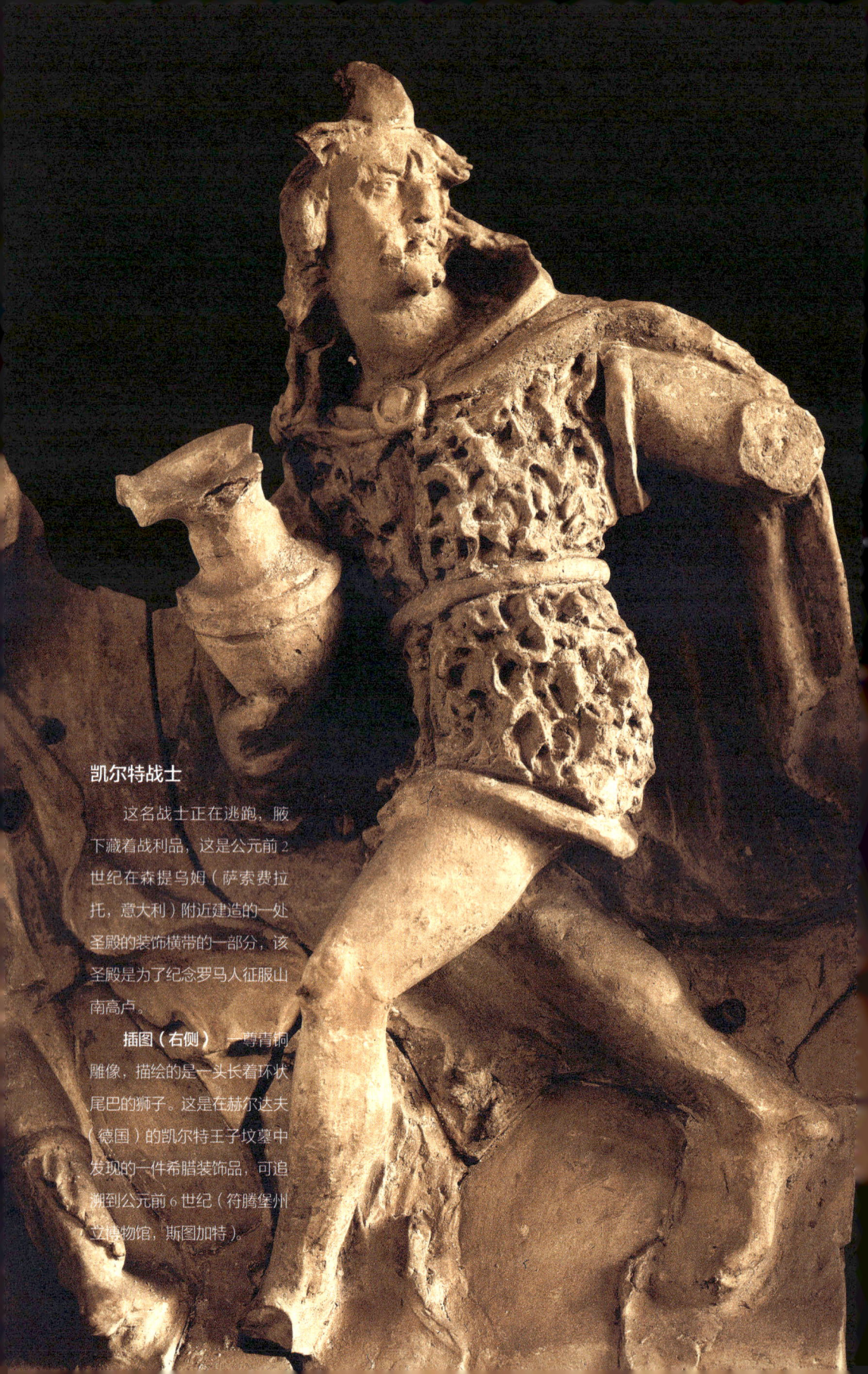

　　这名战士正在逃跑，腋下藏着战利品，这是公元前2世纪在森提乌姆（萨索费拉托，意大利）附近建造的一处圣殿的装饰横带的一部分，该圣殿是为了纪念罗马人征服山南高卢。

　　插图（右侧） 一尊青铜雕像，描绘的是一头长着环状尾巴的狮子。这是在赫尔达夫（德国）的凯尔特王子坟墓中发现的一件希腊装饰品，可追溯到公元前6世纪（符腾堡州立博物馆，斯图加特）。

阿非利加行省和外高卢

在建立了两个西班牙行省后,罗马花费了半个世纪的时间在意大利境外开拓了新领土。其对手迦太基的毁灭,导致了阿非利加行省的形成;为了保护北部边界,同时也为了改善与西班牙的沟通往来,罗马不可避免地要对高卢南部进行干预。

公元前146年迦太基灭亡后,罗马开始吞并迦太基的土地。事实上,它想建立一个新的行省:阿非利加行省。关于"阿非利加"一词的起源仍有争议。西西里自公元前241年起就是罗马的一个省,罗马人在非洲领土上的存在是必不可少的,这样他们就可以巩固对西西里的控制。为此,罗马终止了分配土地给努曼西亚同盟的措施,该同盟由已故国王马西尼萨的三个儿子领导。就这样,罗马在非洲建立了一个桥头堡,同时也成了迦太基的继承者,从而加强了对非洲土著民族的影响。

除了毫无疑问的交通利益外,迦太基还以土地肥沃著称,迦太基居民也以善于

乌提卡：罗马在非洲殖民的先锋

乌提卡位于今天的突尼斯海岸，迦太基西北约 40 公里处，是公元前 145 年至公元前 25 年间罗马阿非利加行省的首府。根据老普林尼的说法，它是由腓尼基人在公元前 1100 年左右建立的，在迦太基崛起之前，是最重要的港口城市。

乌提卡作为腓尼基人的殖民地，直到公元前 6 世纪末，无论在政治还是经济上都依赖于腓尼基的大都会推罗。迦太基的扩张将乌提卡并入了布匿势力范围。在前两次布匿战争和公元前 241 年至公元前 238 年雇佣军危机期间，乌提卡一直与迦太基并肩作战。公元前 149 年，第三次布匿战争开始时，乌提卡加入了罗马阵营。这座城市成为罗马人对抗迦太基的根据地。为了感谢其忠诚，罗马人把从迦太基人手中夺来的土地分给了它，并将其作为非洲阿非利加行省的首府。乌提卡也是恺撒大帝和庞培之间内战的战场之一，公元前 48 年法萨罗战败后，庞培的支持者们便聚集在此。两年后，该城总督、庞培的支持者——乌提卡加图（监察官加图的曾孙），在塔普索斯战败后，为了躲避恺撒，在其辖区内自杀。乌提卡于 439 年落入汪达尔人之手，534 年被拜占庭人重新征服。公元 7 世纪末，这座城市在阿拉伯人快速挺进北非的过程中被摧毁。其遗址如今依旧保存完好，如温泉浴场（右）和能容纳 2 万名观众的竞技场，都反映出它宏伟的建筑风格。

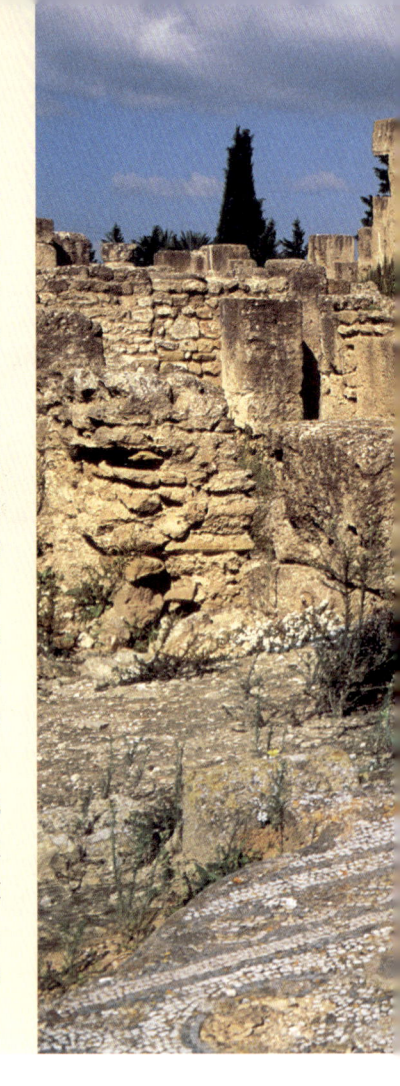

经营土地而闻名。最初，阿非利加行省只占很小的面积，大约 25000 平方公里，可能仅限于第三次布匿战争开始时迦太基人所拥有的领地。对于罗马来说，管理一片新领土，意味着对一块狭小的、同质的、易于管理的区域进行控制，这在后来的罗马将成为一种常态。阿非利加行省以"帝王沟"（也称"西庇阿沟"）为界，这条界线将其与努曼西亚国王的领土分隔开。这既是一道行政界线，也是一道防御线。近些年还

发现了一些较新的界标，使人们能够更清楚地了解该省的轮廓。

元老院将阿非利加行省的总督一职委任给一个退休的"资深长官"，任期一年。这个以权力轮换为目标的共和国法官制度的确定，一方面是出于沟通往来的原因，另一方面则是出于罗马新贵的决定。后者认为，由于领土扩张而产生的具有执法权的法官制度的扩散对元老的权威构成了威胁。

女人雕像

这座穿着束腰长袍的雕像是在迦太基的罗马遗址中发现的，迦太基于公元前29年屋大维（奥古斯都）统治时期，再次成为罗马殖民地（迦太基博物馆，突尼斯）。

阿非利加行省和外高卢

直到公元前 82 年至公元前 79 年，卢基乌斯·科尔内利乌斯·苏拉独裁统治时期，阿非利加行省的总督才从法官升为领事官，并获得"行省总督"的头衔。乌提卡作为继迦太基后最著名的布匿城市，成了阿非利加行省的行政中心。在第三次布匿战争后与迦太基断绝联系的城市中，无论是乌提卡还是哈德鲁米特（现在的苏塞），都享有一定的自治权，甚至获得了新领土，从而扩大了它们的势力范围。

迦太基的其余领土变成了罗马公地：在总督的监管下，这部分领土的资源不断被罗马榨取抽干。

罗马对被征服的领土拥有绝对的权力，并随心所欲地使用其战争权力。罗马授予前土地所有者使用土地的权利。罗马公民则不受影响。同样，西班牙的情况也是如此：原先的土地主人不再是土地所有者。土著人民拥有其土地和财产的用益权，每年支付土地税。

此外，罗马还直接开发了新吞并的大部分领土。一般来说，罗马将这些土地的管理委托给富有的罗马精英成员，他们由于公元前 218 年颁布的《克劳迪法》（Lex Claudia）无法参与政治生活，以强大的金融公司的形式组织起来，即"大税吏公司"（societates publicanorum）。

地籍划分可能是在迦太基沦陷不久后进行的。公元前 111 年，保民官斯普里乌斯·托里乌斯提出《土地法》，又称"托里阿法"（Lex Thoria），设立了"土地丈量员"。土地丈量员是土地测量和划分方面的专家，他们以罗马最常用的 20×20 英亩（相当于 50 公顷）的方形土地为基础，建立了一个正交的布局。

谷物是非洲的主要作物。罗马限制了利润丰厚的橄榄和葡萄藤的种植，以防止任何可能损害意大利农业的竞争。罗马元老院直到公元前 123 年才提出迦太基的重建计划，当时，新当选的保民官盖乌斯·山普洛尼乌斯·格拉古决定接替他不幸去世的弟弟提比略·山普洛尼乌斯·格拉古的职位，并通过了一项更加雄心勃勃的改革计划，旨在改善无产阶级人民的生活条件。

他计划在公元前 146 年被诅咒的边界附近建立一个罗马公民的殖民地，称为"迦太基朱诺尼亚殖民地"，这是罗马第一个在意大利境外设立的殖民地。元老院中的保守派下令暗杀了格拉古,从而结束了非洲土地改革和殖民计划。然而,罗马殖民者并没有被驱逐出去。

努米底亚人和摩尔人

公元前188年,马西尼萨的儿子,努米底亚国王米奇普萨逝世。米奇普萨曾与其兄弟古鲁撒和玛斯塔那巴尔平分努米底亚,两兄弟先后去世后,米奇普萨恢复了王国的统一。米奇普萨去世后,他的两个儿子,西耶姆普萨尔和阿德盖巴尔,以及他的侄子朱古达,平分整个王国。朱古达是玛斯塔那巴尔的私生子,在西庇阿·埃米利安的请求下被米奇普萨收养。在努曼西亚被长期围困期间,马西尼萨派出了辅助部队,罗马人被朱古达在此期间表现出来的勇气所吸引。

三位继承人之间的紧张关系很快升级。公元前116年,朱古达下令暗杀最年轻的继承人西耶姆普萨尔,并随后推翻了阿德盖巴尔。朱古达利用他与罗马的良好关系,并通过贿赂,说服负责仲裁的元老院委员会将毗邻摩尔王国的努米底亚西部划分给他。阿德盖巴尔则分到了努米底亚东部和瑟塔地区(现在的君士坦丁)。尽管罗马人在公元前113年进行了仲裁,但朱古达对这一划分结果并不满意,于是决定发动一场攻打堂兄的战役,并将其锁死在首都瑟塔。经过15个月的围城后,阿德盖巴尔最终投降。在洗劫瑟塔的过程中,朱古达不仅杀害了阿德盖巴尔,还屠杀了大量定居在那里的罗马—意大利商人。

瑟塔大屠杀引起了罗马的极大反应,致使后者终止了与朱古达的关系,并向朱古达宣战。罗马人曾在公元前111年的诺里亚战役中败给辛布里部落,这一次,两名执政官之一的卢基乌斯·卡尔普尔尼乌斯·贝斯蒂亚率领几个军团前往非洲,出征努米底亚。交战过后,大莱普提斯城最终彻底脱离努米底亚王国,并获得"罗马人民的朋友和盟友"的称号。朱古达支付了一笔数额不大的补偿金,重新恢复了王国的完整,并与罗马执政官签订了停战和约。

在罗马元老院,民众党派对停止敌对行动感到愤怒,并呼吁继续战争,干预努米底亚内部事务。在平民保民官盖乌斯·梅米乌斯的带领下,他们要求朱古达到罗马元老院,当面为自己辩解,企图重新挑起冲突。公元前111年冬,大会如期召开,

■ 阿非利加行省和外高卢

两个高卢：罗马的扩张

高卢指的是西欧的一个地区，包括法国、比利时、卢森堡、荷兰南部、瑞士和德国部分地区以及意大利北部。

这片广袤的土地之上，居住着凯尔特人，这个名字为罗马人所起。高卢南部被分为两部分：山南（内）高卢，即波河平原（又被细分为上高卢和下高卢）和山北（外）高卢，这是一片位于阿尔卑斯山和比利牛斯山脉之间的广阔的沿海地带。罗马人在山南（内）高卢肥沃的平原上建立了罗马殖民地，尤其是拉丁殖民地，以守卫通往意大利的通道。罗马的推进导致了山北（外）高卢被吞并，后者后来被称为纳尔邦高卢，以其首都纳尔邦·玛提厄斯（现在的纳博讷）命名。再往北是凯尔特高卢，也称"长发高卢"（Comata，来自拉丁语的 coma，意为"头发"），因为当地居民的长发而得名。公元前 58 年至公元前 51 年，高卢被恺撒征服，逐渐分为三个省：凯尔特高卢，首都是卢格杜努姆（里昂）；阿基坦高卢，首都是梅迪奥拉纳姆·桑托纳姆（桑特）以及比利时高卢，首都为杜罗科托鲁姆（兰斯）。

北非战争的关键日期

公元前 113 年

努米底亚 努米底亚国王米奇普萨的两个儿子西耶姆普萨尔和阿德盖巴尔与他的侄子朱古达争夺王位，后者获胜。

公元前 112—前 111 年

瑟塔 对罗马人的大屠杀迫使罗马向朱古达宣战。卢基乌斯·卡尔普尔尼乌斯·贝斯蒂亚任军队指挥官。

公元前 111 年

和平条约 卢基乌斯·卡尔普尔尼乌斯·贝斯蒂亚也许是受了贿赂，签署了一项有利于朱古达的条约。为此，罗马人展开了一项调查，但朱古达设法成功逃脱。

公元前 110 年

朱古达的胜利 朱古达在苏图尔击溃了斯普利乌思·阿尔比努斯的军队。他向罗马索要努米底亚的统治权，但没有成功。

公元前 109—前 108 年

朱古达走投无路 克温图斯·凯奇利乌斯·梅特路斯在穆瑟河附近击败了朱古达，迫使他在努米底亚进行游击战。

公元前 105—公元前 104 年

朱古达之死 毛里塔尼亚国王博丘斯一世向朱古达提供了援助，但两人败给了盖乌斯·马略。博丘斯一世后来背叛朱古达，导致朱古达被罗马人俘虏并杀害。

却收效甚微。当梅米乌斯做完陈述要求朱古达发言时，另外一名接受了贿赂的保民官盖乌斯·贝比乌斯否决了梅米乌斯的发言。随后，朱古达利用其罗马之行，下令暗杀了自己的表弟玛西瓦。玛西瓦曾觊觎努米底亚的王位，并被流放到罗马。

公元前 110 年春，执政官斯普里乌斯·波斯图米乌斯·阿尔比努斯毫不犹豫地重新发动了一场反对朱古达的战争。他试图通过胜利增加其权威。优秀的努米底亚骑兵让波斯图米乌斯·阿尔比努斯陷入了窘境，后者最终被打败，并被迫签订了一份羞辱性的和平协议。该协议规定罗马人从努

108

米底亚领土上撤离，为期10年。

随着执政官克温图斯·凯奇利乌斯·梅特路斯的当选，形势开始向有利于罗马人的方向转变。他在公元前109年至公元前108年间数次战胜朱古达。后者随后撤退到内陆。克温图斯·凯奇利乌斯·梅特路斯与盖乌斯·马略并肩作战，马略是一个"新人"（homo novus），得到元老院草根阶层的支持，成为贵族。他于公元前107年当选执政官，并被指派领导军队对抗朱古达。

盖乌斯·马略，注定要成为公元前2世纪晚期最有影响力的政治人物。他与卢基乌斯·科尔

阿非利加行省和外高卢

内利乌斯·苏拉一起，最终战胜了朱古达。朱古达此前曾发动过游击战，最初得到了其岳父——毛里塔尼亚国王博丘斯一世的支持。这使得罗马的攻坚战更加困难。然而，军事改革之后，作为一支主要由无产阶级组成的军队的领袖，盖乌斯·马略取得了几次决定性的胜利，使朱古达失去了摩尔人（毛里塔尼亚王国）的宝贵帮助。摩尔人最终背叛了朱古达，并于公元前 105 年初把他交给了罗马人。

随着战争的结束，博丘斯一世获得了"罗马人民的朋友和盟友"的称号以及努米底亚一半的土地。努米底亚东部则分给了朱古达同父异母的兄弟伽乌达。罗马也因此能够将其所有力量集中在与辛布里人和条顿人的对峙中——条顿人曾于公元前 105 年在阿劳西奥（奥朗日）战胜过罗马人。

公元前 103 年，平民保民官路奇乌斯·阿普莱乌斯·萨图尔尼努斯提出阿布勒伊法（Lex Appuleia）。尽管遭到了元老院中最保守成员的反对，盖乌斯·马略的退伍士兵们还是在非洲得到了 100 英亩的土地。罗马人在努米底亚的定居变得更加频繁。从那时起，阿非利加行省的政治生活就充满了罗马上层集团的冲突和内乱。上层集团分为两派，即"贵族派"（optimates）与"平民派"（populares）。这些战争一直持续到奥古斯都的出现。

意大利和西班牙之间的通道

罗马人对山北（外）高卢的干预导致了对意大利北部的征服，即众所周知的下高卢。这次征服在公元前 175 年达到高潮。此次行动的目的是加强意大利北部边境。南高卢由两大片区域组成：山南（内）高卢和山北（外）高卢，两者被阿尔卑斯山脉隔开。山南（内）高卢地区又被分成两个区域：下高卢和上高卢，由波河分隔。

随着下高卢被吞并，成为公地，罗马认为对意大利的征服终于结束了。因此，它决定集中精力保护罗马不受高卢人的侵略威胁。罗马人认为这是必要的措施，因为他们没有忘记公元前 390 年的悲惨遭遇：塞农族人在台伯河的支流阿里亚河大败罗马人，并洗劫了罗马。直到 410 年，也就是 8 个世纪后，罗马帝国濒临土崩瓦解，西哥特人首领亚拉里克一世攻陷罗马并大肆洗劫时，它才再次经历了这

布伦纳斯：凯尔特首次入侵罗马

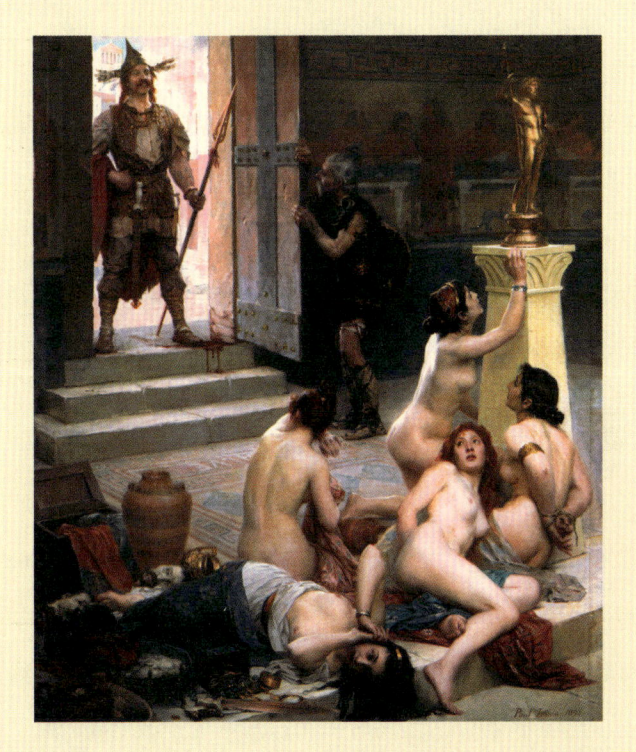

阿里亚战役（公元前390年）胜利后，塞农部落首领布伦纳斯率领军队进攻罗马城。第一次与高卢部落的交战给罗马留下了创伤性的记忆，这使得罗马下定决心要征服山北（外）高卢。

这一事件产生了罗马历史上最著名的传说之一。布伦纳斯的军队进入罗马城并将其洗劫一空。幸存者退守至卡皮托利山，躲避侵略者的进攻。半夜时分，高卢人从悬崖处爬上来，试图偷袭。关键时候，朱诺（罗马神话中的天后）神庙的鹅嘎嘎大叫，惊醒了罗马人，才把敌人击退，也因此守住了卡皮托利山和神庙。后来，布伦纳斯同意与罗马人谈判：只要罗马人支付1000古斤（约325公斤）的黄金，他便从罗马撤离。为了确认重量，高卢人称量了赎金，却被罗马人指控作弊。为了回应罗马人的抗议，布伦纳斯把配剑扔到了配重盘上，说了一句现在很有名的话："Vae victis（胜者为王败者寇）。"朱诺·墨涅塔（"发出警报的人"）神庙以及罗马货币工场，就建在事件发生的地方。

插图 保罗·雅明绘制的《布雷恩和他的战利品》（1893，巴黎美术博物馆）。

样的耻辱。

罗马人在波河沿岸建立了以拉丁为主的殖民地，作为该地区的控制和罗马化中心，从而建立了一道防线，例如公元前298年建立的森纳加利卡殖民地（塞尼加利亚），以及分别于公元前268年和公元前264年建立的阿里米努姆（里米尼）殖民地和菲勒姆·皮切纳姆（费尔莫）殖民地。罗马人给这些殖民地分配了土地，为在那里定居的公民提供谋生手段，为他们的生存扫清了障碍。对波河流域肥沃土地的征服为罗马人提供了大片平坦的可耕地，这使他们能够改进测量和划分土地的方法。

公元前236年和公元前225年，罗马镇压了山南（内）高卢人的大规模起义后，加强了此地的兵力部署。

山南（内）高卢

公元前223年到公元前217年间担任执政官的保民官盖乌斯·弗拉米尼·尼波斯不顾参议院的反对，颁布了《按丁分配高卢和皮切诺土地法》（*Lex Flaminia de agro Gallico et Piceno*）。该项法律规定了罗马公民在新领土的土地分配方法。

这样，罗马民众因为在第一次布匿战争中表现出的模范行为得到了奖赏，这也使罗马人加强了对他们的控制。盖乌斯·弗拉米尼·尼波斯成为监察官后，于公元前220年下令修建连接罗马和拉丁殖民地阿里米努姆的弗拉米尼亚大道。

公元前225年，执政官卢基乌斯·埃米利乌斯·帕普斯和盖乌斯·阿蒂利乌斯·雷古鲁斯在塔拉莫内附近击败了一个由波伊部落和因苏布雷部落的高卢人组成的联盟，他们越过亚平宁山脉，直逼托斯卡纳的克鲁西姆（丘西）。据估计，约有4万名高卢人倒在了战场上。罗马人受到这次胜利的鼓舞，决定进军阿尔卑斯山南部，经过几次战役后，他们便征服了这片领土。公元前224年，波伊部落的抵抗被镇压，第二年，罗马人针对因苏布雷部落发动了另一场战役。后者在布雷西亚地区的基耶塞河岸与执政官盖乌斯·弗拉米尼·尼波斯交战，遭遇惨败。

因苏布雷部落试图求和，但罗马元老院拒绝了他们的要求，并挑起了新的冲突。公元前222年，执政官马尔库斯·克劳狄·马尔凯鲁斯在克拉斯提蒂姆（卡斯泰焦）又一次战胜了因苏布雷部落。马尔凯鲁斯斩获了他们的领袖维里多玛罗斯，而另一

位执政官克奈乌斯·科尔内利乌斯·西庇阿·卡尔弗斯则占领了因苏布雷部落的首都梅蒂奥拉努（米兰）。这次胜利之后，执政官马尔库斯·克劳狄·马尔凯鲁斯获得了"至尊战利品（opolia opima）"称号：这是罗马将军的最高荣誉，表明他在单兵作战中战胜了敌军指挥官。很少有人能获得这一荣誉。

大约在公元前198年，罗马成功地征服了波伊部落和因苏布雷部落。公元前189年，新罗马殖民地穆蒂纳（摩德纳）、帕尔马建立，公元前183年，普拉森提亚（皮亚琴察）殖民地建立，保证了波河地区的安全。同样，罗马分别于公元前180年和公元前177年建立了卢卡拉丁殖民地

凯尔特战士

这两位战士逃跑的行为表明，他们在武装冲突中败下阵来。这是在博洛尼亚的萨索费拉托发现的陶土浮雕，可追溯至公元前2世纪，现存于博洛尼亚考古博物馆。罗马人和北方邻国高卢人之间的战争，源于新建立的殖民地政策。

凯尔特人，首个定居中欧的大民族

凯尔特人指的是拥有印欧血统的部落，在铁器时代，各部落有着相似的语言和某些文化特征。他们的势力范围从不列颠一直延伸到小亚细亚，包括中欧和巴尔干半岛的大部分地区。

凯尔特文化始于欧洲铁器时代第一阶段（公元前800—公元前400年），位于阿尔卑斯山地区（哈尔施塔特文化），并在铁器时代第二阶段（公元前400—公元前50年）迅速发展，形成了拉登文化。大约公元前500年，凯尔特人占领了今天的德国、波希米亚、奥地利和瑞士；西班牙、法国、爱尔兰、荷兰和意大利北部的部分地区。公元前4世纪和公元前3世纪，他们迁移到了巴尔干半岛和小亚细亚。凯尔特人几乎没有留下任何书面记录，所以我们了解其文明的方式主要是通过其艺术作品和希罗多德、恺撒和其他罗马作家的作品，如卢坎，他描绘了德鲁伊教的宗教仪式。哈尔施塔特时期的特点主要体现为在坟墓中发现的青铜和铁剑，以及杯子、盘子、衿针和其他黄金制品，这些都是统治阶级权力的象征。拉登文化时期的墓葬较为朴素，但也有几座墓中埋葬着驾驶两轮战车的战士，他们手持武器，头戴尖尖的青铜头盔。还有一些抽象的作品，比如这尊凯尔特英雄的石刻头像，可以追溯到公元前2—公元前1世纪（国家博物馆，布拉格）。

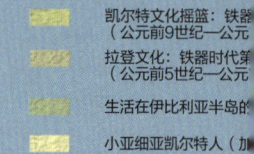

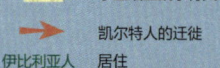

和卢尼（卡拉拉）罗马殖民地，开始控制利古里亚地区。

监察官马尔库斯·埃米利乌斯·斯卡乌鲁斯在公元前115年担任执政官后，下令建造了艾米利亚连接热那亚和普拉森提亚的艾米利亚·斯考拉大道。这条路线优化了该地区的交通，也是对艾米利亚大道的延伸。这条道路最初由公元前187年的执政官马尔库斯·埃米利乌斯·雷必达修建，连接普拉森提亚和阿里米努姆这两大拉丁殖民地。唯有第二次布匿战争中汉尼拔的入侵才阻碍了罗马人征服山南

（内）高卢的进程。

山北（外）高卢

公元前 197 年，罗马在控制了山南（内）高卢后，受帝国主义侵略本性驱使，试图与新的西班牙行省建立更好的陆地交通联系，在阿尔卑斯山地区展开军事行动。为此，罗马决定沿着利古里亚海岸和利翁湾建立一个安全区，称为"高卢湾（sinus gallicus）"。

罗马决定征服山北（外）高卢，并把其变为行

凯尔特剑

这把公元前 1 世纪的剑虽然发现于爱尔兰，却源自欧洲内陆地区，可能是罗马人控制下的山北（外）高卢（爱尔兰国家博物馆，都柏林）。

凯尔特金银器精加工业

奢侈艺术是凯尔特文明最重要的艺术领域之一，考古人员发掘出土了许多由铁、青铜或贵金属制成的饰品，包括项链、手镯、耳环、胸针、祭祀用品和仪式所使用的面具。特别值得一提的是精英们佩戴的衿针和盔顶饰圈。凯尔特人领军的金属工艺也被用于制造日常用品，如锅、武器、剑柄、头盔和盾牌。其中一些物品用珐琅、象牙和宝石装饰，并常常配以拟人或动物形态的几何图形。

❶ **祭车** 这是在奥地利斯特雷维希一座墓穴的主墓中发现的一件祭品，由青铜制成，高33厘米（约翰州立博物馆，格拉茨）。

❷ **游行队伍** 该队伍由对称排列的人和动物组成，设计非常简单、抽象，这是凯尔特艺术的特点。

❸ **中心人物** 这是一位女性形象，比其他人都要高大，装饰品只有耳环和腰带。她手托一个举办仪式所使用的大碗，碗上刻有螺旋形的装饰纹路。

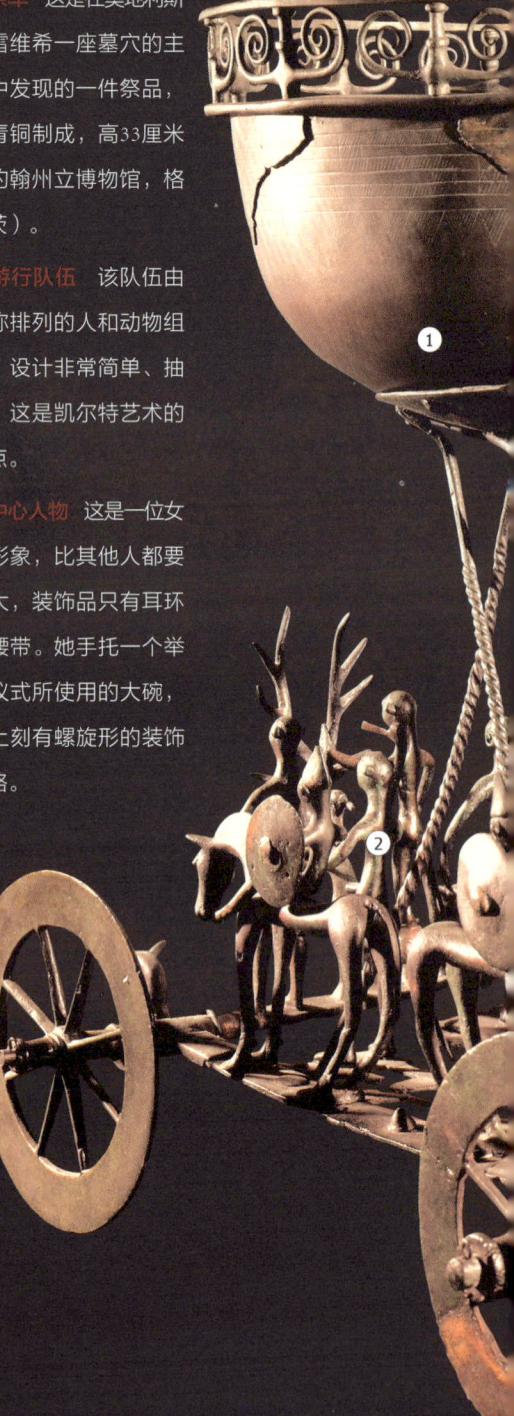

凯尔特人的黄金物品

凯尔特人是金器大师，通常使用少量的银和铜来熔化黄金，打造黄金制品。在欧洲，这种冶金工艺可以追溯到公元前4千年。这件宏伟的浮雕作品可追溯到公元前6世纪—公元前5世纪，来自加利西亚的里瓦德奥镇（国家考古博物馆，马德里）。

❹ **同伴** 他们位于中心人物前方，代表一群勃起的男人和戴着装饰耳环的女人。中心人物的两边是骑士和他们的马。

❺ **鹿** 游行队伍的前部和后部，人们手持鹿角和鹿形面具。鹿是凯尔特人的圣物，象征科尔努诺斯（古罗马凯尔特神话神祇之一，名字为"有角者"的意思，掌管狩猎、生育、动物、植物、荒野等，并具有支配冥界的力量）。

❻ **车轮** 祭车有四个轮子，八根辐条，轮轴上饰有牛头和公牛。在许多凯尔特墓地都能见到这种装饰。

神祇图像 在公元前1世纪的刚德斯特尔普银质大锅上，描绘了一个戴着饰圈的神，两侧是人和动物（哥本哈根国家博物馆）。

对称交织的曲线图案是海岛凯尔特人（公元前1世纪—公元1世纪）装饰的特色。

青铜盾牌 这面青铜盾牌是在泰晤士河的巴特西发现的，饰有漂亮的红色碎宝石（大英博物馆，伦敦）。

阿非利加行省和外高卢

省。奥古斯都开创元首政治制度后,这一地区被称为"纳尔波高卢",首都为纳尔榜玛提厄斯(今天的纳博讷)。成立新省的建议由总督克奈乌斯·多米蒂乌斯·阿赫诺巴布斯提出,后者为此于公元前122年和前118年间征战不息。山北(外)高卢覆盖地中海沿岸从瓦尔河到比利牛斯山脉的广阔区域,以阿尔卑斯山、日内瓦湖和罗讷河上游和中央高原的山麓为界。

山北(外)高卢的组织过程难以描述。事实上,古代的文学资料大多只记载了第二次布匿战争后山南(内)高卢的情况。山南(内)高卢是汉尼拔前往意大利的途经之地,有一个重要的城市中心——马萨利亚(马赛)。这座位于西欧的希腊大都市是罗马的忠实盟友,抵御了定居在伊比利亚半岛的迦太基人,保卫了自己在该地区的利益。由历史学家阿巴马的波希多尼和庞培·特罗古斯撰写的关于高卢南部的零碎文本提供了有限的信息。

高卢南部从来都不是军事行动的主要战场。古代作家更关注发生在意大利、西班牙、非洲或希腊的事件。在这种背景之下,希腊历史学家波利比乌斯的作品具有重大意义。恺撒大帝的著作也值得关注,久负盛名的《高卢战记》便出自他的笔下,该书分为8卷;此外,还有马库斯·图留斯·西塞罗,他发表了多场著名演说,如《为冯泰乌斯辩护》,冯泰乌斯曾于公元前74—前72年执掌山北(外)高卢,还有《为昆克提乌斯辩护》,将抨击的矛头指向独裁者苏拉的宠人。这些作者向我们提供了诸多重要信息,包括罗马在高卢南部贸易中的重要性,以及居住在高卢南部和罗讷河附近的某些罗马公民的谋生手段。

恺撒和西塞罗的著作都有很大的偏见性——他们没有生活在征服山北(外)高卢的年代。西塞罗对这一地区鲜有描绘,而恺撒则将注意力集中在了高卢领土的最北部,即凯尔特高卢,也称长发高卢(Gallia Comata),恺撒也沿用了这一名称。Comata的字面意思是"多毛的",据说这里的居民都留着长发。提图斯·利维乌斯、斯特拉波和狄奥·卡西乌斯的记载,虽然也有滞后性且不完整,却让我们接触到了早期作者的资料,如波希多尼。

考古发现也提供了大量的数据,回答了文字记载中的种种疑问。然而,这些疑问往往含混不清，引起了许多关于吞并山北（外）高卢以及将其行省化的争议。对马萨利亚（马赛）、希腊殖民化以及关于该区域高卢人民及其定居点的研究非常有用。

马萨利亚作为一个重要中心城市，其存在给该区域带来了深刻的影响。它位于罗讷河口的战略要地，是地中海西部最重要的殖民地，由弗凯亚城邦（士麦那海湾）的希腊人建立，时间为公元前 600 年左右，考古发掘证实了这一日期。

马萨利亚及其势力范围

马萨利亚殖民地（如今的马赛）占地约 50 公顷，考虑到该地区城镇的规模，这是一个相当大的面积。其港口的基础设施优化了锚地的自然特性。马萨利亚土地面积辽阔，从罗讷河三角洲一直延伸到沃克吕兹的阿维尼奥（阿维尼翁），随时间的推移而变化。

在与伊特拉斯坎人和腓尼基—布匿人的竞争中，马萨利亚在该地区的经济活动范围一直扩散到利古里亚海岸附近的附属殖民地贸易站，如阿加特、奥尔比亚（靠近瓦尔省的耶尔市）、陶罗伊（勒布鲁茨，瓦尔省）、安提波里斯（昂蒂布）或尼柯耶（尼斯）。除了上述飞地外，伊比利亚半岛考古研究中仅有的两个希腊殖民地也值得一提：罗德和安普里奥。安普里奥尽管在公元前 450 年到公元前 350 年出现了衰败的迹象，但后来渐渐恢复了繁华。

同西班牙土地上的两个希腊飞地那样，马萨利亚在这个半岛上的经济利益主要来自贸易。它对以丰富金属矿藏而闻名的南部地区的干预，受到了腓尼基—布匿人的阻挠。罗德是受马萨利亚贸易辐射而建立的小型商业工厂。至于安普里奥（本意为"设在国外的商行"），正如它的名字所暗示的那样，起初只是一个商业中心，后来发展成为城邦，建立了独立的领土。

从公元前 5 世纪开始，安普里奥从大都会马萨利亚中分离出来，发展自己的贸易流。来自伊博西姆（伊维萨岛）的腓尼基—布匿产品在贸易中起到了极其重要的作用。正是在这个时候，出现了第一批安普里奥银币，在当时正在扩张之中的圣地

马萨利亚，西欧的希腊大都会

马萨利亚殖民地位于罗讷河河口，利古里亚海岸和利翁湾之间，于公元前 600 年由弗凯亚人建立，曾一度很繁华。它是地中海西部的主要港口，也是罗马的忠实盟友。

弗凯亚人先后建立了几个城市，马萨利亚便是其中之一，它后来成为高卢南部和伊比利亚半岛东北部许多沿海飞地的母城，例如罗德和恩波里翁。它的繁荣建立在手工制品、农业和畜牧业的贸易基础之上。马萨利亚深知它在山北（外）高卢海岸和罗讷河河口的战略重要性，因为这条海岸是意大利和西班牙之间的通道，也是进入高卢腹地的必经之路。这座城市抵制了迦太基不断增长的影响力，为了捍卫自己在该地区的利益，在第二次布匿战争中与罗马结盟。这一联盟一直保持到公元前 49 年。当年，在恺撒大帝和庞培之间的战争中，马萨利亚选择了后者，因而遭到了恺撒的围困。一番抵抗之后，马萨利亚向恺撒投降。尽管被并入了纳尔邦高卢省，但恺撒对它施加了相对温和的条件。

上建立了第一批城墙和纪念碑。这些威望的元素是为了重申安普里奥作为城市的身份。在安普里奥和佩奇·马霍（西让，奥德省）发现的大量的公元 5 世纪的希腊文字记载，描述了安普里奥港口发展起来的密集贸易关系。

在罗马和迦太基之间的冲突中，马萨利亚和其他希腊殖民地选择支持前者，抵御迦太基人的进攻，以保卫它们在地中海西部的经济利益。在公元前 226 年签订的《埃布罗条约》中，罗马似乎并没有坚定地捍卫马萨利亚的利益：该条约限制了迦太基人在伊比利亚半岛的发展，但承认了其在埃布罗南部的霸权。然而，在古代文学文献中，罗马人和马萨利亚人之间的联盟被称为"socii（盟

邦)",也就是说,还存在另一种更正式的联盟条约,即"foedus(正式盟约)"。

在第二次布匿战争中,马萨利亚继续支持罗马。因此,汉尼拔在去意大利的路上,不惜一切代价避免经过利翁湾附近这片希腊飞地的势力范围。公元前217年,一支马萨利亚舰队曾向格涅乌斯·科尼利厄斯·西庇阿发出警报,提醒罗马人哈斯德鲁巴在埃布罗河附近出现。罗马在随后的海战中获胜。

罗马人在山北(外)高卢的存在使马萨利亚逐渐增加了财产和特权,并加强了两者之间的联系。证明这一点的证据是,从公元前3世纪起,意大利的双耳尖底瓮

马萨利亚双耳尖底瓮

这个双耳尖底瓮是用来装酒的,其历史可以追溯到公元前5世纪—公元前3世纪(加泰罗尼亚考古博物馆,赫罗纳)。在古代,这些非常普通的容器可用于储存和运输酒、油、谷物和腌制品。为了使其稳固,通常会安装一块底座。这款酒壶与希腊酒壶很相似,但是罗马双耳尖底瓮的颈部比较长,且瓶身通常较窄。

阿非利加行省和外高卢

和坎帕尼亚的陶器充斥着马萨利亚和高卢南部的土著定居点。这些物品几乎无处不在，并在当地被仿制。马萨利亚货币的使用变得越来越频繁，当地社区在罗马人的要求下逐渐走向货币化。这一现象也发生在半岛的东北部。在那里，被解放的希腊殖民地安普里奥的德拉克马成为参考货币；3世纪末，该地区的其他伊比利亚人也效仿了他们。

马萨利亚在公元前2世纪与罗马的良好关系促使它多次出手帮助与其有密切联系并希望与罗马发展关系以获得利益和特权的希腊城市。例如，公元前197年，马萨利亚代表拉普塞基的居民，在赫勒斯滂沿岸（现在的达达尼尔海峡）与罗马进行交涉。同样地，公元前130年，马萨利亚在元老院出面干预下，支持弗凯亚市。然而，它很快就开始显露出衰败的迹象。

公元前181年，马萨利亚请求罗马帮助镇压利古里亚海岸的海盗活动。公元前154年，它在该地区的两个主要基地——安提波里斯和尼柯耶遭到了两个利古里亚部落的攻击，这两个部落分别是奥克西比和德西亚特。直到两个执政官之一的昆图斯·奥皮米乌斯的介入才制止了暴动。他下令将领土割让给马萨利亚，并将人质移交给马萨利亚，以保证两部落的服从。

通往西班牙

罗马并不满足于向马萨利亚提供帮助，它想要把马萨利亚变成一个安全的区域，确保其与公元前197年建立的新行省之间在陆地和海洋上交通顺畅。此外，还必须确保控制意大利和近西班牙行省之间途经利翁湾危险水域的传统海路。事实还证明，有必要在西班牙和意大利之间建立一条安全且稳定的陆路路线，并进入山北（外）高卢地区，以便控制和平定该地区。

最初由汉尼拔率领，以及几年后由他的兄弟率领的迦太基远征，突显了控制该地区以保护意大利北部边境的重要性。此外，事实证明，罗马向盟友马萨利亚提供的援助已不足以控制该地区。这一点在公元前189年和公元前173年的两次进攻中得到了证明：两名行省总督，卢修斯·贝比乌斯·迪夫斯和努梅里乌斯·法比乌斯·布特奥,在前往西班牙的途中,不幸身亡。这些袭击表明:尽管有一个像马萨利亚这样规模的盟友存在,该地区仍然很危险,与西班牙的交通也存在很大问题。

文学资料似乎表明,山北(外)高卢地区(现在的朗格多克—鲁西永地区)的管理可能与近西班牙行省的管理有关。当时,行省没有明确的地理界线,而是由一个负责具体事务的地方法官控制。西塞罗曾写道,公元前2世纪,出于某些特殊情况,罗马禁止山北(外)高卢附近的民族种植橄榄树或葡萄树,这表明,高卢南部的这一地区可以由近西班牙行省的总督管理。

根据波利比乌斯的说法,罗马人测量并标记了意大利、高卢和西班牙之间的距离;为此,他们每八个斯塔德就放置一个里程石,从而表明该地区存在一个大规模的公路网。特蕾莱(奥德省)里程石是法国境内最古老的里程石,以多美亚大道的组织筹划者、纳尔榜玛提厄斯殖民地的建立者克奈乌斯·多米蒂乌斯·阿赫诺巴布斯命名。这一里程石与在巴塞罗那省内陆地区和莱达附近发现的里程石属于同一时代,它们分别以马尼乌斯·塞尔吉乌斯和昆图斯·法比尤斯·拉比乌斯命名。

公路网对领土的控制和开发至关重要,因为它有助于部队的迅速调动,将资源和盈余运往城市与港口。这使得优化管理成为可能,并将偏远的内陆地区纳入罗马生产系统。这些道路也被用作绘制正交地籍轴线的参考。也有可能是近西班牙行省的总督把他的权力扩大到了高卢南部。考虑到这个地区和西班牙东北部之间的联系,这一假设得到了加强:两个地区都同时经历了领土重组,且拥有相同的农业文化。

在古代,比利牛斯山似乎并不是一个真正的边界线。老普林尼认为,塞多留战争(公元前82—前72年)期间,比利牛斯山并不是近西班牙行省的北部边界。关于伊比利亚世界的边界,以及受强大的凯尔特影响的南高卢民族与伊比利亚民族之间的联系,存在着大量争议。部落离地中海越远,受凯尔特人的影响就越大。中罗讷河谷和图卢兹地区的部落尤为明显。

文学资料表明,公元前1世纪,高卢南部出现了以凯尔特人的名字命名的部落

联盟：沃尔卡特克托萨季，沃尔卡，卡瓦利，萨鲁维伊，托洛萨特，鲁泰尼，伽巴里，赫尔维，沃康蒂，阿洛布罗热。山北（外）高卢人和凯尔特高卢人的关系非常密切；交换的武器和珠宝证明了这一点。阿洛布罗热人和凯尔特阿维尔尼人之间的联系也得到了证实。公元前121年，这些民族联合起来，组成了一个共同的阵线，对抗外号"阿洛布罗吉库斯"的执政官昆图斯·费边·马克西姆斯和他的增援部队，但没有成功。费边是为了支援由另一名执政官克奈乌斯·多米蒂乌斯·阿赫诺巴布斯发起的镇压行动。

山北（外）高卢人的特点是社会等级制度森严，

精英们生活在奥必达（有防御工事的城镇），如昂塞吕恩、纳热或昂特勒芒，拥有柱廊形状的公共纪念碑和复杂的排水系统。在这些地方发现的大量圆锥形和浮雕雕塑、硬币和珠宝反映了过去的繁荣。在罗讷河的东部和西部，这些来自高卢南部的民族都有各自的领导人。例如，萨鲁维伊部落拥有强大的贵族阶层，国王就是从这个阶层中产生的。

高卢南部的冲突

罗马对南高卢的征服始于公元前 125 年，当时，马萨利亚遭到了相邻部落联盟的攻击，向罗马求救。罗马伸出了援助之手，派出了执政官马尔库斯·弗尔

日耶河渡槽

日耶河渡槽建于公元前 43 年，穿越夏波诺什，是从皮拉山到卢格杜努姆（里昂）的四条输水渡槽中最长的一条。这座长约 86 公里的网状砌体可以追溯到公元前 1 世纪。罗讷河河谷下游与朗格多克—鲁西永地区接壤，马赛离入海口不远，是罗马人最早进入高卢的通道之一。

阿非利加行省和外高卢

维乌斯·弗拉库斯。弗拉库斯以一种前所未有的方式，通过陆路穿越阿尔卑斯山到达高卢，直至马萨利亚。

没有人确切知道对土著部族进行大规模攻击的原因。马萨利亚早前建造了一堵高墙，可能就是为了防止这样的袭击，或者是为了显示其声望和财富。古代马萨利亚在邻近的部族中有许多同盟；因此，大规模的袭击，例如发生在公元前125年的那次，似乎并没有对其造成致命威胁。例如，萨鲁维伊部落的精英阶层中有一个支持马萨利亚的派系，由克拉顿领导。

在这种情况下，有人提出这样一种假设：北方的凯尔特人可能是受到了土著部族的怂恿，特别是与他们有密切联系的阿维尔尼人。阿维尔尼人在高卢南部颇有影响力，曾和阿洛布罗热人一起对抗罗马人。然而，起义的部落都与马萨利亚接壤。因此，这可能是一种削弱马萨利亚城市财产和征服新领土的好战行为。

公元前121年春天，罗马人发起了一场对抗阿维尔尼人和阿洛布罗热人的战役，尽管阿维尔尼人派出了使团，试图与罗马人进行和平谈判，却没有成功。但罗马的干预不仅仅是帮助盟友：这是一个需要控制和安抚的战略区域，而马萨利亚未能做到这一点。

公元前124年的春夏两季，执政官马尔库斯·弗尔维乌斯·弗拉库斯领导了几次镇压运动，特别针对沃康蒂人和萨鲁维伊人。而后，他回到罗马庆祝胜利。然而，这一地区还远未得到平定。公元前123年，罗马不得不派出执政官盖乌斯·塞克斯蒂乌斯·卡尔维努斯率军再次前往此地。后者成功镇压了这两个部落，并占领了他们的首都。返回罗马前，这位执政官在阿克瓦埃·赛克斯提埃（现在的艾克斯—普罗旺斯）建立了一个守备部队，将8至12斯塔德长的一大片海岸线割让给了马萨利亚，从而扩展了马萨利亚的领地。

公元前122年，克奈乌斯·多米蒂乌斯·阿赫诺巴布斯被选派去镇压高卢南部民族。在拒绝与阿维尔尼部落的使臣谈判后，他于公元前121年在维达利姆战役中战胜了阿洛布罗热人。此外，执政官昆图斯·费边·马克西姆斯和他强大的援军，在罗讷河和伊塞尔河的交汇处击败了阿洛布罗热人和阿维尔尼人的联盟。

特蕾莱里程石和多美亚大道的建设

里程石安装在罗马公路的边缘，两两间隔 1000 步，即 1 罗马英里（约 1480 米）。里程石呈圆柱状，由花岗岩雕刻而成，高 2~4 米，固定在土壤中；底座直径在 50~80 厘米。目前已知的最早的里程石可以追溯到罗马共和国末期，但大多数来自西罗马帝国时期。

大多数里程石上都有铭文装饰。顶部刻有下令修建或改造此路的皇帝的名字，下方则是负责这项工作的省长或军事单位的名称。如果是道路维修时安装的里程石，则刻有"refecit"或"avit"的字样。此外，还会刻有此地距离罗马或其他重要地点的距离。里程石也因此成了皇帝的宣传工具。随着异族的入侵和西罗马帝国的土崩瓦解，道路修建被迫中断。然而，在东罗马帝国，里程石一直延续到 6 世纪末。

插图 《特蕾莱里程石》，可追溯至公元前 120 年左右，发现于纳博讷附近的多美亚大道上。多美亚大道是高卢最古老的道路，连接着意大利和比利牛斯山脉（考古博物馆，纳博讷）。

费边·马克西姆斯征服了阿洛布罗热人，凯旋罗马，并获得了"阿洛布罗吉库斯"的称号。克奈乌斯·多米蒂乌斯·阿赫诺巴布斯在公元前 120 年至公元前 117 年间平定了阿维尔尼部落。在这些针对当地部族的镇压行动中，马萨利亚派出特遣队扩充了罗马军队的队伍，发挥了决定性的作用。这一事实在各种文学资料中鲜有记载。

克奈乌斯·多米蒂乌斯·阿赫诺巴布斯在该地区的权力得到了扩大，获得总督的头衔。征服了这片领土后，他开始负责建造多美亚大道，这是意大利和西班牙之间的主要道路。特蕾莱里程石上刻着这位总督的名字，证明了这条道路的存在。因此，很有可能是克奈乌斯·多米蒂乌斯·阿赫诺巴布斯建立了罗马飞地弗洛姆·多美提（蒙巴赞）；

旅行场景

　　这幅高卢—罗马浮雕发现于奥克地区韦松拉罗迈纳市,描绘了一辆由两匹马拉着的运输工具。在罗马高卢,旅客和货物的运输需要途经比利牛斯山脉,这条通道长期以来一直连接西班牙和山北(外)高卢的中心地带,以及后来的纳尔榜高卢(拉皮代尔博物馆,阿维尼翁)。

还有些人认为,他在托洛沙(图卢兹)建立了战略要塞。人们还很容易将其与公元前118年罗马殖民地纳尔榜玛提厄斯的建立联系起来,这里是该地区未来的权力中心,也是殖民者定居的地方。

新的行省

　　公元前122年至公元前118年,山北(外)高卢行省建立,首府是纳尔榜玛提厄斯,它的建立归功于多米提乌斯·阿赫诺巴尔布斯。然而,直到塞多留战争(公元前82—公元前72年),迫使格内乌斯·庞培·马格努斯(庞培大帝)干预西班牙之前,关于该行省存在的具体证据一直不确凿。当时,马库斯·冯泰乌斯从公元前74年到公

纳博讷，纳尔邦高卢省的首府

纳尔邦·玛提厄斯（纳博讷）于公元前118年由罗马总督格奈乌斯·多米提乌斯·阿赫诺巴尔布斯建立，紧挨着阿克瓦埃·赛克斯提埃（现在的艾克斯—普罗旺斯），是多美亚大道上的罗马军队驻扎地，"纳尔邦·玛提厄斯"这一名字是向战神马尔斯致敬。纳尔邦·玛提厄斯是山北（外）高卢的主要城市，公元前27年，奥古斯都进行行省重组后，这里成为纳尔邦高卢省的首府。

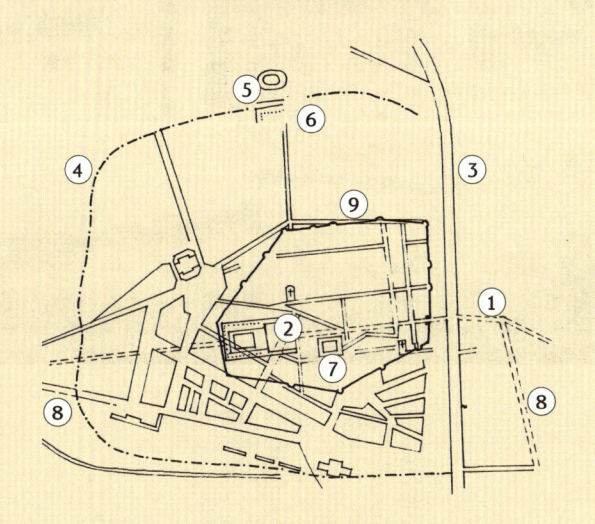

纳博讷的旁边是埃利塞斯部落的一个奥必达（有防御工事的城镇），位于奥布省广阔平原的中心地带，①高卢领土上修建的第一条罗马公路——多美亚大道之上。多美亚大道穿越山北（外）高卢，是意大利和西班牙之间的一条陆地通道。这条道路以其建造者多米提乌斯·阿赫诺巴尔布斯命名，穿越②中枢广场，并通过③埃克斯河（现在的鲁比纳河）上的桥穿城而出。公元1世纪和2世纪的④城区宽广而开阔，占地面积100公顷。⑤竞技场建在郊区，而⑥温泉浴场则在城区。市中心是广场，附近建有⑦仓库。市中心外有两片⑧墓地。环绕市中心的⑨城墙可以追溯到3世纪。在西罗马帝国时期之前，纳尔邦·玛提厄斯是纳尔邦高卢的主要城市之一（根据斯特拉博的说法，甚至是最重要的城市）；人口高达35000。公元145年，一场大火摧毁了这座城市，后由安敦宁·毕尤皇帝重建。

插图 公元前118年的锯齿银币，为纪念罗马战胜阿维尔尼部落领袖比图伊托斯而铸造。

格拉努姆

格拉努姆坐落在普罗旺斯圣雷米的阿尔皮勒山脚下,是山北(外)高卢最美丽的城镇之一;如今,它是法国最重要的罗马考古遗址之一。罗马人在此处定居时,这个城镇还只是萨鲁维伊部落的一个奥必达(有防御工事的城镇)。格拉努姆这个名字源自普罗旺斯医神格拉尼斯(Glanis)。公元前1世纪建造的高卢罗马陵墓和宏伟的凯旋门都是不朽的杰作。

元前72年,连续三年担任是该省总督的职位。冯泰乌斯曾多次协助庞培大帝在西班牙对抗塞多留。这些冲突迫使他多次在比利牛斯山以外的地方过冬。

罗马人在山北(外)高卢的存在并不是长期的,因此,在公元前125年到冯泰乌斯(公元前74—前72年)统治期间,可能没有山北(外)高卢行省这样一个统一管理高卢南部领土的省份。相反,罗讷河以西的领土可能在近西班牙行省总督的统治之下,而以东的领土则由山南(内)高卢行省总督管理,马萨利亚能够扩大其领地并享有新的特权。

马库斯·冯泰乌斯后来还执掌了山南(内)高卢和山北(外)高卢。无论真实情况如何,公元前118年,多米提乌斯·阿赫诺巴尔布斯在该地区建立的稳定被两个日耳曼民族——辛布里人和条顿人的入侵所打破，这两个民族击溃了阻挡他们前进的罗马军队。

马尔库斯·尤尼乌斯·西拉努斯是公元前109年第一位被日耳曼人击败的执政官。公元前107年至公元前105年，执政官卢基乌斯·卡西乌斯·隆吉努斯、昆图斯·塞尔维利乌斯·卡埃皮奥和克奈乌斯·马尔利乌斯·马克西姆斯也先后遭遇惨败。罗马人于公元前105年在阿劳西奥（奥朗日）附近的战败尤其让他们蒙羞，这让日耳曼人得以推进到比利牛斯山脉。辛布里人和条顿人在高卢南部畅通无阻，可能还入侵了近西班牙行省。直到公元前102年的秋天，久经沙场、名望颇高的执政官盖乌斯·马略，也就是非洲朱古达战役的胜利者，经过三年激战，才战胜了日耳曼人。在高卢逗留期间，马略在罗讷河和大海之间开凿了一条大运河，这条运河被割让给了马萨利亚，给它带来了诸多利益。

南高卢人对辛布里人和条顿人造成的混乱反应尚不清楚。史料只记载了一场由沃尔卡特克托萨季部落领导的起义。起义被镇压后，山北（外）高卢地区的一些民族仍然没有归顺罗马人。公元前90年，萨鲁维伊部落爆发了起义，后被凯乌斯·凯利乌斯镇压。马库斯·冯泰乌斯也不得不在塞多留战争中与沃康蒂部落作战。尽管如此，冯泰乌斯还向在西班牙作战的庞培大帝伸出了援手。

■ 档案：罗马世界的货币

档案：罗马世界的货币

在其历史进程中，罗马创造了一种货币体系，这种货币体系将逐渐在其控制下的所有领土上推广。

第一枚货币是在吕底亚发现的，可追溯到公元前 7 世纪。它的设立并不是出于商业利益的需要，而是出于政治、财政和威望等因素，其目的是宣扬国家的身份、支付开支，尤其是军队费用和赋税。这一点在腓尼基人身上也得到了体现。腓尼基人是杰出的商人，他们在公元前并没有铸造硬币。后来，他们之所以使用货币，不是为了优化与那些使用传统物物交换制度的人的贸易往来，而是为了支付驻

浮雕：货币兑换者 该浮雕描绘了一个收取贡品的场景（浇铸，公元 3 世纪，罗马文明博物馆，罗马）。

扎在西西里的雇佣军的费用。

    货币作为国家权力和威望的象征，从安那托利亚半岛（小亚细亚半岛）一直到希腊大陆，迅速传播开来。在希腊，阿尔戈斯国王斐冬是首个推行货币的人。大约公元前 500 年，其传播范围已扩大到希腊的主要城市。就这样，货币在整个希腊世界以及腓

铸币工具

    这枚卡利西亚氏族的银币上印的是铸造货币的工具（提图斯·卡利西亚，公元前 1 世纪），包括锻造钳、冲头、铁砧和锤子等。天平对于控制金属的重量至关重要，但没有出现在银币上。

档案：罗马世界的货币

罗马货币的产生与发展

公元前 600—前 500 年

货币的产生 公元前 7 世纪末，吕底亚（安那托利亚半岛）首次记载了货币的存在。随后，阿尔戈斯国王斐冬将其在希腊大陆推广发展，并于 6 世纪末传播到希腊的主要城市。

公元前 499—前 300 年

罗马货币制度的开端：粗铜和印记铜 不规则、无标记的铜锭（粗铜）代替了牲畜（pecus）作为一种交换手段。印记铜的形状更规则，上面还印有动物的图案。

公元前 299—前 212 年

首个罗马信用货币：重铜阿斯 这是与大希腊进行贸易的第一种货币，遵循希腊制式。这种圆形铜铸币，由金属熔化而成，也可用于内部流通，重量减少而价值不变。货币铸造业开始发展。"造币三长官"（triumviri monetales）出现。

公元前 211—前 27 年

银币的出现 银币的灵感来自德拉克马（复本位制度）。银币/阿斯的汇率不断变化（公元前 140 年）。辅币出现。银币与其他当地货币在殖民地共同发行与使用。代表国家的图案类型被代表各种贵族氏族的图案所取代。

公元前 27—54 年

奥古斯都与帝国 奥古斯都的宗教改革（公元前 27—前 23 年）。山铜的使用和黄金的发行（三金属制）。克劳狄一世废除了西方的省币。在东方，省级硬币一直流通到公元 3 世纪。

尼基—布匿地区传播开来，甚至到达了像伊比利亚半岛这样的偏远地区——在那里，希腊人和腓尼基人与当地土著民族建立了联系，后者逐渐熟悉了货币文化。

罗马货币的起源

罗马在使用货币方面行动迟缓。公元前 4 世纪前，罗马货币系统极其简易，与其他意大利民族的系统类似，最早使用的是称量铜块，称为粗铜（aes rude），用于贸易交换、制定物品价格，就如公元前 450 年的《十二铜表法》（*Lex Duodecim Tabularum*）所设想的那样。这一制度取代了先前直接使用牲畜（pecus）作为交易货币的制度；这就是拉丁语"pecunia"一词的由来，罗马人用这个词来指代金钱。

另外，位于意大利南部的希腊殖民地已经开始按照通常的做法铸造金币和银币。直到公元前 3 世纪，当时唯一能与迦太基匹敌的地中海强国罗马才开始统一铜锭的特性和重量，重量为 1 罗马磅，用于建立商品之间的等价关系和估计财产的价值。值得注意的是，新的铸锭一开始时单面印有动物标记（牛、象），后来变为双面，被称为印记铜（aes signatum）。铜锭是将熔化的金属倒入模具中制成的，已经具有货币功能。印记铜没有面值，其价值由重量决定，因此，随着磨损，价值会降低。由于罗马不断受到希腊和腓尼基—迦太基世界的影响，不得不打破意大利生产铜锭的传统，开始铸造小型货币。

重铜

公元前280年到公元前275年的皮洛士战争期间，罗马人在意大利南部的扩张速度减慢，促进了希腊制式的双德拉克马银币的铸造，将其作为基础货币单位。这些做工精美的硬币不仅让罗马展示了它的财富和权力，而且促进了与大希腊各城市之间的贸易，并为军队提供了物资。

罗马也开始铸造"重铜"（aes grave），这种圆形铜铸币相当于一个罗马磅（324克），供内部使用。首个系列遵循与印记铜相同的原则：其价值由金属重量决定，金属被熔化，但没有被轧制。在第二个阶段，约公元前3世纪，金属重量逐渐减少而面值不变：金属铜不再具有货币价值，罗马开始向信用货币过渡，即硬币不再有内在价值，而是具有外在价值，每个币值有各自的图案。硬币重量较轻，便于流通；因此，浇铸法逐渐被淘汰，取而代之的是轧制法。重铜阿斯通常正面印有两面神雅努斯，反面则是船头，以纪念为第一次布匿战争而建造的罗马舰队。当时流通的罗马货币包含五种辅币：基本单位——阿斯，三分之一阿斯（triens）、四分之一阿斯（quadrans）、六分之一阿斯（sextans）和十二分之一阿斯（uncia）。直到第二次布匿战争（公元前218—前202年）之前，重铜阿斯一直是货币制度的基础。在第二次布匿战争期间，阿斯崩溃，迫使罗马进行货币制度改革，银币由此诞生，并与重铜阿斯一起流通，这标志着复本位制度的出现。

银币

与迦太基的第二次布匿战争是罗马军事扩张过程中最困难的阶段。公元前217年和公元前216年，罗马先后在提契诺河、特雷比亚河、特拉西梅诺和坎尼败给了汉尼拔，不得不向国内贵族及富有的外国盟友借贷，比如锡拉库萨的希伦希埃隆二世（公元前265—前215年）。由于军事开支造成的金融危机导致埃斯货币严重贬值，以及公元前212年洗劫锡拉库萨后获得的大量财富的流入，罗马的货币制度

档案：罗马世界的货币

与其他货币制度的共生

罗马货币体系与其他体系共存，尤其是在东方行省。罗马还允许某些行省继续铸造自己的货币，以节省罗马的资源，并优化贸易。在希腊化时期，德拉克马（相当于罗马银币）广泛流通，二德拉克马（didrachme）和四德拉克马（tétradrachme）也是如此。帕加马王国的货币蛇篮币（cistophore）的流通也很广泛，其价值介于二德拉克马和四德拉克马之间。在腓尼基—布匿社会，流通的是舍客勒（相当于四德拉克马），主要的面值为舍客勒、半舍客勒和四分之一舍客勒。在西班牙，罗马人用恩波里翁的德拉克马资助对迦太基的战争。德拉克马在此基础上数量激增，随后伊比利亚也仿效罗马模式铸造了自己的货币，直至尤里乌斯·恺撒时代，被与罗马国家货币平行发行的省级货币所取代。

得到了彻底的改革。在这种背景之下，罗马发行了第一批金币，以支付被征召来抗击迦太基的军团的费用。然而，金币并没有在罗马共和国的货币体系中发挥关键的作用：货币改革的主要变化是在公元前 211 年引入了银制第纳厄（denarius argenteus，源自拉丁语 deni，意思是"10 乘 10"），用银铸造，相当于 10 个阿斯，重 4.5 克。在公元 3 世纪末戴克里先皇帝（公元 284—305 年）改革之前，它一直是基本货币单位。大约在公元前 140 年，银币与铜币的汇率进行了调整，1 银币相当于 16 个阿斯。

❶ **西地中海** 刻有飞马图案的银德拉克马，典型的恩波里翁硬币背面，刻有希腊文（公元前3世纪）。

❷ **腓尼基** 银币，描绘了帆桨战船上的三名希腊重装步兵，和一只海马；这两个图案平行排列，在比布鲁斯铸造（公元前4世纪）。

❸ **埃及** 闪电上的宙斯之鹰。拉古王朝的奠基人托勒密一世时代的四德拉克马银币。亚历山大城的货币（公元前3世纪）。

❹ **希腊大陆** 四德拉克马，印有被海豚包围的雅典娜头像，这是雅典铸造的典型的四德拉克马正面图案（公元前5世纪）。

除了银币之外，还出现了其他价值更高的辅币：首先是胜利女神像银币（victoriat），其价值为四分之三银币或七个半阿斯；然后是奎纳里乌斯银币，相当于半银币或五个阿斯；最后是塞斯特帖姆（sestertius），它的价值是四分之一银币或两个半阿斯，还有都庞地亚（dupondius），相当于八分之一银币或两个阿斯。

除了胜利女神像银币正面印有戴有月桂花冠的朱庇特（罗马神话中的主神）头像，背面印有胜利女神为战果加冕的图案外，其他新货币的正面均为戴着头盔的罗马女神像，反面为狄奥斯库里兄弟——卡斯托尔和波利

档案：罗马世界的货币

丢刻斯。这对神圣的双胞胎骑在马背之上，头顶饰有星星，标有该枚钱币的价值（例如，X 表示 10 阿斯）。

钱币图案在公元前 2 世纪上半叶不断演变，尤其是反面。除了狄奥斯库里兄弟，还出现了其他类型：一辆由神祇驾驶、四匹马拉着的马车。直到公元前 2 世纪，罗马女神以外的其他神祇，如雅努斯和阿波罗，才被刻在钱币的正面。

货币的传播

由于罗马的影响力越来越大，罗马银币及其附属品的传播非常迅速。罗马对意大利和地中海中部的主要岛屿行使霸权，并在公元前 202 年战胜了迦太基，成为唯一统治伊比利亚半岛的国家，并涉足了非洲和希腊化的东方。尽管一些独立的国家和城市铸有自己的货币，尤其是希腊，但罗马货币仍在上述地区流通使用。

"造币三长官"（triumviri monetales）——"熔化并轧制铜、银和金的三个人"（aere argento auro flando feriando）——负责铸造罗马货币，他们通常被缩写为：IIIvir AAAFF，IIIviri moneetales 或 IIIviri A.P.F（tresviri ad pecuniam feriundum）。尤利乌斯·恺撒增加了一名成员，将其改名为"造币四长官"（quattuorviri monetales），但奥古斯都后来又将其成员数减少到三人。

"moneta"一词指的就是这些铸币官，它也是"货币（Monnaie）"一词的词源，最早出现在位于罗马的货币铸造间。货币铸造间坐落在卡皮托利山，受到朱诺·墨涅塔（"发出警报的人"）神庙的保护。铸币官经常在钱币上雕刻符号（穗、锚、半月）或他们名字的字母组合来对其加以区分；也有匿名的硬币。公元前 2 世纪下半叶，代表国家的图案类型开始被代表各种贵族氏族的图案所取代。

帝国的诞生

奥古斯都皇帝引入了多项变革，从而完成了由恺撒大帝发起的对罗马货币体系改革。这一改革于公元前 27 年至公元前 23 年在小亚细亚进行试验后，于公元前 23 年正式在罗马实施；随后，逐渐在各行省流通使用。奥古斯都没有改变银币的铸造，而是重组了铜币的铸造。与此同时，他还提倡使用先前只是零星铸造的金币，从而

奥古斯都大帝的货币改革

作为帝国重组的一部分，奥古斯都对货币体系进行了部分改革。这一措施于公元前 27 年至公元前 23 年进行测试，并逐步实施。

奥古斯都的改革

奥里斯金币（7,79克）	奎纳里乌斯金币（3,89克）	第纳瑞斯银币（3,89克）	奎纳里乌斯银币（1,94克）	塞斯特斯黄铜（27,28克）	都庞第黄铜（13,64克）	阿斯铜（10,9克）	西密青铜（5,45克）	夸德伦斯青铜（2,725克）
1	2	25	50	100	200	400	800	1600
	1	12,5	25	50	100	200	400	800
		1	2	4	8	16	32	64
			1	2	4	8	16	32
				1	2	4	8	16
					1	2	4	8
						1	2	4
							1	2
								1

在公元前 23 年的改革中，奥古斯都重组了铜币，引入了一种基于 11 克阿斯的新计量方法，并用黄铜铸造塞斯特斯和都庞第。改革以后，发行的铜币包括黄铜打造的塞斯特斯（4 阿斯）、都庞第（2 阿斯）以及铜制阿斯。在铸造货币的省份，改革的实施非常迅速。就这样，新的测量标准很快被采用。

奥古斯都的奥里斯金币　　**阿斯铜**　　**夸德伦斯青铜**

形成了"金银铜三本位制度"。

在西方行省，克劳狄一世统治时期（41—54 年），省级铸币厂停止了运作。作为行政改革的一部分，奥古斯都允许元老院铸造自己的货币。在东方行省，省级货币一直保留到公元 3 世纪末，其中蛇篮币（cistophore）在小亚细亚发挥着重要的作用。

方便地区内部日常交流的需求是省级造币厂的主要任务之一。部分发行的货币带有明确的纪念性质，代表了其所在的城市、它们的殖民地位，描绘了纪念碑的建造或文化活动的庆祝。与国家货币一样，地方货币也是地方精英展示其权力的一种手段。

在罗马，货币铸造由"造币三长官"负责，而在殖民地和自治市，责任则落在了

档案：罗马世界的货币

硬币正反面

罗马硬币上的图案多种多样；有些类型在几个世纪中反复出现。

雅努斯·毕弗隆斯 共和时期德拉克马银币正面。从公元前2世纪中期开始，雅努斯头像与罗马女神头像出现在硬币上。

皇帝头像 这枚奥里斯金币的背面印有韦帕芗（公元69—79年）。钱币上印有公众人物、皇帝的习俗，可追溯至罗马共和国末期。

狄奥斯库里兄弟 公元前3世纪的第纳瑞斯银币。这一时期的硬币反面常印有骑在马背上的卡斯托尔和波利丢刻斯这对双胞胎兄弟。

公共建筑 提图斯皇帝时代（公元79—81年）的塞斯特斯黄铜币的背面，印有罗马竞技场。

胜利女神 胜利女神像银币（公元前221年）的背面。胜利女神似乎在为士兵加冕：这是军事胜利的象征。

致敬 公元前1世纪，马克·安东尼时代的奥里斯金币，为支付军队薪酬而铸造，印有一艘战舰，以此向罗马舰队致敬。

纪念 这枚奥里斯金币印有尼罗河鳄鱼和"AEGYPTO CAPTA（埃及投降）"字样，其铸造是为了纪念公元前31年马克·安东尼和克莉奥帕特拉的战败。

用于政治宣传的第纳瑞斯银币 货币是共和国时代的特征。这些银币就是进行政治宣传的一个很好的例子：正面是尤里乌斯·恺撒杀手之一的布鲁图斯；背面是象征自由的弗里吉亚帽，插在两把匕首之间，文字"EID""MAR"象征3月15日恺撒大帝遇刺事件（公元前44年3月15日）。

"双人共治委员会"（duumviri）或更高的地方官员身上。有些城市没有专门负责监督货币铸造的官职，因为这项任务既不是连续的，也不是定期的。任命负责发行货币的地方官员作为地方政府的代表，是城市精英的一种宣传手段。这些精英有时吹嘘自己的"分享精神"（évergétisme，指当时社会上的富人把自己财富的一部分交给集体而不是个人分享），承担铸币的费用只是为了展示家族的权力。

奴隶驯服马匹

这一来自雅典的希腊化时期的浮雕可追溯至公元前3世纪。当时，罗马人将他们的霸权扩展到了大希腊的城市，并开始干涉希腊大陆（国家考古博物馆，雅典）。

插图（右侧） 一枚黄金胸饰，上面印有阿尔忒弥斯像。

罗马在希腊的突破

第二次布匿战争之前，罗马已经介入亚得里亚海地区以保护其商业利益。然而，直到战胜迦太基后，它才真正感到自己有能力征服东方。起初，它试图行使间接霸权，最终征服了马其顿和希腊本土的城邦。

公元前2世纪初，罗马不仅消灭了它的劲敌迦太基，还在西班牙建立了新的行省，并且开始占领东方的领土。事实上，罗马以一种极其巧妙和务实的方式对希腊世界施加了统治，它还特别能适应与西方截然相反的各种地缘政治形势。

在东方，罗马共和国首先将注意力集中在了亚得里亚海和爱奥尼亚海所包围的土地上。皮洛士是伊庇鲁斯国王，他曾出兵意大利，阻止罗马在大希腊的扩张。皮洛士逝世后，罗马迅速分别于公元前272年和公元前267年占领了普利亚大区的塔拉斯（塔兰托）和布林迪西姆（布林迪西）。罗马接待了来自伊庇鲁斯城邦阿波罗尼亚的使团，阿波罗尼亚是伊利里亚海岸上最大港口之一。虽然没有足够的

罗马在希腊的突破

证据来证明，但罗马和伊利里亚之间的贸易往来无疑很密切。公元前244年，罗马在布林迪西姆建立了殖民地，这也证实了罗马对亚得里亚海城市的兴趣。皮洛士的意外逝世，导致帝国衰落，海盗活动复苏，阻碍了罗马—意大利人的商业活动，同时也对哈德里亚（阿德里亚）、亚里米伦（里米尼）、菲勒姆·皮切纳姆（费尔莫）等拉丁美洲殖民地以及科尔丘拉（科孚）和安科纳等城市构成了威胁。这一情况有利于罗马在该地区的直接干预。

对伊利里亚的控制

如果想要了解罗马统治东方的进程，那就不得不提波利比乌斯的著作。根据这位历史学家的记载，公元前230年秋天，罗马元老院决定向托伊塔女王派遣使团，托伊塔是国王阿格隆的遗孀，伊利里亚王国的摄政王，直到她的儿子长大成人继承王位。托伊塔支持海盗行为，控制了伊庇鲁斯的部分领土以及亚得里亚海的几个岛屿。此外，她还与法罗斯的狄米特律斯结成了联盟。后者与埃托利亚同盟和阿哈伊亚同盟是对立关系。

罗马使节觐见托伊塔女王，要求她打击臣民对罗马—意大利商人的海盗行为，并放弃扩大帝国，遭到了女王的拒绝。罗马使团在回程中遭到袭击，导致一人死亡，这使得罗马获得了宣战的理由，并宣布这是一场正义之战。

历史学家的解释，无论是波利比乌斯还是亚庇安，都是不确定的。亚得里亚海的伊萨岛被伊利里亚人包围，亚庇安将罗马人的介入看作寻求帮助的结果。不管冲突的起因如何，罗马干涉该区域以扩大其霸权从而对邻国实行控制的意愿是显而易见的。面对伊利里亚海盗活动的猖獗，罗马不得不照顾自己的利益，回应罗马—意大利商人的担忧。海盗活动自公元前3世纪就已存在，但随着该地区各国的衰落，尤其是伊庇鲁斯，海盗活动越来越频繁。

公元前230年，伊利里亚人出其不意地攻占了伊庇鲁斯国的腓尼基城，在与埃托利亚—亚该亚同盟军较量之后，他们与伊庇鲁斯和阿卡纳尼亚结成联盟。一年之后，他们占领了科尔丘拉岛，包围了伊萨岛和埃庇丹努斯（后改名为底耳哈琴，现在的都拉斯）。就在这时，罗马采取了行动。它为战争做了细致的准备，并建立了

科伊农——希腊城市联盟

在希腊化的世界里，联盟是一个基本的政治和军事元素，尤其是在公元前4世纪和公元前3世纪。尽管从公元前3世纪到公元前2世纪，埃托利亚同盟和阿哈伊亚同盟在希腊政治中占统治地位，但还包括其他十余个同盟，如塞萨利亚、比俄提亚、福基斯、欧泊亚、阿卡迪亚、吕底亚、阿尔戈利斯和伊庇鲁斯。

每个科伊农都有地方法官来领导联邦军队。科伊农可以由联邦委员会和议会组成，也可以由战略家、舰队司令或希帕奇（一种希腊骑兵）指挥官组成，他们分别对应着不同的指挥等级。然而，尽管这些联盟统称"科伊农"，但每个联盟的组织方式有着显著的差异，它们在招募当地特遣队方面发挥着重要作用。公元前2世纪，罗马打败了这些联盟，随后对其进行了统治和摧毁。然而，尽管它们在政治层面上被削弱了，但很快就被罗马当局恢复了权力，后者想让它们为自己服务，并利用它们招募辅助部队。

145

罗马在希腊的突破

一支约有 200 艘船的舰队。罗马的加入标志着对抗伊利里亚人的胜利,导致了几位托伊塔女王将军的叛逃。最后,法罗斯的狄米特律斯不但归降了罗马人,还交出了科尔丘拉岛。多米诺骨牌效应随之而来,好几个城市向罗马人投降。

此时此刻,伊利里亚的盟友——马其顿,正在哀悼国王德米特里二世的逝世。因此,他的继任者安提柯三世没有参与此次冲突,而是集中精力处理内部问题。罗马军队毫不费力地占领了伊萨岛和法罗斯岛。他们发动大规模进攻,阻止伊利里亚人占领南亚得里亚海的港口,这些港口是罗马和意大利贸易的重要基础设施。由于伊利里亚势力的削弱,罗马人的行动得以继续。罗马继续帝国主义的做法,利用自己的优势称霸亚得里亚海的东部海岸。

罗马人发动了一场大规模的宣传运动,宣称他们之所以介入该地区,不是为了自己的利益,而是为了保护希腊人免受伊利里亚人的威胁。然而,就像在西班牙一样,他们的真实目的在于定居和开发这块土地。公元前 228 年春,罗马与伊利里亚人签订条约,禁止居民同时向利苏斯(现在的莱什)以南派遣两艘以上的船只,并迫使他们放弃对阿波罗尼亚和埃庇丹努斯、巴提尼人和阿丁坦尼人以及科尔丘拉和伊萨群岛的所有统治。罗马元老院恢复了这些领土的自由,并承认其为主权国家。然而,从伊利里亚人失去这些地区的那一刻起,这些地区就被罗马人控制了。迫于条约规定的债务,他们不得不承认并服从罗马。

第二次伊利里亚战争

与托伊塔女王签署的条约使罗马获得了亚得里亚海这一战略区域的控制权,以实现其商业利益。就这样,它对强大的马其顿王国设置了第一个限制,尽管后者在该地区的存在很弱,可能不会引起罗马的担忧。公元前 228 年,罗马受邀参加了为纪念海神波塞冬而举行的柯林斯地峡运动大会。这是泛希腊最负盛名的会议之一。这一邀请反映了希腊人的感激之情,他们仍然相信罗马人的慈善宣传和崇拜古希腊辉煌历史的罗马人的希腊化。然而,伊利里亚的问题并没有得到解决。公元前 219 年,罗马对伊利里亚发动了第二次进攻,以镇压法罗斯的狄米特律斯。前文说过,法罗斯的狄米特律斯曾于公元前 229 年帮助罗马人占领科尔丘拉岛。作为奖励,他

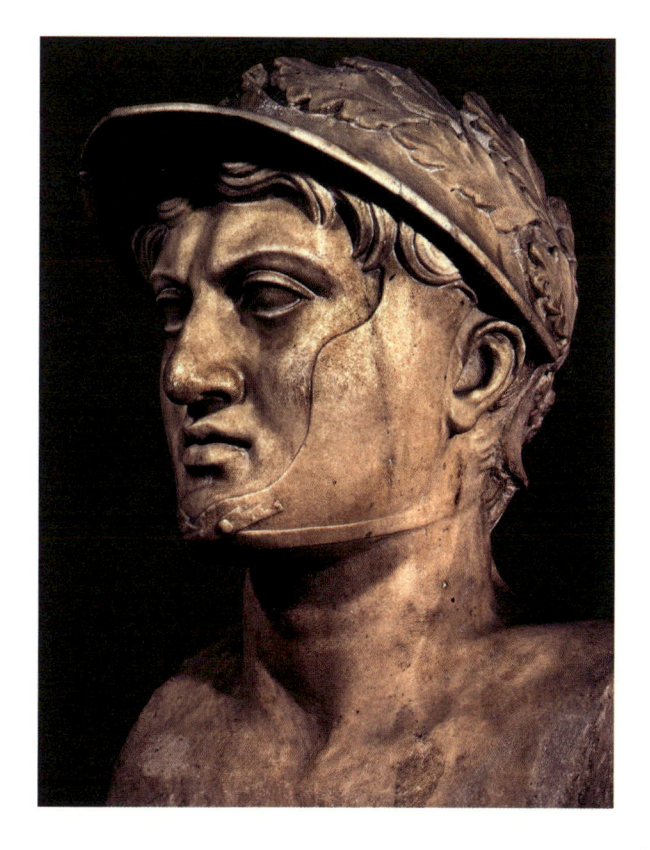

伊庇鲁斯国王——皮洛士

皮洛士公元前318年左右出身于马其顿王室，是亚历山大大帝的一个表亲。作为伊庇鲁斯国王的他一生中有许多转折点，其中最著名的是他响应塔兰托城的求救，前往意大利对抗罗马。他在赫拉克利亚战役（公元前280年）中打败了罗马人。然而，虽然取胜，但伤亡惨重，以至于今天类似的情况被称为"皮洛士式的胜利"。

插图 皮洛士半身像（国家考古博物馆，那不勒斯）。

获得了被罗马征服地区北部的一块土地，并在托伊塔女王去世后，成为伊利里亚王国的摄政王。公元前225年到公元前222年，罗马忙于应付高卢人，狄米特律斯趁机与安提柯三世建立了新的联盟，安提柯三世在希腊重建了马其顿的霸权，从而违背了罗马人的意志。他煽动伊斯特人攻击补给山南（内）高卢作战的罗马军队的车队。罗马人很快做出了反应，加之迦太基的战争迫在眉睫，当机立断地在公元前221年派遣了一支讨伐伊利里亚的军队。这样做的目的是迅速制止狄米特律斯的危险举动。狄米特律斯与罗马没有封臣关系。因此，狄米特律斯对罗马统治下的伊利里亚领土构成了真正的威胁。

罗马人在公元前219年，第二次布匿战争前夕，发动了最后一次进攻。罗马军团进攻并摧毁了法罗斯城；狄米特律斯战败，逃到马其顿国王腓力五世处避难。从狄米特律斯夺来的所有领土都被并入了伊利里亚的罗马属地。

罗马在希腊的突破

伊利里亚：罗马人在亚得里亚海的扩张

伊利里亚是巴尔干半岛的一个古老地区，位于亚得里亚海沿岸，居民为印欧裔。公元前385年，巴尔德里斯一世建立伊利里亚王国，在此之前的历史文献很少。巴尔德里斯一世的军事扩张政策使其不可避免地与马其顿的腓力二世进行较量。

公元前358年，巴尔德里斯一世在与腓力二世的决斗中被后者所杀。此后，伊利里亚一直处于马其顿的统治之下，直到亚历山大大帝的继承者之间的冲突才使得伊利里亚重新获得独立。罗马人想要壮大他们在亚得里亚海的势力，于是介入了这一地区。他们首先在公元前230年至公元前228年间与支持海盗行为的托伊塔女王发生冲突，然后在公元前221年至公元前219年间与法罗斯的狄米特律斯发生冲突。就这样，罗马成功地控制了伊利里亚北部，这是一个对其商业利益和对控制伊利里亚人和马其顿人具有战略意义的地区。在公元前2世纪初的马其顿战争中，独立的伊利里亚一直效忠于罗马人，而罗马人也对其予以了回报。然而，第三次马其顿战争期间，伊利里亚国王根修斯出手援助马其顿的珀尔修斯，导致公元前168年罗马进攻伊利里亚。一场短暂的战役之后，整个伊利里亚领土都被罗马吞并了。此后，该地区爆发了多次叛乱，直到奥古斯都统治时期才最终实现和平。

宙斯 这尊铜像发现于伊利里亚的阿波罗尼亚城，代表了希腊神话中的宙斯，即罗马神话中的主神朱庇特。

第一次马其顿战争

马其顿王国不愿看到罗马在这一地区的发展，但安提柯三世甚至腓力五世在统治初期都没有想过将罗马驱逐出这片土地。然而，腓力五世决定利用第二次布匿战争和汉尼拔给意大利人造成的困境，夺取伊利里亚并摆脱罗马保护国的身份。公元前215年，腓力五世在提契诺河战役、特雷比亚河战役、特拉西梅诺湖战役和坎尼战役取得胜利后，与汉尼拔结盟，这是他权力的巅峰时期。法罗斯的狄米特律斯在战败后流亡到马其顿，成为腓力五世的顾问，腓力五世可能听从了他的建议。

根据与汉尼拔签订的条约，腓力五世将率领一支军队和200艘船在意大利登陆。该条约的一项条款规定，如果迦太基取得胜利，罗马放弃伊利里亚作为其保护国，迦太基则必须承认马其顿国王对该地区及其所有城市的权力。胜利之后，为了避免意大利政权的回归，条约仍然有效。

马其顿人入侵的危险给意大利带来了沉重的压力，特别是在腓力五世在公元前213年攻占利苏斯，进入亚得里亚海之后。为了阻止马其顿人支援汉尼拔，罗马挑起了希腊和马其顿之间的战争。公元前212年，伊利里亚的罗马指挥官、地方法官马库斯·瓦莱里尤斯·莱维努斯与埃托利亚同盟进行了谈判，承诺向其割让领土，并与斯巴达、伊利斯和麦西尼以及帕加马王国国王阿塔罗斯一世国王结成联盟，后者因此成为"罗马人民的朋友"。

就这样，腓力五世在敌人的包围下，无法与汉尼拔结盟。汉尼拔在意大利的情况日益恶化。意大利战场出现的转折，特别是汉尼拔公元前209年在塔兰托战役中的失败，以及同年腓力五世失去对战略港口利苏斯的控制，使得罗马减少了对希腊的援助，专注于将迦太基人驱逐出意大利和西班牙。罗马人的撤退致使埃托利亚人受到了马其顿人的进攻，埃托利亚人被迫于公元前206年与马其顿单独签订了和平协议。罗马人和埃托利亚人之间的关系变得疏远，两国之间的友谊彻底破裂。

罗马把所有的精力都集中在第二次布匿战争上，于是派遣该地区的总督布利乌斯·苏尔皮丘斯·加尔巴·马克西姆斯与腓力五世进行和平谈判。公元前205年，

伊利里亚古城阿波罗尼亚

这座古城建于公元前588年，其遗址位于今天的波占城附近。在古典时期，阿波罗尼亚曾是重要的港口和商业中心，铸有自己的货币，繁荣昌盛。它最初处于伊庇鲁斯国王皮拉斯的统治之下，于公元前229年落入罗马人手中，并将永远效忠于罗马人。阿格诺提斯（祭礼赛会的总监）纪念碑是阿波罗尼亚现存的主要建筑。

两国在腓尼基城签署和平协议，这项协议使得罗马保留了其在伊利里亚的桥头堡，以及它与希腊和小亚细亚半岛的"友好国家"的联系，如与斯巴达、伊利斯、麦西尼和帕加马。雅典局势仍旧不明朗，面对腓力五世的进攻，雅典向罗马请求援助。埃托利亚人方面，公元前206年埃托利亚人单方面决定与马其顿签订条约后，罗马与他们的关系冷却下来。公元前202年，埃托利亚人派出使团前往罗马却遭到了元老院的拒绝接待，这一不寻常的事件就是明证。

第二次马其顿战争

正如罗马借口伊庇鲁斯的衰落和伊利里亚的扩张干涉亚得里亚海和爱奥尼亚海一样，它又一次以马其顿安条克王朝和叙利亚塞琉古王朝的扩张介入了爱琴海。罗马人分别在公元前197年和公元前189年战胜了腓力五世和安条克三世，迫使腓力五世放弃了对希腊的控制，而安条克三世则被迫放弃了对小亚细亚的占领。这两个事件标志着这两个希腊王朝的衰落。公元前168年，马其顿最后一任国王珀尔修斯（腓力五世之子）在彼得那被执政官保罗·埃米尔击败，马其顿王国灭亡。

塞琉古人仍然统治着叙利亚；受罗马人影响，塞琉古王朝实力被大大削弱，米特拉达梯战争（公元前88—公元前63年）结束后，庞培大帝实行领土重组，叙利亚成为罗马共和国的一个行省。塞琉古人无力建立防御堡垒来抵御帕尔特人的入侵，加速了成为罗马行省的进程。

在罗马盟友帕加马和罗德的使臣谴责马其顿国王腓力五世的侵略行为，并告知罗马马其顿国王和塞琉古国王之间存在一项秘密协议之后，元老院决定在公元前201年10月发动第二次马其顿战争。诚然，罗马元老院在这一可能的联盟中看到了真正的威胁，根据这一联盟，两位国王瓜分了埃及托勒密王国的领土。托勒密四世菲洛帕特去世后，托勒密王国政局一直不稳，经历了一场重大的内部危机。

当安条克三世着眼于埃及大陆领土时，腓力五世正考虑统治爱琴海和昔兰尼加的外围领土，他认为，这是希腊在北非的延伸。为了挫败两位国王的计划，罗马决定进攻实力较弱的马其顿。安条克三世致力于吞并贝卡平原（黎巴嫩）的凯勒叙利亚。此外，罗马没有忘记第二次布匿战争期间腓力五世和汉尼拔之间的联盟。从那时起，马其顿就一直是需要消灭的潜在敌人，罗马也禁止其向希腊和爱琴海扩张。

"非洲人"西庇阿的胜利在新贵中引起了极大的挫折感，他们认为对马其顿的战争是一种与扎马战役胜利相匹敌的方式。东方的新战争为他们提供了一个获得巨大荣耀和满足他们对荣耀的渴望的机会。因此，对阵马其顿战争的主角——新贵的杰出成员，如马库斯·瓦莱里尤斯·莱维努斯、普布里乌斯·塞普罗尼乌斯·图图塔努斯和布利乌斯·苏尔皮丘斯·加尔巴·马克西姆斯，迫切渴求爆发一场新的冲突。

■ 罗马在希腊的突破

马其顿战区

马其顿战争期间，几个希腊国家同时争夺地中海东部的控制权，尤其是马其顿和安条克三世统治下的塞琉古。直到奥古斯都统治时期，这个地区才最终实现了和平。

第二次马其顿战争前夕，马其顿对邻近地区和希腊大陆实行真正的霸权。它的失败标志着衰落的开始，并于公元前168年彼得那战役之后被灭亡，和巴尔干半岛的其他地方一样，被罗马征服。另外，塞琉古帝国由塞琉古一世尼卡托于公元前305年建立，在安条克三世统治下达到顶峰。公元前189年，安条克三世在马格尼西亚被西庇阿军团击败，标志着塞琉古王朝衰落的开始，公元前63年，塞琉古王朝控制的领土成为罗马的叙利亚行省。除了这两个主要的大国之外，帕加马王国和罗德共和国与罗马结盟，抵御马其顿人和塞琉古人，以及埃托利亚同盟和阿哈伊亚同盟。

马其顿战争

公元前215年
第一次战争 腓力五世和汉尼拔关系密切，这对罗马来说是一种真正的危险。

公元前205年
腓尼基和约 卷入第二次布匿战争的罗马与马其顿签署了和平协议。

公元前200年
第二次战争 腓力五世并没有放弃他在希腊的抱负。他与安提柯三世达成协议的传言引发了与罗马的新冲突。

公元前197年
坦佩和约 库诺斯克法莱战役之后，腓力五世不再觊觎希腊。

公元前196年
弗拉米尼努斯 弗拉米尼努斯宣告了希腊和亚洲的希腊人的自由，从而向安条克三世发出了警告。

公元前171年
第三次战争 马其顿腓力五世的儿子珀尔修斯对和平条约提出了质疑。罗马向其宣战。

公元前168年
马其顿王国的终结 珀尔修斯在彼得那战败，被俘并被流放到罗马。马其顿被划分为4个彼此分离但仍保持一定自治权的地区。

同样，活跃在商业或金融领域的罗马精英中的富有成员、骑士们也是战争的坚定支持者，并对元老院施加了压力。他们认为腓力五世的行为严重威胁到了罗马在希腊和爱琴海的利益。公元前200年春天，罗马元老院派出了一个由马尔库斯·埃米利乌斯·雷必达（后将于公元前187年和公元前175年任执政官）领导的使团，前往马其顿与腓力五世谈判。当时，腓力五世正忙着征服达达尼尔海峡两岸的阿拜多斯。罗马使团发出最后通牒，明确要求马其顿放弃在希腊或埃及世界的任何扩张行动，敦促其服从罗马的仲裁，屈服于罗马。

腓力五世拒不承认他在希腊的行动违反了《腓

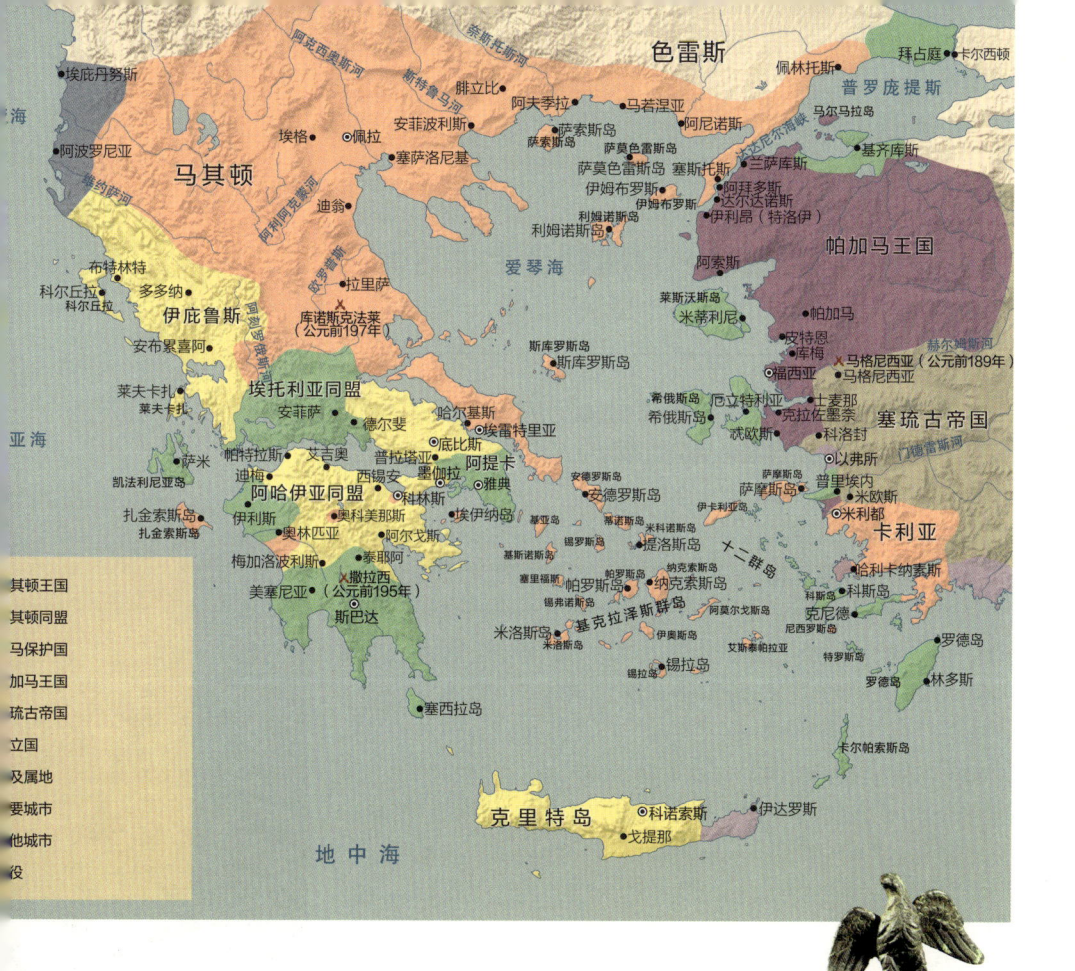

尼基和约》中的条款，这给了罗马一个绝佳的向马其顿宣战的机会，从而开启了一场战争。第二次布匿战争结束后，人们渴望和平，因此，在宣战之前，元老院深思熟虑了很久，最终选择发动军事行动，并费了很大的周折才获得人民大会的批准。公元前200年，执政官普布利乌斯·苏尔皮基乌斯·加尔巴·马克西姆斯率领两个罗马军团在伊庇鲁斯登陆阿波罗尼亚，发动了第一次进攻。随后，他立即进攻了马其顿在伊利里亚海岸的飞地。发出最后通牒的罗马使团，继续在该地区执行外交任务，说服安条克三世保持中立地位，避免其与马其顿建立共同阵线。

第二年，普布利乌斯·维利乌斯·塔普拉斯接任这场战役的指挥官。和他的前任一样，他也没有取得重大进展，眼睁睁看着马其顿人在伊庇鲁斯和塞萨利亚之间占据了战略位置。直

旗手

这是一尊青铜雕像，描绘了背着雄鹰的罗马军团旗手（艺术史博物馆，维也纳）。

153

■ 罗马在希腊的突破

库诺斯克法莱战役：希腊领土上决定性的战役

马其顿人在塞萨利亚的战败标志着权力从亚历山大大帝的继承者们向罗马移交。弗拉米尼努斯总督在库诺斯克法莱高地给腓力五世带来了致命一击。

马其顿和罗马的军队以山为界，并行前进。当马其顿的先头部队到达山脚下时，罗马骑兵向其发起进攻，马其顿部队被击退后，仓皇逃亡。腓力五世率领右翼军队向平原进发。弗拉米尼努斯方面，则率领罗马左翼前进，并命令配置战象的右翼待命。起初，马其顿军团阻止了弗拉米尼努斯的冲锋，弗拉米尼努斯被迫撤退到崎岖地带。那时马其顿的步兵还不能使用长矛，腓力五世被迫调整军队的部署，以防止被多技能的罗马军队包围。弗拉米尼努斯下令大象冲锋，造成马其顿军团大量伤亡。与此同时，一支罗马分遣队成功抵达马其顿阵营后方，马其顿因受到两边夹击，无法反抗。根据波利比乌斯和提图斯·利维乌斯的记载，罗马人损失不大，不超过2000人，而马其顿人则在战斗中伤亡惨重——关于具体数字，各个文献记载的差异很大。

左图 腓力五世大理石头像（罗马国家博物馆，马西莫宫，罗马）；

右图 战斗发生地塞萨利亚的景观，位于希腊大陆。

到公元前198年提图斯·昆库斯·弗拉米尼努斯被任命为军队的总指挥，才打破了这一僵局。执政官弗拉米尼努斯下定决心，要迫使马其顿从希腊撤军。公元前198年至公元前194年，他连任罗马驻希腊和马其顿军队中的指挥官，这使得罗马制定了连贯的政策，并迅速取得了胜利。罗马在维约萨河战役中取得了第一次重大胜利，迫使腓力五世撤退到塞萨利亚后，交战双方开始了外交谈判。腓力五世拒绝了弗拉米尼努斯提出要求马其顿人离开希腊城市科林斯、哈尔基斯（埃维厄岛上的港口）和狄米特律斯（塞萨利亚）的条件；于是，战斗又开始了。

① **弗拉米尼努斯的右翼** 罗马右翼负责攻击由尼卡诺尔领导的马其顿左翼，由于尼卡诺尔没有时间部署军队，军队被分成了好几队。

② **腓力五世的右翼** 这支军队位于高地上，这本是一种优势，但马其顿人没能好好利用。

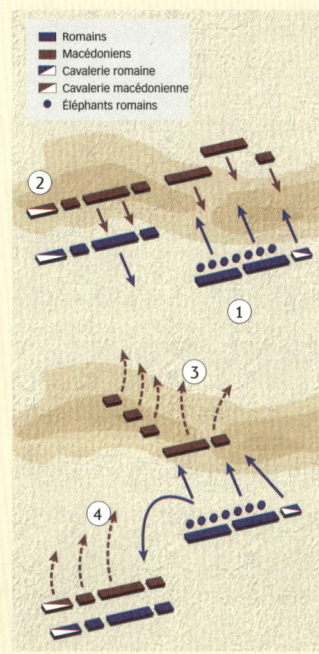

③ **战象** 冲锋之后，罗马右翼歼灭了马其顿左翼松散的军队，后者仓皇逃跑。

④ **中队** 大约有1200人从罗马左翼脱离出来，从后方进攻腓力五世率领的部队。腓力五世被俘投降。

库诺斯克法莱战役

公元前197年秋天，在塞萨利亚的库诺斯克法莱山（字面意思是"狗头山"）的战役使得罗马军队取得了决定性的最终胜利。双方各有大约3万名士兵。然而，弗拉米尼努斯给了腓力五世致命的一击，后者损失了一半的士兵。罗马军团以支队为基本单位，灵活有序，而马其顿军团则较为僵化、无法适应战场的地形特点。这场战斗的结果突出了罗马军团在军事战术上的优势。

罗马在库诺斯克法莱的胜利迫使腓力五世逃往马其顿避难，但他同时也立即派遣使臣与弗拉米尼努斯进行和平谈判。公元前

罗马在希腊的突破

197 年 6 月，两国在塞萨利亚签订《坦佩和约》。和约条款规定，腓力五世的活动范围被限制在原有领土内，从占领的希腊城市撤军，军舰数量减少到 5 艘，士兵数量减少到 5000 名，支付 1000 塔兰特的赔偿金，其中 500 塔兰特立即支付，剩余部分十年内支付。

弗拉米尼努斯利用希腊对腓力五世的不信任，与主要的"科伊农"建立联盟关系，其中包括在公元前 200 年拒绝援助马其顿的阿哈伊亚同盟。这位罗马指挥官希望获得希腊盟友的支持，控制马其顿占领的所有领土，重新划定希腊的政治轮廓。他还决定终止埃托利亚同盟的扩张愿望。

然而，和往常一样，地方总督和被派去协助重组"海拉德"（Hellade，本意为"希腊人的土地"）的十名元老之间仍有分歧。元老们要求在科林斯这样的战略城市派驻驻军，以防止未来与安条克三世的冲突。而弗拉米尼努斯，作为亲希腊派的一员，赞成更温和的政策。他不认为塞琉古的威胁迫在眉睫，反而认为与希腊人的合作和友谊至关重要。

公元前 196 年的夏天，在柯林斯举行的地峡运动大会上，弗拉米尼努斯宣布希腊和小亚细亚所有希腊城市自由解放。他还承诺，如果这些国家受到攻击，罗马将会进行严厉的报复。根据波利比乌斯的记载，罗马总督向激动的人群宣布，所有的希腊人，无论是亚洲人还是欧洲人，都是自由的，可以按照他们自己的法律进行管理。弗拉米尼努斯优待当地精英中亲罗马的成员，与他们建立了密切的联系，试图巩固罗马在希腊的霸权。

此外，自公元前 201 年起，阿哈伊亚同盟与斯巴达暴君纳比斯之间的冲突一直持续存在，这使得弗拉米尼努斯得以在不违反《柯林斯宣言》的情况下将罗马军队留在希腊。斯巴达的纳比斯被腓力五世授予了位于伯罗奔尼撒半岛的阿尔戈斯城的管理权。在这种背景之下，弗拉米尼努斯说服了在柯林斯召开希腊国家议会，在公元前 195 年组织了一场反抗斯巴达暴君的泛希腊远征。其目的是解放阿尔戈斯城，并结束纳比斯对维持希腊罗马秩序所造成的威胁。

纳比斯的政权在整个希腊社会和经济危机的背景下发生了令人不安的革命转折，迫使他放弃了领土野心，同意签署和平协定。然而，斯巴达成功地保持了独立

弗拉米尼努斯，宣布希腊自由的罗马执政官

　　提图斯·昆库斯·弗拉米尼努斯，公元前 198 年的罗马执政官，希腊文化的狂热崇拜者。公元前 196 年，他在柯林斯宣布希腊人获得自由，从而向安条克三世发出了明确的警告。

　　这位库诺斯克法莱战役的胜利者在第二次布匿战争中开始了他的军官生涯。在多次担任地方官后，弗拉米尼努斯于公元前 198 年还未达到法定年龄时就成了执政官，后被任命为马其顿战争的指挥官。他凭借行动的高效性，获得了库诺斯克法莱战役的胜利。在这场战役中，罗马军团在刻板的马其顿阵营面前展示了他们的多面性，迫使腓力五世退守到自己的祖传领土。弗拉米尼努斯鼓吹他的亲希腊主义，赢得了希腊政治精英的青睐，并在必要时对其进行了清除。公元前 196 年，弗拉米尼努斯借助地峡运动会宣布，欧洲和亚洲的希腊人获得自由，并把罗马作为遏制马其顿人和塞琉古人的扩张愿望的唯一解决方案。弗拉米尼努斯似乎控制住了局势，回到罗马接受奖赏，并被任命为监察官，达到了荣誉生涯的顶点。他在各个使团的出现证明了他在罗马东方外交中所起的重要作用。安条克三世在马格尼西亚战败后，汉尼拔逃往比提尼亚宫廷避难。公元前 183 年，弗拉米尼努斯被派往比提尼亚国王与普鲁西亚斯一世谈判，要求汉尼拔投降。后者宁愿自杀也不愿投降。然而，弗拉米尼努斯并没有成功地将自由罗马的形象传达给他所珍视的希腊人。面对压迫，希腊人奋起反抗。弗拉米尼努斯于公元前 174 年逝世。

插图 描绘弗拉米尼努斯宣言的 19 世纪版画。

▎罗马在希腊的突破

国的地位。阿哈伊亚同盟对这一结果和罗马政府的管理感到失望。直到公元前192年，阿哈伊亚同盟的杰出战略家菲洛皮门才统一了伯罗奔尼撒半岛。纳比斯被暗杀后，菲洛皮门利用斯巴达人的混乱，将斯巴达、伊利斯以及墨西拿一起纳入了阿哈伊亚同盟，后两者曾是公元前191年至公元前189年间安条克三世对抗罗马的盟友。

出乎所有人的意料，菲洛皮门和他忠实的合作伙伴、来自梅加洛波利的战略家、历史学家波利比乌斯的父亲莱克塔斯，以与塞琉古国王冲突开始时所达成的条件为理由，试图组织罗马人干涉同盟的内部事务。公元前182年，菲洛皮门逝世后，继任者卡里克利特是一位亲罗马的战略家，阿哈伊亚同盟最终站在了罗马人一边。然而，这并没有结束同盟内部支持和反对罗马的两派人之间的冲突。

弗拉米尼努斯在希腊的政策，以希腊人的团结为基础，使他们相信，符合罗马利益的事情也符合他们的利益，但这项政策并没有取得预期的结果，也没有使该地区稳定下来。然而，他对外交手段的巧妙运用和他与生俱来的宣传天赋是征服希腊世界的法宝。他是第一个在希腊城市获得宗教荣誉的罗马人，比如哈尔基斯和阿尔戈斯。公元前192年，塞琉古国王安条克三世与罗马交战，弗拉米尼努斯的统治避免了整个希腊与安条克三世并肩作战。

马其顿统治的结束

马其顿的腓力五世试图利用罗马和安条克三世之间的战争局势来扩大他的统治。这一目标在公元前190年的冬天被埃托利亚同盟挫败了。马其顿进军色雷斯海岸，企图控制塞琉古国王放弃的几个战略中心，如马龙尼亚和埃内兹，导致了罗马元老院收到了诸多投诉。从这个意义上说，帕加马国王欧迈尼斯二世的行动是决定性的。欧迈尼斯二世觊觎色雷斯，认为马其顿对该地区的干预是一种威胁。

罗马元老院决定支持盟友帕加马；为了避免与罗马发生冲突，腓力五世不得不放弃他的大部分征服计划。这一决定导致了两国关系的弱化。

公元前191年，在对抗安条克三世的战争开始时，罗马不得不对腓力五世做出一些让步，以确保他不参与这场冲突。然而，危险消除后，罗马就立即食言，禁止马其顿对希腊和爱琴海施加任何影响。这种态度导致了明显的反罗马立场的回归。

根据波利比乌斯的记载，腓力五世在公元前 180 年下令杀死了他的儿子狄米特律斯。狄米特律斯支持罗马人，被罗马选为继承人，他的兄弟珀尔修斯嫉妒狄米特律斯，怂恿父亲将这个"可能的篡位者"毒杀。尽管输给了罗马，腓力五世仍然是个威胁。他在各个领域启动了多项结构性改革，增加了国家的收入，并帮助马其顿王国摆脱了在与罗马的战争后所遭受的危机。他还加强了马其顿北部边境，打击达达尼亚人。罗马人并不认为这是一种危险，因为希腊和爱琴海不在他们的关注范围之内。

公元前 179 年继位的珀尔修斯继续着父亲腓力五世开始的重建工作，但同时也把目光投向了南方，即希腊。公

马其顿公民

这幅公元前 1 世纪的大理石浅浮雕上印有多个马其顿公民形象，发现于塞萨洛尼基西北部的古城里提。它是罗马马其顿省的前首都，也是厄纳齐雅大道上的战略飞地，穿越巴尔干半岛，延伸至底耳哈琴（考古博物馆，塞萨洛尼基）。

古希腊晚期的运动员

地峡运动会是泛希腊的重大赛事之一，每两年一届，在柯林斯举行，以纪念海神波塞冬。首届地峡运动会是在公元前582年，比赛项目与奥运会相同：拳击、赛马、赛跑、跳高、铁饼和标枪。运动员是希腊雕塑中最具代表性的人物之一，广受公众喜爱。希腊化时期见证了新技术的发展、解剖表现和情感表达的完善。这时期的作品强调写实和美学上的精致，如右边的雕塑，这是一件吕西普斯作品的复制品（考古博物馆，巴勒莫），可追溯到公元前1世纪。吕西普斯出生于公元前4世纪初，他还为亚历山大大帝创作了官方肖像，雕刻了近1500尊雕像，几乎都是青铜的，以刻画运动员为主。

❶ **一名与鹿搏斗的运动员** 这名运动员是身体力量和美感的典范，反映了对人体完美比例的追求。

❷ **现实主义** 与古典希腊雕塑家相比，古希腊人对人体的表现更少程式化，更现实。

这名年轻的运动员头上戴着象征胜利的绶带。

这尊半身像可追溯到公元前1世纪，发现于意大利贝内文托（卢浮宫）。

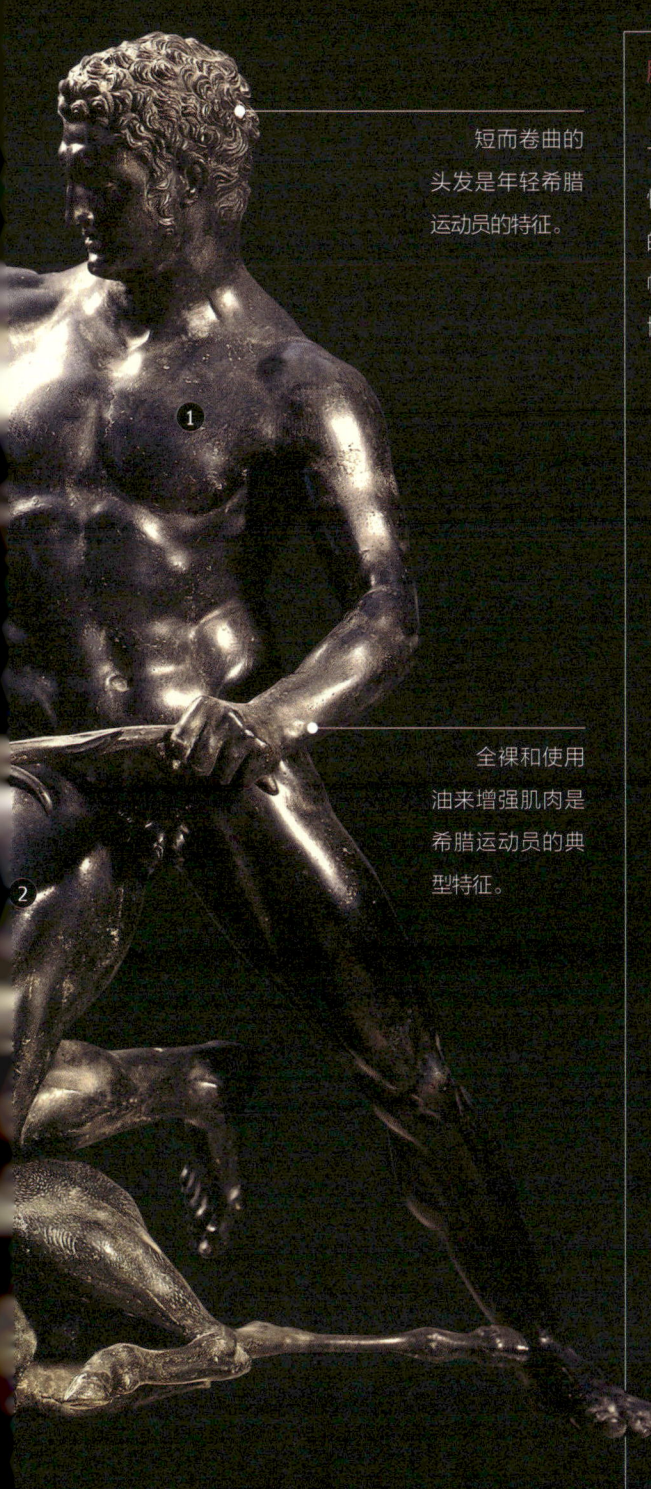

短而卷曲的头发是年轻希腊运动员的特征。

全裸和使用油来增强肌肉是希腊运动员的典型特征。

胜利的象征

在这个年轻运动员的墓碑上方,出现了与书写和阅读相关的物品,象征着陶冶情操的重要性。石碑下方,是象征着胜利的皇冠和棕榈树,还有一个箱子和一面旗帜。该墓碑发现于土耳其巴耶济德(考古博物馆,伊斯坦布尔)。

❶ 学习 用于锻炼和培养思想的书写和阅读物品。

❷ 皇冠 它是胜利的象征,用于表彰胜利者。

❸ 旗帜 这面旗帜是与胜利有关的军事象征。

❹ 棕榈 和皇冠一样,棕榈也是最明显的胜利象征。

罗马在希腊的突破

元前178年，他与拉奥狄克公主成婚，成为叙利亚国王塞琉古四世的女婿，同时也是比提尼亚国王普鲁亚恩斯二世的妹夫。由此，马其顿很有可能建立一个联盟来对抗帕加马。公元前175年，主张与罗马和帕加马签订协定的塞琉古四世逝世，改变了局势。

公元前174年，鉴于安纳托利亚半岛的局势，珀尔修斯决定将注意力集中在希腊。他部署了一个庞大的外交网络，重新与阿哈伊亚同盟建立联系，并与维奥蒂亚、埃托利亚和塞萨利亚签署了一项协议。他提高了自己在希腊人中的威望，并说服他们相信，与罗马相比，马其顿是希腊人获得自由所不可或缺的力量。

珀尔修斯还推出了广受欢迎的政策，试图从希腊社会经济的冲突中获益，赢得群众的支持，反对强大的亲罗马精英。他小心翼翼地遵守着父亲腓力五世和罗马在公元前196年签订的条约。然而，他对希腊进行干预的决定构成了罗马发动战争的理由，并使宣战合法化。经过几次外交接触，罗马终于在公元前172年春天对马其顿宣战。与此同时，帕加马国王欧迈尼斯二世派遣使臣，提醒元老院注意珀尔修斯可能对东部政治稳定造成威胁。珀尔修斯在希腊的影响力不断扩大，自封为反对罗马的领袖。

珀尔修斯在彼得那的战败

元老院可能受到了叙利亚和埃及之间即将爆发冲突的影响，决定尽快向马其顿宣战，以避免产生对其不利的联盟。在这种背景下，元老院启动了其一贯的外交手段，派出了由公元前186年和公元前169年两次担任执政官的昆图斯·马尔基乌斯·菲利普斯率领的使团。昆图斯·马尔基乌斯·菲利普斯想要制约马其顿国王的行为，并引起其希腊盟友的叛变。尽管精英阶层普遍支持罗马，害怕珀尔修斯的基层惠民政策，但反罗马的情绪在该地区依然盛行。

马尔基乌斯·菲利普斯对局势的评估助长了冲突。罗马人占据了优势地位，在组织了军队和舰队之后，于公元前171年开始作战行动。珀尔修斯试图停止战争，向罗马提交了一份给予双方平等权利的条约，但没有成功。

尽管罗马表面上拥有优势，但击败珀尔修斯比预想的要复杂得多。事实上，罗

马军队花费了两年时间才进入马其顿领土；此外，他们还遭遇了许多意外情况，例如伊庇鲁斯人和埃托利亚人的叛逃。这些事件造成了严重的后勤问题，特别是造成了意大利和当时在塞萨利亚的罗马军队之间的交通中断。

伊利里亚国王根修斯在公元前169年冬天加入了珀尔修斯的阵营。除了帕加马以外，其他希腊同盟并没有给罗马带来所需的资源。最令人难忘的例子是罗德岛，因为它与帕加马的竞争以及

马其顿国王珀尔修斯

他是马其顿的最后一位国王，也是安条克王朝的最后一位统治者，他的肖像被刻在了这个于公元2世纪在叙利亚安条克城发现的墓碑上。公元前167年，他在彼得那被打败，在萨莫色雷斯岛被罗马舰队俘虏，带到罗马，作为囚犯参加了保罗·埃米尔执政官的胜利庆典。传说，他被释放后不久，就绝食而死（卢浮宫博物馆）。

罗马在希腊的突破

与马其顿的密切经济关系,罗德岛没有支持罗马的行动。

罗德岛对公元前188年击败安条克三世和签订《阿帕米亚和约》后所获得的利益并不满意。罗马和罗德岛之间的关系变得紧张起来,罗马人不久就进行了报复。罗德岛被迫放弃其在利西亚和卡利亚的属地;此外,其商业活动因公元前166年德洛斯自由港的开放而受到严重阻碍。

罗马军事行动遇到的困难和停滞促使元老院暂时采取和解的态度,在公元前169年向希腊派遣使团,由盖乌斯·波皮利乌斯·拉埃纳斯和格奈乌斯·屋大维率领。罗德岛派往罗马的使团也受到了罗马的欢迎。公元前168年,在执政官卢基乌斯·埃米利乌斯·保卢斯的领导下,罗马在塞萨利亚停滞了两年之后,在彼得那取得重大胜利,加快了战争结束的进程。在一个多小时内,罗马军团在几乎没有伤亡的情况下,打败了2万名马其顿人,俘虏了1.1万人。

珀尔修斯战败后,撤退到马其顿的佩拉和安菲波利斯,在爱琴海北部的萨莫色雷斯岛隐居起来,寻求卡比里(弗里吉亚宗教的众冥神)的护佑,最终被执政官格奈乌斯·屋大维围困。后者指挥着罗马舰队,阻止珀尔修斯逃往色雷斯,并将其活捉。公元前167年11月30日,罗马举行庆祝卢基乌斯·埃米利乌斯·保卢斯的盛大凯旋庆典,珀尔修斯和其他显要人物一起被作为战争纪念品展出。卢基乌斯·埃米利乌斯·保卢斯在彼得那压倒性的胜利彻底改变了罗马的态度。罗马随后决定废除马其顿和伊利里亚王国,并将它们划分为保持一定自治权的地区。

罗马人系统地洗劫了伊庇鲁斯的大部分地区,摧毁了70座城市,奴役了5万余名伊庇鲁斯人。此外,罗马不仅对马其顿和伊利里亚征税,还对希腊大部分城市征税。罗马政府决定解散埃托利亚和维奥蒂亚同盟,并驱逐所有敌视罗马的希腊贵族。

免于解散的阿哈伊亚同盟不得不交出1000多名人质——他们都是精英成员,被带到罗马以确保亚该亚人的忠诚。在这些俘虏中,有伟大的历史学家波利比乌斯,他来自伯罗奔尼撒半岛中部的城市梅加洛波利。

作为亚该亚战略家莱克塔斯的儿子,波利比乌斯是这些事件的主要目击者。他在罗马长达17年的漫长逗留期间,与普布利乌斯·科尔内利乌斯·西庇阿·埃

米利安努斯建立了紧密的联系。后者是彼得那征服者卢基乌斯·埃米利乌斯·保卢斯的儿子，并分别于公元前146年和公元前133年参与了毁灭迦太基和努曼西亚的战争。罗马显然希望通过驱逐敌对权力的精英，代之以新的寡头政府，并限制其进入由亲罗马成员组成的地方行政议会，以巩固在希腊的霸权。

彼得那获胜后所进行的所有这些行动表明，罗马决心进入一个新的扩张阶段；其特点是更积极的干预，这意味着在不同程度上对所有受其霸权支配的领土加强统治。罗马不再满足于与当地部族结盟，因为这样的做法效率低下，也不再满足于有限的、不稳定的资源攫取，而是希望彻底剥削被征服领土。为此，它必须深入行动。

彼得那战役

在彼得·康诺利的这幅作品中，罗马士兵在导致马其顿结束独立的战争中对阵马其顿士兵。双方兵力相当：执政官保罗·埃米尔率领大约38000人，而珀尔修斯的军队由40000名步兵和4000名骑兵组成。

▎罗马在希腊的突破

罗马战胜马其顿后，战利品和贡品数量之多，以至于在公元前 167 年，罗马政府废除了直接税（Tributum）。这是一种由罗马公民支付的战争税，用于资助军队。

新马其顿省

自由的马其顿最初被分为四个独立的区域。然而，事态的发展加速了它的行省化和完全兼并。起初，罗马元老院反对建立一个行省；的确，自从远、近西班牙行省之后，就没有新的行省出现过。此外，这个省的建立需要罗马付出巨大努力，因为需要设立新的裁判官，行省总督，并根据他的军衔配备分遣队，提供包括士兵工资在内的预算拨款。此外，由于人民属于无产阶级，没有入伍资格，再加上扩张战争、严苛的获取公民资格和特权地位的条件而导致的罗马公民人数的减少，征兵工作越来越困难。事实上，盟邦对罗马军队的贡献持续增加，逐渐成为战斗主力军。虽然罗马公民在战胜珀尔修斯后不再需要缴纳直接税，但盟邦并没有被免除纳税义务。

就马其顿而言，这些事件导致了东方第一个罗马行省的建立，并结束了弗拉米尼努斯的间接统治政策。安德里斯库斯自称是不幸的珀尔修斯之子，领导了一场旨在重建马其顿君主政体的起义。公元前 149 年，安德里斯库斯在与执政官普布里乌斯·朱文提乌斯的战斗中获胜，后者在战斗中阵亡。

安德里斯库斯对抗罗马人的胜利使他相信能实现既定目标。然而，第二年秋天，他便败给了执政官克温图斯·凯奇利乌斯·梅特路斯·马凯多尼库斯。安德里斯库斯在色雷斯被俘后，押往罗马，在大将军凯旋庆典上展出，最后被处决。这场起义在色雷斯和民众中获得了广泛的支持，让罗马意识到自己在彼得那战役后建立的统治结构的薄弱之处，以及彻底吞并马其顿、建立行省的必要性。新马其顿省包括伊庇鲁斯和伊利里亚南部，其创建的组织工作于公元前 148 年秋季开始，一直持续到公元前 145 年。镇压起义的指挥官克温图斯·凯奇利乌斯·梅特路斯·马凯多尼库斯和卢基乌斯·姆米乌斯，与元老院委员会共同协作，负责组建活动。

和往常一样，罗马人改善了交通状况，以获得对领土的最佳控制。大约在公元前 120 年，行省总督格内乌斯·埃格那提乌斯修建了厄纳齐雅大道；这条道路以亚得里亚海沿岸的底耳哈琴和阿波罗尼亚港口为起点，经过佩拉、马其顿省的新首府

萨莫色雷斯岛，神秘的卡比里圣地

卡比里是弗里吉亚宗教的众冥神。萨莫色雷斯岛位于爱琴海北部，是祭拜卡比里的中心。弗里吉亚宗教在希腊化时期传遍了整个希腊世界，并被罗马人所接受。卡比里还是丰产神，最初在希腊万神殿中被描述为两个神：一个叫艾克索索斯的老人和他的儿子卡斯米洛斯。

古希腊的希罗多德和埃斯库罗斯都曾对卡比里进行过描述，起初，卡比里被认为象征特洛伊城海伦的狄奥斯库里兄弟——卡斯托尔和波利丢刻斯，后来被希腊水手所崇拜，成为他们的守护神。渐渐地，通过一个鲜为人知的过程，他们成为卓越的保护神，甚至成为萨摩色雷斯最重要的神。中世纪战争之后，卡比里神的数量有所增加，增至四人（除了前面提到的两个，还增加了两位女性，阿西克罗斯和阿西克萨斯）。

插图　上图为萨莫色雷斯诸神圣殿的废墟，即卡比里教派的发源地，也是著名的带翼胜利女神雕像的发现地（第169页）。

> 罗马在希腊的突破

塞萨洛尼基、马其顿东部边界城市安菲波利斯和塞浦细拉，最后到达拜占庭。

新成立的马其顿省不得不面对斯科迪斯奇人的入侵。斯科迪斯奇人来自多瑙河，在公元前143年袭击了马其顿边界。尽管在公元前135年执政官马库斯·科斯科尼乌斯胜利后局势得到了控制，但不久之后，袭击再次发生；公元前119年，马其顿行省总督塞克斯图斯·庞培战死沙场。

这一情况迫使元老院派出了更强大的军队。直到公元前106年，总督马库斯·米努西乌斯·鲁福斯才消除了这一威胁，结束了这场冲突。公元前101年，提图斯·迪迪乌斯（后将成为公元前98年的执政官）打败了斯科迪斯奇人，此后，后者处于马其顿总督的管辖之下，尽管其所在领土并不在该省的边界之内。

提图斯·迪迪乌斯获胜后，直到公元前88年到公元前63年进行的米特拉达梯战争期间，该地区才有了进一步的领土扩张。在这场战争中，交战双方分别是罗马和最后一位希腊君主本都国王米特拉达梯六世。

亚该亚战争

在马其顿安德里斯库斯起义的同时，希腊还爆发了亚该亚战争。又一次，斯巴达和阿哈伊亚同盟之间的冲突导致了罗马的干预。阿哈伊亚同盟是巴尔干半岛最后一个主要的政治结构，罗马认为这是削弱该联盟的好机会。

公元前147年夏天，由卢基乌斯·奥雷利乌斯·奥雷斯特斯率领的罗马使团抵达希腊。这位公元前157年的前执政官向阿哈伊亚同盟当局宣布，罗马元老院对其在斯巴达、阿尔戈斯、赫拉克利亚等非亚该亚城市的存在深感忧虑。

阿哈伊亚同盟由战略家克里托劳斯将军领导，他自封为菲洛皮门和莱克塔斯的政治继承人。接到消息的阿哈伊亚同盟大为不快。克里托劳斯曾在亲罗马派的卡里克利特建立政府之后，采取了一系列违背罗马元老院决定的政策。鉴于这种情况，元老院立即派出另一个使团，由公元前157年的执政官塞尔维乌斯·尤利乌斯·恺撒率领。他更倾向于和解，在不反对罗马人要求的情况下缓和紧张局势。

公元前146年，随着第三次布匿战争的结束，迦太基被摧毁，并被行省化，元老院的做法可能是为了避免冲突，或者只是为了拖延时间。然而，由于菲洛皮门

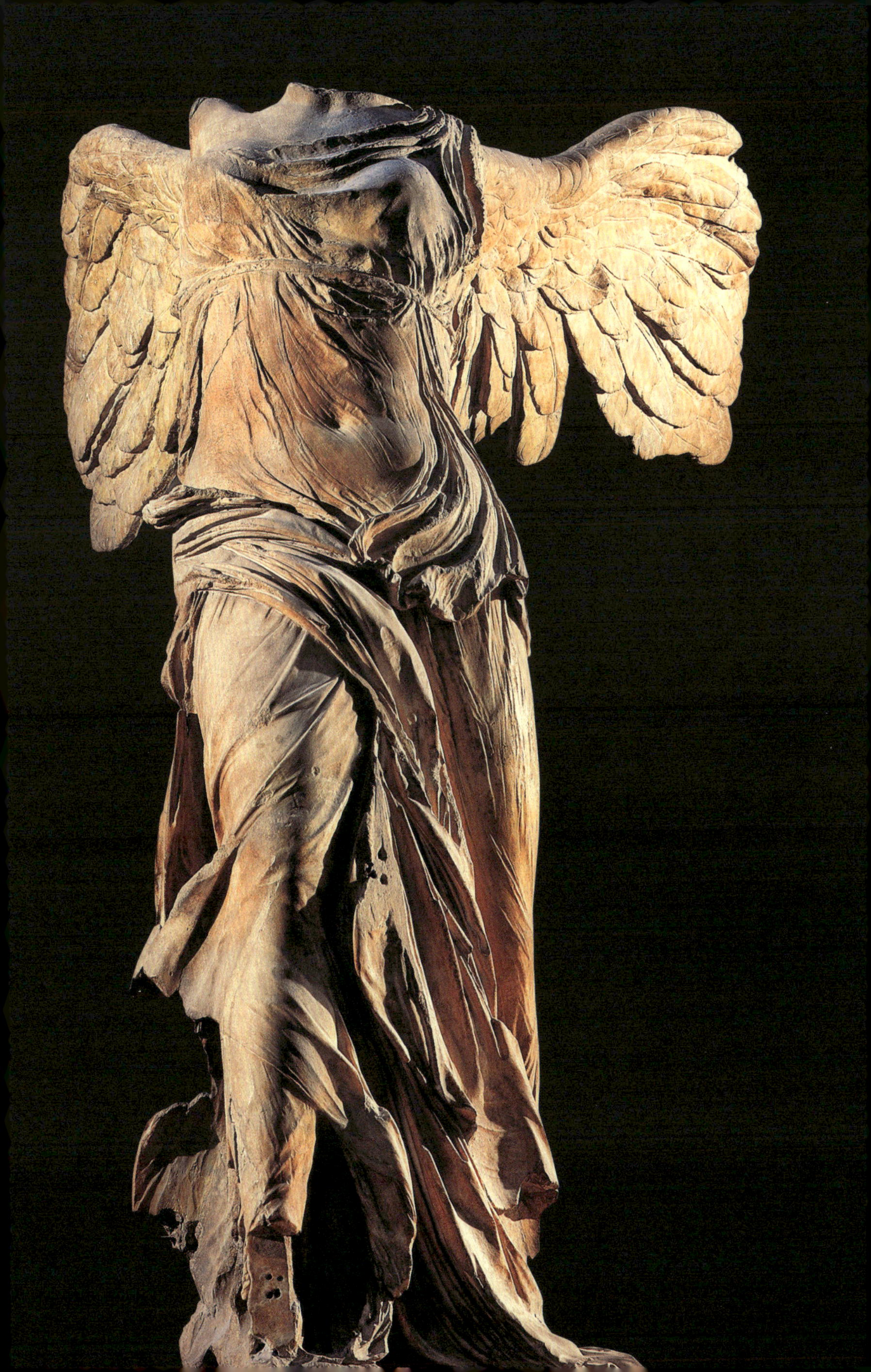

■ 罗马在希腊的突破

意大利盟邦和它们对罗马军事扩张的贡献

罗马将那些反抗罗马霸权的意大利人强制纳入了"盟邦"。这是一个联盟条约,承认他们作为独立政治实体的地位,允许他们保留自己的公民身份、货币、司法系统和私法,但需要向罗马履行沉重的义务。

意大利盟邦对罗马政府的主要义务是军事服从和财政援助。因此,即使在公元前167年以后,盟邦也不得不缴纳直接税。当时,马其顿被征服后,罗马囤积了大量战利品,普通公民不再缴纳此税。他们每年必须向罗马元老院提交一份可调动人口的名单,以便元老院根据需求决定纳税的数额。公元前3世纪末,罗马新兵的数量估计为60000人,而当时的盟邦人数为80000至100000人。后者对军队的贡献日益增加。到了公元前2世纪,盟邦为罗马提供了大量的军事力量。这种情况加之罗马一再拒绝授予他们罗马公民身份,导致了被称为"社会战争"的血腥起义。这场起义在公元前91年与公元前88年之间爆发,迫使不愿授予如此庞大的人口公民身份的罗马政府做出让步。

右图 是一幅浮雕,描绘的是来自普雷托罗的意大利战士和罗马士兵之间的一场战斗(阿布鲁佐国家考古博物馆,拉奎拉);

左图 是社会战争时期的银币,上面印有阅兵式。

萨莫色雷斯的胜利女神像

这尊带翼胜利女神像是希腊化雕塑的瑰宝,公元前190年左右由大理石雕刻而成,发现于萨莫色雷斯圣所(卢浮宫,巴黎)(第169页)。

继任者、阿哈伊亚同盟首领卡里克利特的亲罗马政策,罗马在彼得那战役之后容忍了联盟的存在。公元前149年,卡里克利特逝世,其继任者克里托劳斯和同盟当局决定改变政策方针,违反罗马元老院强加的条件。

亚该亚人意识到元老院希望解散其联盟,于是全员动员起来;彼俄提亚人、优卑亚岛人、弗凯亚人,还有洛克雷德人都加入了他们的行列。面对这一局势,马其顿的执政官克温图斯·凯奇利乌斯·梅特路斯·马凯多尼库斯派出最后一个代表团与阿哈伊亚同

盟议会谈判，试图恢复和平。然而，作为联盟战略家的克里托劳斯断然拒绝。

面对亚该亚人拒绝和谈的情况，罗马人立即做出了反应：克温图斯·凯奇利乌斯·梅特路斯·马凯多尼库斯发动了进攻，在斯卡菲附近突袭了克里托劳斯的同盟军。亚该亚部队遭受重创。克里托劳斯本人在冲突中丧生。罗马人的压倒性胜利并没有动摇亚该亚人，他们在迪亚乌斯的领导下继续顽强抵抗，把这场战争视为民族存亡之战。

柯林斯也爆发了反抗罗马的起义，被血腥镇压：

■ 罗马在希腊的突破

罗马军团

亚该亚战争结束后，罗马军队驻扎在希腊领土，不仅是为了确保和平，也是为了镇压可能出现的新叛乱。罗马军团控制了希腊，尽管只是行政上的，因为希腊文化占主导地位。现代修复的罗马军团雕塑（罗马文明博物馆，罗马）。

公元前146年，执政官卢基乌斯·姆米乌斯接替克温图斯·凯奇利乌斯·梅特路斯成为对抗亚该亚战争的罗马指挥官。他包围了柯林斯并将其洗劫一空。该城的居民或被屠杀或沦为奴役。

元老院借口克温图斯·凯奇利乌斯·梅特路斯派去的使节受辱，下令彻底摧毁柯林斯，没收其领土，使之成为公地。这些惩戒性的报复行为使罗马建立了对希腊的霸权，并向希腊人证明，他们无法摆脱罗马的影响。然而，直到奥古斯都统治时期的公元前27年，这片希腊领土才成为罗马行省——亚该亚省。由于巴尔干半岛南部没有行省，因此，尽管希腊领土受到马其顿裁判官的

监管，仍可享有某些特权。事实上，马其顿裁判官距离较远这一情况对亚该亚人来说好处颇多，尽管有时会产生反作用，特别是因为现有的法律含混不清。

理论上，那些没有反抗罗马的希腊地区，仍然不在马其顿总督的管辖范围之内，如斯巴达、埃利斯和墨西尼，它们一直没有介入冲突，又如位于阿尔戈利斯地区的埃皮道鲁斯和西锡安，它们由于有圣殿而保持了独立。然而，来自罗马的行省总督在马其顿领土上的存在给所有经常受到罗马干预的自由的希腊国家带来了压力。

柯林斯的毁灭

公元前 146 年，执政官卢基乌斯·姆米乌斯占领了这座城市，用剑刺死了所有男丁，并把妇女和儿童卖为奴隶；他偷走了艺术品，把这座城市夷为平地。1870 年，法国画家托尼·罗伯特·弗洛里绘制了《柯林斯的最后一天》，画中的执政官凝视着柯林斯的荒凉景象。该作品现存于法国巴黎奥赛博物馆。

阿弗罗狄西亚古城

四面门,又称阿弗罗狄忒圣殿,是这座小亚细亚城市保存最完好的建筑。位于历史上著名的卡利亚地区,今天的土耳其境内。

插图(右侧) 一个小香水瓶,发现于叙利亚,可以追溯到公元前1世纪(国家博物馆,大马士革)。

罗马在东方的霸权

在征服希腊和马其顿之后，罗马把注意力转向了小亚细亚。它战胜了敢于挑战它的塞琉古王朝，重申了在东方的霸权。反抗运动的出现使它结束了间接控制的政策，将征服的领土变成了行省。继马其顿王国之后，罗马将目光投向了帕加马王国——后来的亚细亚行省的中心。

塞琉古国王安条克三世（公元前223—公元前187年）是当时最强大的希腊王国的领袖。公元前200年，托勒密王朝和塞琉古王朝争夺凯勒叙利亚，最后安条克三世成功将其吞并，从而建立了自己的霸权。他利用罗马和马其顿之间的局势，巩固了自己在小亚细亚的地位。公元前197年的春天，安条克三世开始了一次陆地和海洋远征，到达盖利博卢半岛，与拒绝屈服的士麦那、亚历山大·特罗亚和兰萨库斯等城市交战。这些城市向罗马寻求帮助。公元前197年6月，安条克三

罗马在东方的霸权

世与罗德岛就势力范围的分配进行了谈判,仍在色雷斯的安条克三世接待了由卢修斯·科尼利厄斯·伦图卢斯率领的罗马使团的访问。使团传达了元老院的不满意见,指责他占领了亚洲和色雷斯的某些城市。安条克三世为自己的行为进行了辩护,认为祖先的权力使他有权对这些领土实施霸权主义。安条克三世直截了当的回答致使谈判中断,但两国间冲突并没有立即爆发。

塞琉古国王的意图仅限于重建继业者塞琉古一世(公元前358—公元前281年)开创的庞大的亚洲帝国,从色雷斯到印度河流域。这一目标实际上已于公元前196年实现。然而,罗马很谨慎,担心安条克三世可能会进一步扩大对希腊的霸权,这样一来,两国利益就会发生冲突。

在僵持了两年后,公元前193年,安条克三世派遣一名使节到罗马,试图签订一项联盟条约,正式承认小亚细亚的局势。然而,这名使节未能完成任务。此外,罗马人的忠实盟友帕加马国王欧迈尼斯二世(公元前197—公元前159年)向罗马施加压力,要求罗马坚决反对安条克三世。事实上,塞琉古在安纳托利亚的巩固损害了帕加马王国的利益——一个世纪前,塞琉古王朝发生内战,帕加马的阿塔罗斯一世趁乱独立。

埃托利亚同盟认为安条克三世是打破罗马在希腊建立霸权的唯一希望,并意图进行被罗马人禁止的领土扩张。埃托利亚人占领了塞萨利亚地区的德米特里阿斯后,安条克三世认为可以强迫罗马人就范。就像马其顿与罗马一样,他也在等待埃托利亚人请求他伸出援手解放希腊,解决与罗马人的冲突。

公元前192年秋天,安条克三世宣布成为埃托利亚同盟的最高领袖,仅率领一万名步兵、一小队骑兵和六头大象在德米特里阿斯登陆。他没有听从罗马行家——汉尼拔的建议和警告。公元前195年,因为有人设计谋害他,要把他交给罗马人,这位迦太基将军匆忙逃离迦太基,前往以弗所的塞琉古宫廷避难。汉尼拔敦促安条克三世要有耐心,不要轻易出手帮助埃托利亚人。他认为,在登陆希腊之前,有必要与马其顿的腓力五世重新结盟。与此同时,他将率领一支军队返回迦太基重新掌权。这样,非洲和希腊可以同时对意大利发动进攻。

安条克三世的失败

安条克三世无视了汉尼拔的宏伟计划，可能，他从未想过要摧毁罗马，只是下定决心要恢复自己的帝国，并警告罗马人，如果他们干涉塞琉古内政，就会将自己处于危险境地。罗马执政官马尼乌斯·阿基利乌斯·格拉布里奥率领一支强大的军队在亚得里亚海港口埃庇鲁斯登陆，公元前191年4月，在塞萨利亚的温泉关，击败了安条克三世。

温泉关战败后，安条克三世逃离希腊，在埃维亚岛上的哈尔基斯短暂停留后，回到以弗所的宫廷中避难。西庇阿的帝国主义派系成功地说服了元老院的大多数人，使他们认为有必要征服安条克三世，并俘获正在塞琉古王朝避难的汉尼拔。就这样，一场冲突爆发了。

温泉关的战败对安条克三世来说，意味着失去了所有的希腊支持者（维奥蒂亚、埃维亚岛、伊利斯和美塞尼亚），只有埃托利亚人继续与罗马抗衡。罗马元老院开始进攻塞琉古。公元前191年夏末，罗马舰队在公元前188年的未来执政官盖乌斯·李维·萨利纳托尔的指挥下，向小亚细亚海岸进发。在帕加马王国和罗德岛的支持下，这位执政官在希俄斯岛击败了一支塞琉古小队。

第二年，罗马开始对小亚细亚的安条克三世领土发动最后的进攻。"小亚细亚征服者"西庇阿当选这场战役的总指挥，他的兄弟"非洲征服者"西庇阿（曾战胜汉尼拔）担任副手。根据历史学家提图斯·利维乌斯的记载，罗马元老院同意把军事行动的控制权交给"小亚细亚征服者"西庇阿的唯一条件是其兄弟也参与此次战斗。

安条克三世任命汉尼拔为舰队总指挥，以收复安纳托利亚海岸的领土。公元前190年，汉尼拔在安纳托利亚南部的潘菲利亚海岸与罗德岛舰队进行了海战。在损失了大约20艘战船后，汉尼拔下令撤退。在那之后，汉尼拔再也没有直接参与过战争。

同年9月，安条克三世在迈昂尼苏斯发起了另一场海战，地点就在汉尼拔战败的地方附近。这一次，在海军上将波利塞奈达斯的指挥下，塞琉古舰队遭遇了同样

罗马在东方的霸权

马格尼西亚战役：塞琉古王朝的终结

尽管罗马军队人数较少，但还是在公元前189年的马格尼西亚战役中战胜了安条克三世。一方面是因为塞琉古军队的异质性，另一方面则是因为安条克三世采用了导致他在拉菲亚战役中败给托勒密五世的同样的战术。

塞琉古军队由来自不同民族（米底亚人、加拉太人、阿拉伯人、卡帕多西亚人、弗里吉亚人）的、缺乏训练的部队以及希腊和克里特岛的雇佣兵组成。这支由16000人组成的方阵，面对由帕加马国王欧迈尼斯二世指挥的罗马右翼发射的如雨点般的炮弹，无法维持战斗队形。此外，安条克三世无法利用左翼获得的优势，没有采取行动包围"亚细亚征服者"西庇阿的军队，而是试图入侵由色雷斯和马其顿辅助部队保护的罗马营地。尽管历史学家提图斯·利维乌斯试图淡化贬低欧迈尼斯二世的作用，但欧迈尼斯二世粉碎塞琉古方阵和掠夺塞琉古营地的决定是关键性的。马格尼西亚战役之后，罗马统治了整个小亚细亚，帕加马王国成了马其顿和塞琉古王国其他地区之间的缓冲国。

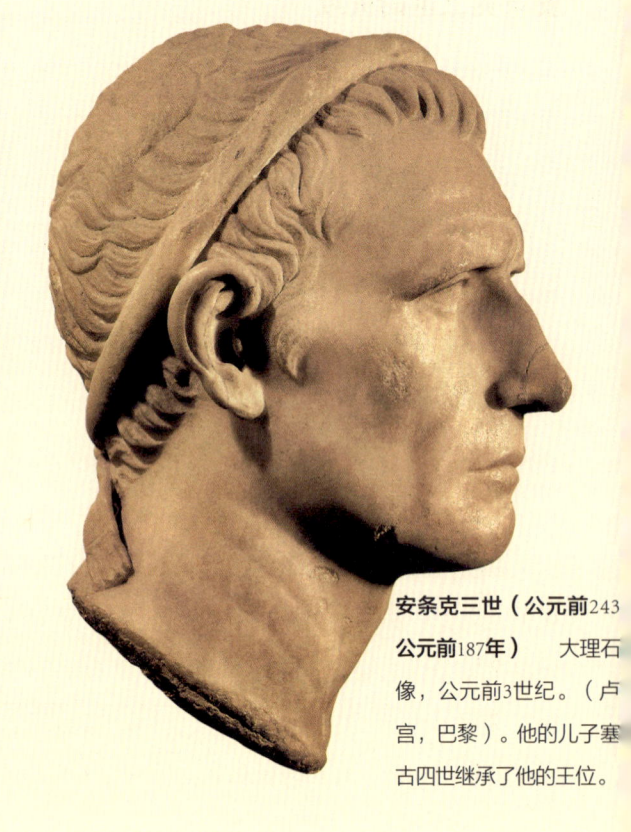

安条克三世（公元前243—公元前187年） 大理石像，公元前3世纪。（卢宫，巴黎）。他的儿子塞古四世继承了他的王位。

的命运。尽管他们在人数上略微超过由裁判官卢修斯·埃米利乌斯·雷古勒斯率领的罗马小队——89艘战船对80艘战船——但塞琉古人损失了40艘战船，最后败退到以弗所的基地。

鉴于当时的局势和罗马的胜利，安条克三世试图进行谈判，但这一次，罗马不仅要求其从色雷斯撤军，而且要求其放弃托罗斯山脉以西的地

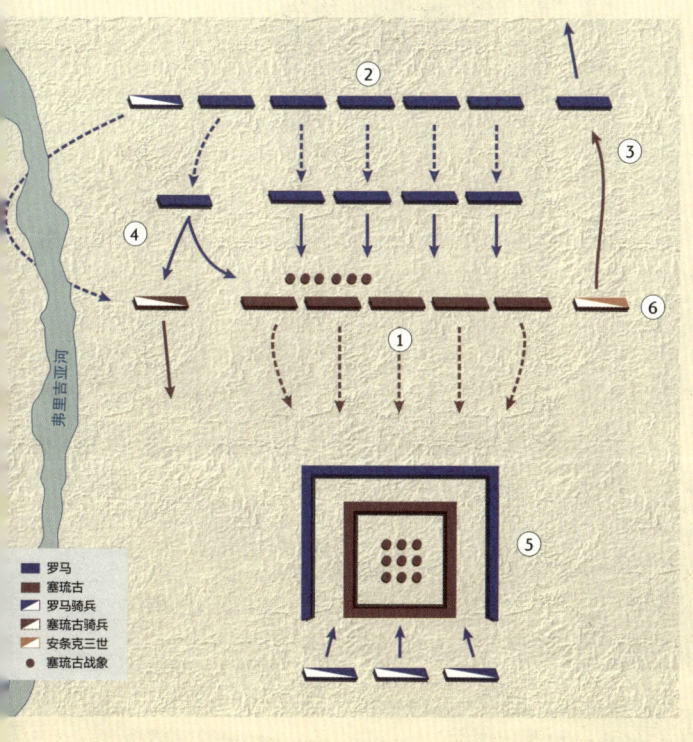

① **塞琉古军队** 塞琉古方阵由16000名士兵，22头战象和一组步兵组成。两翼共有6000名骑兵、辅助骑兵、弓箭手和安纳托利亚轻装部队。

② **罗马军队** 由两个军团和拉丁辅助部队组成。右边是欧迈尼斯二世的军队，共有3000轻盾兵和3000骑兵。

③ **塞琉古骑兵** 在安条克三世的领导下，塞琉古骑兵向撤退的罗马右翼发起进攻。

④ **罗马右翼** 在欧迈尼斯二世的指挥下，罗马右翼击溃了塞琉古的左翼，并攻击了撤退的方阵。罗马军团也参与了此次进攻。

⑤ **塞琉古军队** 被包围后，塞琉古军队最终投降。

⑥ **安条克三世** 他忙于攻打罗马兵营，没有赶来援助步兵。意识到糟糕的局势后，安条克三世缴械投降。

区。罗马认为，必须消除塞琉古对希腊和爱琴海的威胁。

最后的战斗发生在公元前189年1月。在西皮洛斯山的马格尼西亚附近，执政官卢基乌斯·科尔内利乌斯·西庇阿彻底击败了安条克三世。在这次胜利之后，这位执政官被授予了"小亚细亚征服者"的

位于马格尼西亚的阿尔忒弥斯神庙

这座柱头出自阿尔忒弥斯神庙。该神庙由建筑师赫莫杰尼斯建造，位于小亚细亚以弗所地区的马格尼西亚。安条克三世签署《阿帕米亚和约》后，这座城市成了帕加马王国的属地（帕加马博物馆，柏林）。

阿帕米亚

阿帕米亚由第一任塞琉古国王塞琉古一世建立，位于今天的叙利亚奥伦特斯河畔。它的名字来自塞琉古一世的妻子，阿帕玛。公元前189年，正是在这座人口超过50万的城市里，安条克三世在马格尼西亚战役中战败后，与罗马签署了一项和平协议。

称号。根据古代文献记载，罗马军队约有3万人，而安条克三世军队的人数是这个数字的两倍，还有二十几头战象。一些研究人员对数字上的差异提出了质疑，但无论如何，军队人数不足以弥补塞琉古人由于参差不齐的构成而造成的协调问题。古代文献还指出，双方阵营的伤亡人数也有很大的悬殊：塞琉古人损失惨重，而罗马人的伤亡数量则非常之少。

《阿帕米亚和约》

在马格尼西亚遭受屈辱之后，安条克三世要求签署和平协议，并遵守罗马的所有条件。执政官格奈乌斯·曼利

乌斯·乌尔索接替"小亚细亚征服者"西庇阿成为总指挥，在专程赶来的十人委员会（decemviri）的监督下，和安条克三世于公元前189年夏天开始了谈判。

根据公元前188年夏天在阿帕米亚签订的条约，安条克三世在小亚细亚的所有扩张梦想都破灭了，这使得与罗马结盟的帕加马和罗德岛收获了巨大利益。安条克三世不仅需要完全放弃欧洲以及托罗斯山脉以西的亚洲地区，还失去了舰队，最多只能拥有十艘不带甲板的船作为国民治安之用，并且被禁止越过位于卡律卡德努斯河河口以西的奇里乞亚的萨尔珀冬角。此外，安条克三世必须在12年内分期向罗马支付12000塔兰特，这还不包括在马格尼西亚战败后已经

西布莉祭坛

"小亚细亚征服者"西庇阿将这座祭坛献给了弗里吉亚的自然女神，罗马人对她的崇拜开始于布匿战争期间。在这幅浮雕上，女神出现在一辆由两只狮子拉着的战车上，而她的儿子和情人阿提斯则倚靠在神圣的松树上（第182—183页）。

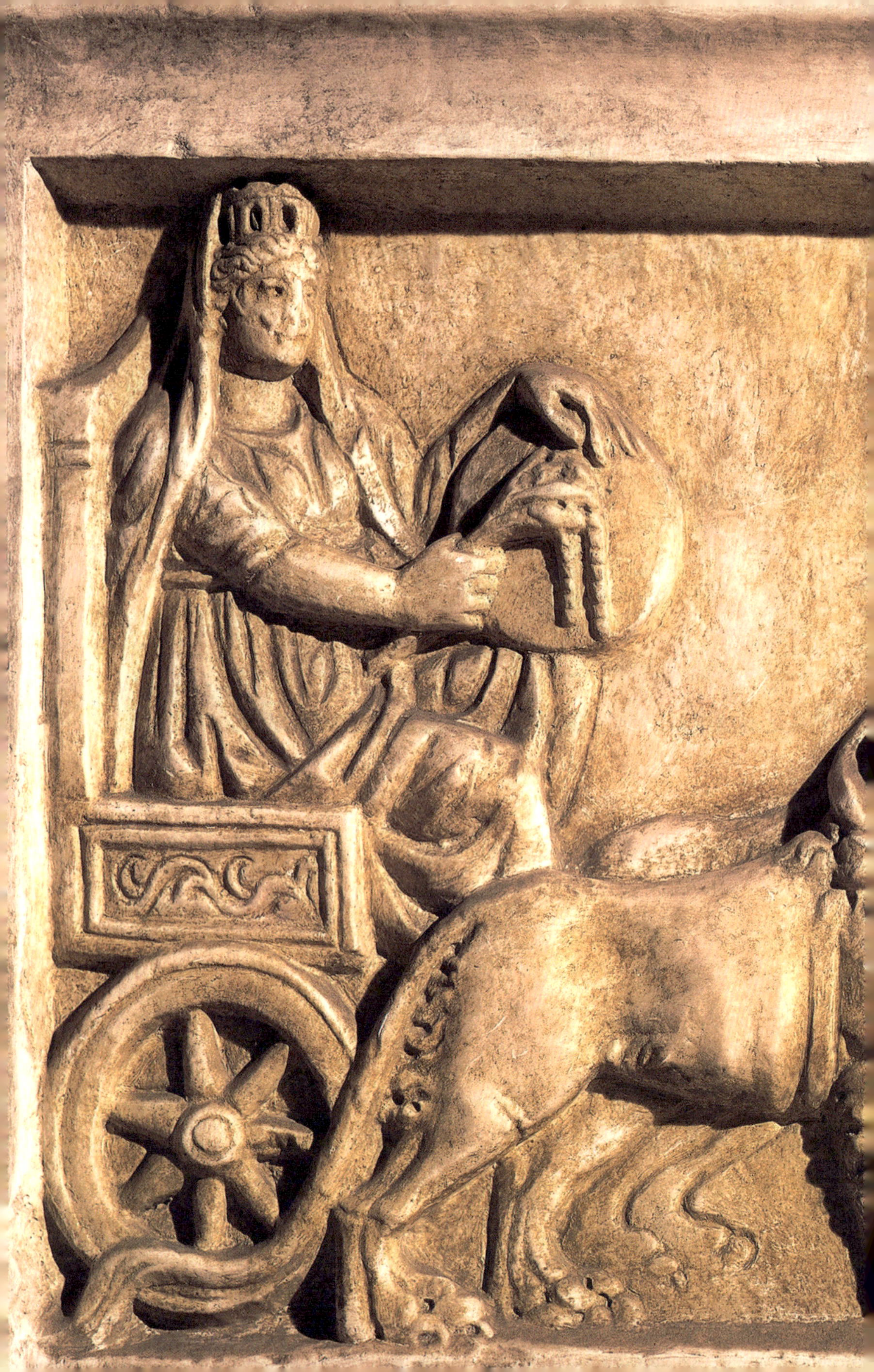

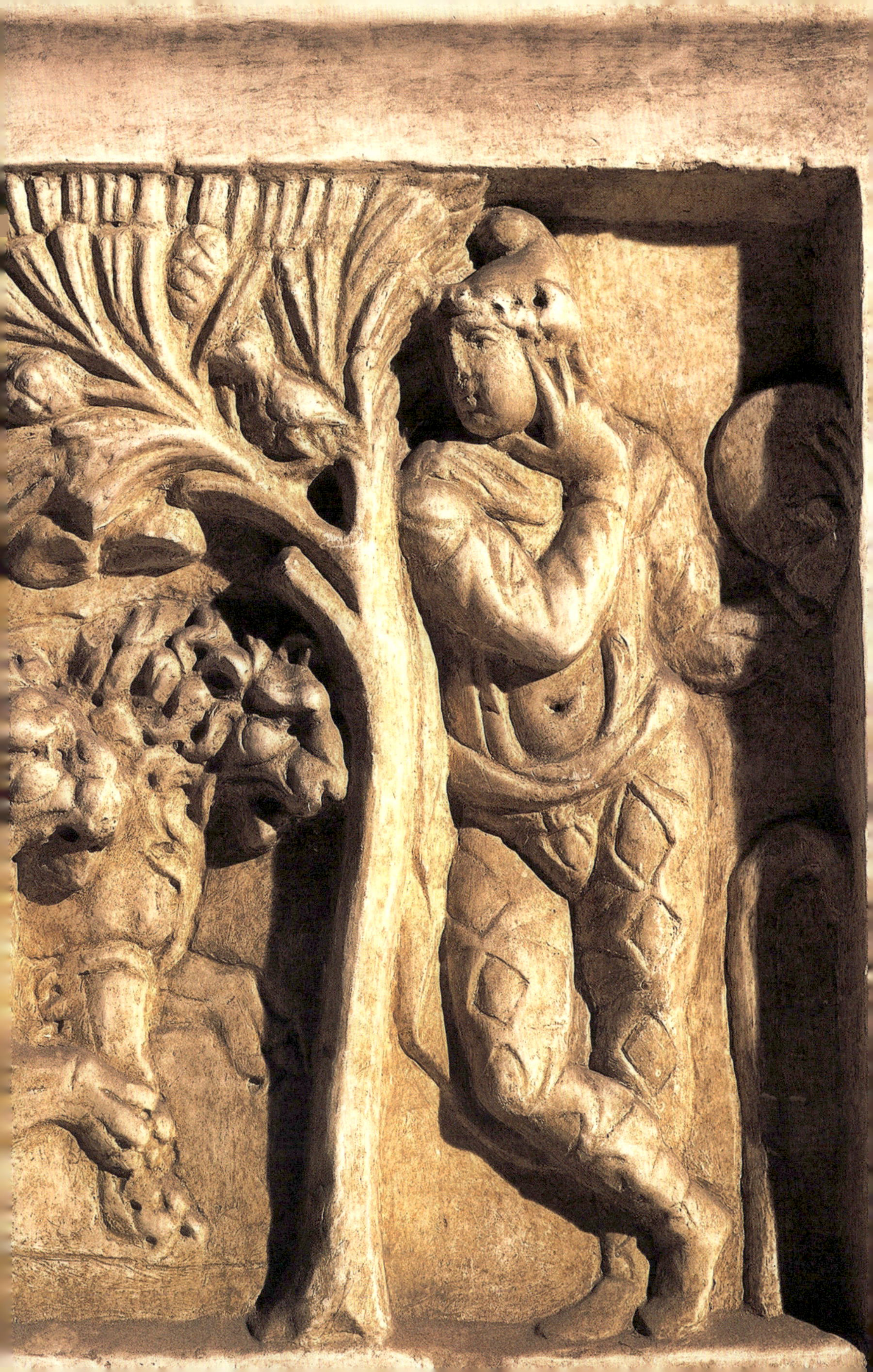

德洛斯和罗德岛：爱琴海统治权的争夺

德洛斯是希腊世界最受尊敬的一座阿波罗神庙的所在地，也是一个重要的商业和金融中心。它在公元前166年被罗马改为自由港，从而取代了罗德岛的地位。第三次马其顿战争期间，罗德岛的中立被罗马认为是一种背叛。这种态度使其受到罗马的敌视。

罗德岛的衰落可以追溯到第三次马其顿战争结束之时。尽管与罗马结盟，但在第三次马其顿战争期间，罗德岛一直保持中立。因此，它被迫割让先前吞并的领土，并遭受了许多财政报复。这使得罗德岛遭遇了一场危机，再也没能恢复元气，也标志着它海上军事力量的结束。公元前146年，两个对地中海贸易至关重要的港口城市柯林斯和迦太基被摧毁，德洛斯从中获益不少。右边的德洛斯城市规划图向我们展示了这座城市在希腊化时期的重要性。

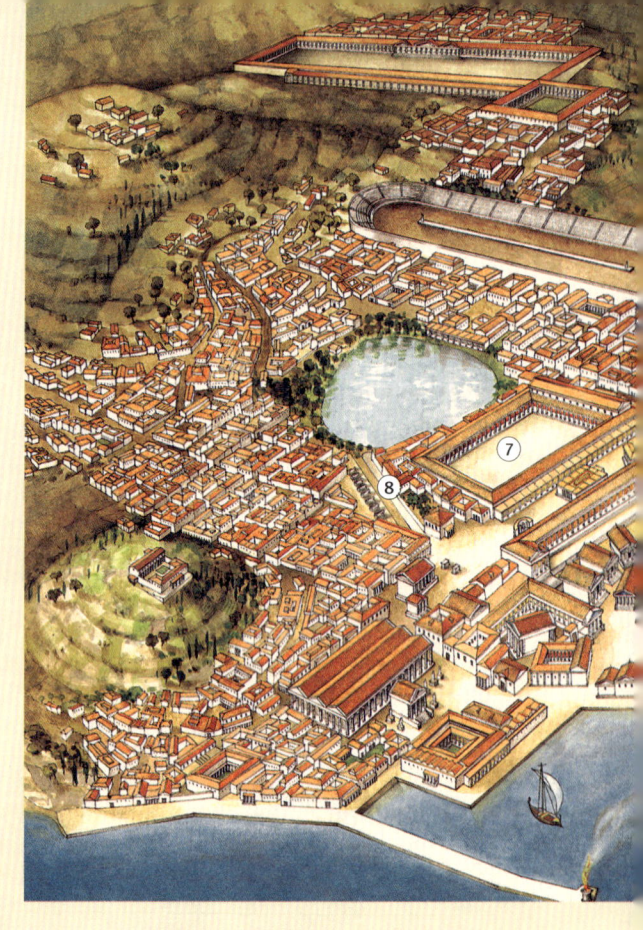

支付的3000塔兰特。这笔前所未有的战争赔偿使得这场冲突给罗马带来了巨大收益。巨额赔款的支付和小亚细亚领土的丧失很快给塞琉古王国带来了严重的困难。然而，安条克三世成功保住了王国的核心地区，他的政策无论是向东还是向南都没有受到阻碍。因此，他能够与托勒密的埃及作战。塞琉古地面部队没有受到限制，但被禁止拥有战象或在罗马霸权统治下的领土内招募雇佣兵。就这样，塞琉古帝国开始迅速走向衰落，不久之后便失去了最东部的领地。与罗马签署

①**阿波罗神庙** 在城墙的保护下，神庙里有三间供奉阿波罗的神殿，其余殿内供奉着赫拉和狄俄尼索斯。神庙里有许多喷泉，和纳克索斯岛的阿波罗神庙一样，这里也收藏了许多珍宝。

②**大殿** 供奉阿波罗的三间神殿中，这间是最大的。这座多立克柱式的建筑的正面有六根柱子，侧面有十三根，始建于公元前475年左右。

③**公牛纪念碑** 此建筑因为装饰它的公牛浮雕而得名，是阿波罗神庙的东出入口，由马其顿的德米特里一世为庆祝胜利而建造。

④**朝圣之路** 该通道位于帕加马的阿塔罗斯一世建造的廊柱和马其顿的腓力五世建造的廊柱（近海一侧）之间。

⑤**金托斯山** 根据希腊神话，这里是阿波罗出生的地方，周围矗立着许多供奉东方诸神的建筑，其中包括一座建于公元前2世纪的供奉生命女神伊希斯的神庙。

⑥**剧院** 剧院建在岛上，特点是上下部分不是同心，可以容纳5000名观众。

⑦**意大利集市** 在这个由廊柱（奴隶买卖等活动的交易场所）环绕的巨大广场周围，有一些具有经济功能的建筑。

⑧**狮子台阶** 位于意大利集市旁边，现只剩五只大理石狮子。

和平条约一年后，也就是公元前187年，安条克三世在守卫战中身亡。

汉尼拔在克里特岛短暂停留后成功逃离，前往比提尼亚国王普鲁西阿斯一世（公元前228—公元前182年）的宫廷避难。鉴于普鲁西阿斯一世与帕加马国王欧迈尼斯二世之间的竞争关系，汉尼拔受到了热情接待。后者是罗马的忠实盟友，安条克三世在安托利亚战败后，帕加马的地位得到了极大的巩固。

罗马在东方的霸权

报复

在巴尔干半岛，与安条克三世结盟的埃托利亚同盟一直抵抗罗马的统治，其位于伊庇鲁斯南部的首都安布累喜阿遭到围攻。埃托利亚同盟最终于公元前189年与罗马签署了一项条约。该协议规定，同盟受罗马人民的管辖，并承诺通过提供一切必要的军事支助来维护罗马的利益。这就是"君权条款"。从那以后，该条款被写入罗马强加于其他国家的所有不平等条约中；这些不平等条约体现了罗马与各联合城邦之间的主从性质。

埃托利亚人在塞萨利亚、亚该亚、福基斯、安布累喜阿和爱奥尼亚海岸失去了许多属地，还失去了德尔斐阿波罗神庙的控制权，必须向罗马人支付500塔兰特的战争赔款。安条克三世和埃托利亚人的战败使罗马在希腊的霸权暂时搁置。阿哈伊亚同盟利用这一局势，在战略家菲洛皮门的领导下，成功地统一了伯罗奔尼撒半岛。

公元前192年，斯巴达国王纳比斯在与阿哈伊亚同盟的战争中被暗杀，菲洛皮门利用这一机会，收复了前一年失去的领土，并将斯巴达并入同盟。第二年，菲洛皮门吞并了埃利斯和墨西尼，两者都曾是埃托利亚人的传统盟友，并在与罗马的冲突中支持过安条克三世。然而，出乎意料的是，菲洛皮门对同盟内部精英派系之间的矛盾不闻不问，理由是公元前192年冬天曾与罗马签订协议，这一年也是安条克三世与罗马战争开始的时间。公元前182年，菲洛皮门去世，其继任者卡里克利特主张向罗马投降，于是阿哈伊亚同盟忠实地服从了罗马元老院的要求。然而，亚该亚精英各派系之间的冲突一直持续到第三次马其顿战争，在此期间，菲洛皮门的支持者被驱逐到罗马；亚该亚战略家莱克塔斯之子、历史学家波利比乌斯就是其中之一。莱克塔斯是菲洛皮门的忠实合作者，曾负责将菲洛皮门的骨灰盒运送到公共葬礼上。

罗马对未能履行其作为盟友义务的罗德岛采取了严厉的报复措施。元老院要求罗德岛立即放弃在安条克三世战败后所得到的领土，包括利西亚和卡里亚，以及罗德岛后来自己吞并的城市，如考努斯和斯特托尼西亚等战略性城市。此外，公元前

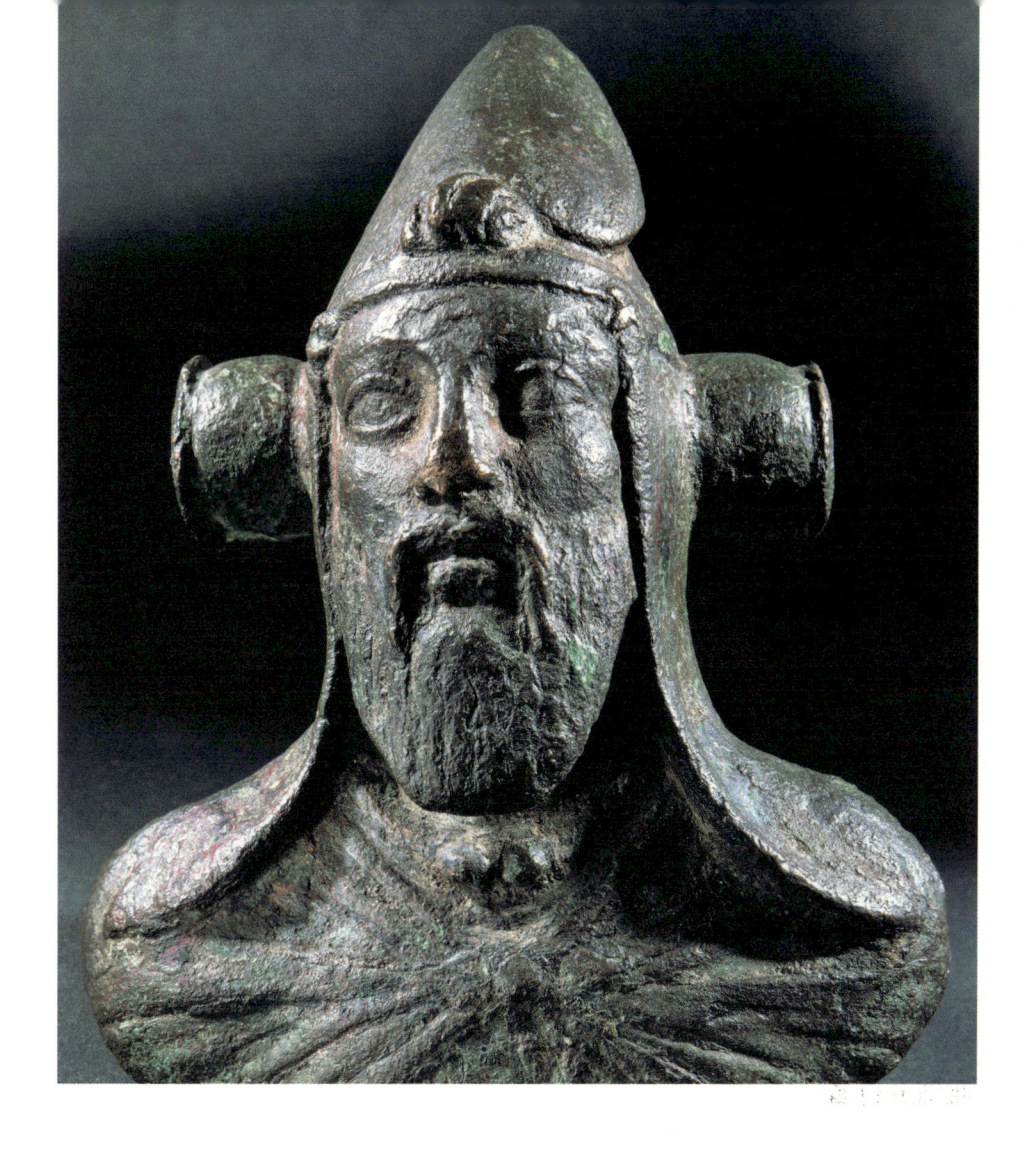

166年，罗马决定在德洛斯岛建造自由港，这个港口很快成了爱琴海的金融和商业中心，严重损害了罗德岛的利益，后者的经济不可逆转地出现了衰退。

罗德岛的海关利润从每年100万德拉克马下降至15万德拉克马。罗德岛的突然衰落导致德洛斯成为该地区的主要奴隶市场。德洛斯废止了罗德岛的舰队，从而导致了该地区海盗活动的增加。最初，罗马认为海盗是一种奴隶

安条克四世

安条克四世是安条克三世的继承人，他在叙利亚境内与托勒密六世对峙。他成功地入侵了埃及，但当他即将占领亚历山大港时，不得不在罗马的压力下撤军。后来，他出兵以色列，攻取了耶路撒冷。祭司马塔非阿和他的儿子马卡比发动了一场叛乱，将安条克四世赶出了以色列。最后，安条克四世在重征以色列的途中不幸去世。

劳动力，决定不出手遏制。然而，公元前2世纪末，这一灾祸日益严重，严重阻碍了爱琴海的交通和贸易。

罗马削弱了与另一个受益于安条克三世战败的城市——帕加马的联系。在与波斯的战争结束之前，帕加马一直是罗马的忠实盟友。两国之间的关系后期将得到修复，但罗马对帕加马在对抗珀尔修斯的战争中所保持的中立态度一直耿耿于怀。为了报复，罗马要求欧迈尼斯二世立即从加拉太撤军，因为欧迈尼斯二世在加拉太建立了自己的霸权。罗马还威胁要在萨狄斯设立总督，处理对帕加马的所有控诉。

随着希腊局势得到控制，罗马自由地介入了塞琉古叙利亚和托勒密埃及之间的冲突，这两个国家是"罗马人民的朋友"。罗马政府是一个不屈不挠的仲裁者。根据波利比乌斯的说法，公元前168年，元老院派出了一个由两任执政官盖乌斯·波皮利乌斯·拉埃纳斯领导的使团，要求安条克四世立即停止对埃及国王托勒密六世（公元前180—公元前145年）领土的敌对行动，并将军队撤出塞浦路斯和其他被占领的埃及领土。埃及衰弱而塞琉古叙利亚势力壮大，这是罗马不愿看到的。也许，希腊人对罗马的态度让罗马倍感失望，再加上帝国主义意志的驱使，罗马决定改变自己的做法，变得更加咄咄逼人，增加对各地的干涉行为。

亚细亚行省

小亚细亚行省化的开始是公元前133年事件的产物。在整个公元前2世纪，该地区的希腊化国家，由受罗马影响开始走向衰落的王朝统治，不断地向元老院请求仲裁，解决它们之间经常发生的冲突。它们多次借助罗马人完成与邻国和敌国相关的目标。罗马作为地中海唯一的大国，能够发挥调停者的作用，发号施令。由于罗马没有足够的军队或资源，希腊国家并不总是遵守这些命令。例如，埃及的托勒密六世不顾来自元老院的压力，拒绝将塞浦路斯割让给他的兄弟昔兰尼国王、未来的托勒密八世（又名奥厄葛提斯二世，公元前170—公元前116年）。托勒密六世虽违抗了罗马的命令，却没有遭到报复。

一些希腊君主毫不犹豫地起草了遗嘱，将领土遗赠给罗马人，这给敌对派系施

加了压力，也避免了可能的攻击。典型的例子是托勒密八世。公元前155年，当他还是昔兰尼的国王时，决定把王国留给罗马，以防在没有子嗣的情况下去世。托勒密八世曾与其兄弟埃及的托勒密六世争夺塞浦路斯。帕加马王国阿塔罗斯三世（公元前138—公元前133年）也是如此。他英年早逝，没有继承人，加速了行省化的进程。根据阿塔罗斯三世的遗愿，罗马人民继承了帕加马王国，并保证帕加马城的自由，同时扩大了王国领土。是否有其他城市也从类似的措施中受益，我们还不得而知。

昔兰尼的宙斯神庙

神庙位于昔兰尼东北部，毗邻竞技场。虽然在古希腊时期，它位于城区之外，但在希腊化时期，它位于城墙之内。其建造开始于公元前6世纪，并在公元前5世纪完工。这是希腊人在非洲领土上建造的最大的神庙，长70米，并有46根多立克式的圆柱。

罗马人在亚洲的领土扩张

公元前 133 年，帕加马国王阿塔罗斯三世去世，把自己的王国传给了罗马人。就这样，罗马吞并了阿塔罗斯领土，将其设为亚细亚行省的核心，公元前 129 年到公元前 126 年由总督马尼乌斯·阿基利乌斯管理。

阿塔罗斯三世为避免罗马攻击而写下了这份遗嘱。他的逝世还让罗马人得以控制帕加马领土，并将其缩减为一个行省。罗马尊重前王国的某些城市所享有的自由，如帕加马城、以弗所或萨狄斯，理论上，这些城市不受行省总督和罗马—意大利金融家的管制。在帕加马王国成为行省前，罗马不得不镇压阿塔罗斯三世同父异母的兄弟阿里斯东尼克的起义。后者试图维护自己的王朝权力，并自封为欧迈尼斯三世。欧迈尼斯三世战败后，亚细亚行省在总督马尼乌斯·阿基利乌斯的领导下开始组建起来。这是罗马在东方的第二个省，第一个是马其顿。此后的公元前 102 年，奇里乞亚行省建立，公元前 63 年，庞培建立比提尼亚行省。被罗马打败的比提尼亚和本都王国，加上塞琉古王朝覆灭后诞生的叙利亚，共同构成了比提尼亚行省。

公元前 133 年，保民官提比略·山普洛尼乌斯·格拉古斯试图动用国库资助他的土地改革。这项由元老院支持的改革旨在遏制民众不可阻挡的无产阶级化。这项改革是否获得通过我们不得而知，但他被保守派暗杀，促使元老院着手处理此事。随后，元老院颁布了一项法令，批准了阿塔罗斯三世的遗愿，并派遣了一个由五名公使组成的委员会管理帕加马王国并对其进行重组。然而，阿塔罗斯三世的同父异母的兄弟阿里斯东尼克宣布自己是王位继承人，自称欧迈尼斯三世。

阿里斯东尼克试图捍卫对帕加马王位的渴望，在与罗马军队的战斗中取得了重大胜利，比如公元前 131

年，他战胜了执政官普布利乌斯·李锡尼·克拉苏·迪维斯·姆基安努斯，后者在战斗中牺牲。阿里斯东尼克的起义始于比提尼亚的港口城市勒乌凯（莱夫克），作战中心位于凯科河上游。阿里斯东尼克的大多数追随者都位于内陆地区，因为沿海城市中，除了福西亚，特别是士麦纳、帕加马城和以弗所，仍然忠于罗马。

在寻求盟友的过程中，阿里斯东尼克常常在最贫穷的公民中煽动起义，以削弱亲罗马精英派的权威。经过近四年的抵抗，他在公元前130年被执政官马尔库斯·佩尔佩尔纳打败并抓获。即使在他去世后，叛乱的主要支持者、王国内陆的抵抗核心也仍然存在。

穿着长袍的裁判官

这座晚期大理石雕像（公元5世纪）是在今天土耳其西部卡利亚地区的阿弗罗狄西亚被发现的。卡利亚于公元前129年被罗马吞并，隶属亚细亚行省。虽然受罗马总督的管辖，但某些享有特权的城市保留了它们的自由，例如一向忠于罗马的阿弗罗狄西亚。

罗马在东方的霸权

简言之，罗马不仅依赖于那些特权受到威胁的精英公民的支持，还依赖于本都王国，比提尼亚和卡帕多西亚的支持。他们希望获得巨大的利益，对阿里斯东尼克利用潜在的社会冲突在其各自领土上造成的不稳定感到非常震惊。

阿里斯东尼克起义后，帕加马的行省变得不可避免。罗马必须采取深入而有力的行动，避免像马其顿一样的情况再次发生。因此，尽管有限制建立新省的政策，元老院还是批准在安纳托利亚建立一个新省——亚细亚行省。该省于公元前129年到公元前116年建立，包括安纳托利亚西部的大部分地区，由马尼乌斯·阿基利乌斯提出，他是马尔库斯·珀珀纳的继任者。新行省的组织工作由马尔库斯·佩尔佩尔纳之子马尼乌斯·阿基利乌斯负责，由罗马派出的十名元老院公使协助。

亚细亚行省最初的边界是有争议的。罗马决定将古阿塔罗斯王国的核心地区纳入该省，特别是密西亚、吕底亚地区，可能还有卡里亚地区。这些地区最为富裕也最容易管理，而内陆地区城市化程度较低，因此在短期内很难管理。这些内陆城市暂时割让给了在与阿里斯东尼克的战争中援助罗马的亲罗马盟友。本都国王米特里达梯五世（公元前150—公元前121年）得到了弗里吉亚的大部分领土。卡帕多西亚国王阿里阿拉特六世（公元前130—公元前116年）获得了吕卡奥尼亚地区的领土，而比提尼亚国王尼科美德二世则可能获得了弗里吉亚西北部的一些领土。

罗马迅速修建道路，以优化公路网，从而使该省的各个地区更容易到达，并改善其管理。它赋予阿塔罗斯王国内所有支持罗马的城市自由，这些城市遵照阿塔罗斯三世的遗嘱，曾帮助罗马对抗阿里斯东尼克。从理论上讲，被罗马承认自由的城市享有一定的自治权，能够不受总督管辖。然而在实践中，很难避免罗马总督、罗马—意大利商人、税吏长的干预。为保障罗马人的权益，在行省设立了罗马法官，沿海主要城市繁荣的贸易吸引了大量罗马人定居。

阿基利乌斯对友好国王的慷慨导致了护民官盖乌斯·山普洛尼乌斯·格拉古指控他接受了君主的贿赂以换取领土。然而，格拉古的指控显然是出于政治动机。事实上，阿基利乌斯的行为符合罗马人的最大利益，他占领了最富裕的领土，并把最贫瘠的领土遗赠给了友好国王。在德尔斐和克尼德发现的希腊文件的副本中有一部公元前 100 年的法律——《裁判官治理行省法》（*Lex de provinciis praetoriis*），它让我们了解到，公元前 116 年，卡帕多西亚的阿里阿拉特六世去世后，罗马占领了该地区，并在其都城菲罗梅隆（阿克城）建立了自己的中心。在安纳托利亚西南部的阿里扎发现的元老院法令表明，在弗里吉亚地区也存在类似的情况，米特里达梯五世去世后，阿帕米亚和辛那达被并入亚细亚省。罗马将亚细亚省首都定为以弗所，这里是主要交通路线的交会处。尽管如此，阿塔罗斯王朝的古都帕加马城仍然是该省最负盛名的中心城市。

罗马决定把亚细亚行省划分为几个较小的地区，即行政区。每个行政区各自有一个主要城市：帕加马、以弗所、萨狄斯、特拉雷斯、老底嘉、阿帕米亚。这一行政划分的发起人可能是阿基利乌斯。他想要在一个财富和城市化水平非常不均等的省份，优化税收的管理和征收。然而，创建行政区的做法似乎更合乎后期的逻辑，也许是在公元前 97 年昆图斯·穆恰斯·斯卡沃拉担任行省总督的时代；其目的是为罗马—意大利士兵和商人的过分行为提供更多的法律保障。事实上，昆图斯·穆恰斯·斯卡沃拉被各省认为是一个善良的罗马总督的典范。当地人为了纪念他，在该地区的古都帕加马城举行了许多庆祝活动。

除亚细亚行省外，只有两个省有类似的中间行政结构：伊利里亚行省和西班牙行省。公元前 27 年，奥古斯都推行地方改革后，这些省被划分为多个具有司法、行政、财政和军事职能，以及道路系统的行政区域（conventus iuridici）。在亚细亚行省，罗马国库萨特尼金库（aerarium Saturni）的主要收入来自财务官（quaestor）管理的农产品什一税（decuma）的征收。包括自由城市在内的该省所有城市，都必须缴纳贡品，以及关税（portoria）和牲畜税（scriptura）。公元前 123 年，还有《森布罗尼法》（*Lex Sempronia*）所规定的税种。《森布罗尼法》是由护民官盖乌斯·山普洛尼乌斯·格拉古提出的农业改革方案，尽管遭到元老院的反对，但还是得到了人民大会的批准。

该法优化了亚细亚行省的财政体系，设立了新的通行税，方便了罗马—意大利商人、税吏长的工作。此外，根据这项法律，负责评估行省总督和地方法官管理情

■ 罗马在东方的霸权

亚细亚行省的大税吏公司

罗马帝国主义的扩张加速了"金融资本主义"的发展。骑士是罗马精英阶层的成员，他们决定远离政治舞台，专注于自己的生意。

这些骑士原本属于骑兵，后成为大商人，在各省都有代理人。他们往往选择拥有董事会（由最富有和最有影响力的成员组成）和股东大会的金融公司。两者以这样的方式一起合作，作为专门开发国家主要资源的专门税吏。每隔五年，监察官，即对共和国资产有管辖权的地方官员，就会组织拍卖开采这些资源的权力。各家骑士的大税吏公司都在争夺合同。在行省总督的默许下，税吏们靠牺牲当地人民的利益发家致富。

插图 公元 3 世纪的浮雕，描绘了一名税吏正在收税的场景（国家历史和艺术博物馆，卢森堡）。

以弗所的阿尔忒弥斯女神像

希腊神话中的女神阿尔忒弥斯对应着罗马神话中的月神狄安娜。在这尊雕像中，阿尔忒弥斯头戴一顶象征着母神的塔状王冠。位于以弗所的阿耳忒弥斯神庙是古代建筑的瑰宝之一。随着亚细亚行省的建立，以弗所被罗马接管，取代帕加马成为行省首都。然而，对阿尔忒弥斯的崇拜仍在继续，而且越发盛行。在这个公元 2 世纪作品的复制品上，阿尔忒弥斯上身有多个隆起之处。

况的反贪腐法庭，由富有的罗马骑士掌管。这些骑士在公元前 218 年的《克劳迪法》(Lex Claudia) 出台后，放弃了自己的政治生涯。

格拉古通过促进骑士的干预，为他的改革寻求支持。他还希望削弱元老院中较为保守的派系的影响力。随着《森布罗尼法》的颁布，元老院开始失去对罗马以外地区外交政策的独家控制。该法案还规定设立代表国家利益的监察官（censoria locatio），将行省的财政税收以及其他收入，授权承包给大税吏公司（societates publicanorum）。大税吏公司每 5 年一次向政府缴纳租金。他们代表政府公开招标，对承租者征收税金。因此，罗马政府可以立即获

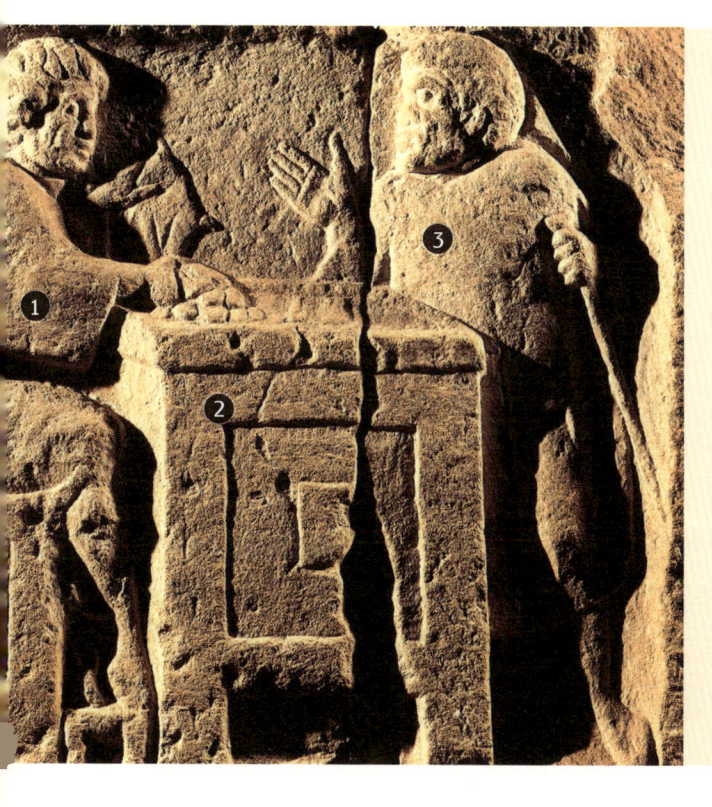

① **税吏** 通过拍卖，他获得了收税的权力，收得税款的一部分归他所有。

② **更换台** 除椅子外，桌子是税吏工作时所必需的工具。

③ **滥用职权** 个人必须缴纳贡品、进行清算遗产或就项目融资进行谈判。他们不受法律保护。当时，腐败盛行，加剧了亚细亚人对罗马人的怨恨。这导致了公元前88年成千上万的意大利人被杀。

得收入，不需要分配资源、费力组织对行省土地的开采；此外，税吏长可以随心所欲地最大化他们的投资回报。

从理论上讲，大税吏公司的行为仅限于行省领土范围之内。然而，它们很快就把范围扩大到自由和享有豁免权的城市，致使这些城市不断被迫诉诸元老院仲裁来维护自己的特权。它们甚至将影响力扩大到了行省的邻国。例如，公元前104年，元老院要求比提尼亚国王尼科美德三世（公元前127—公元前94年）提供军事特遣队，后者为自己无法满足这一要求而道歉，因为他的许多臣民由于拖欠税吏长的税款而沦为奴隶。

罗马在东方的霸权

税吏长的行为和态度可能在行省中极大地损害了罗马的形象，使得反罗马情绪在第一次米特里达梯战争中爆发。这一事件被称为"以弗所的晚祷"，发生在公元前88年。亚细亚行省大部分城市的罗马人遭到屠杀，根据不同资料记载，有8万至15万人遇害。

奇里乞亚和海盗活动

尽管不情愿，元老院还是被迫在公元前2世纪末在小亚细亚的土地上建立了第二个省级军事指挥部，以打击安纳托利亚半岛南部海岸的海盗。这些行动渐渐扩大到了整个地中海地区。海盗活动主要发生在克里特岛和安纳托利亚南部的奇里乞亚地区，其发展得益于该地区海上力量的削弱（例如塞琉古王国，德洛斯自由港建立后影响力日益减弱的罗德岛），并于公元前166年罗马在德洛斯建立奴隶交易市场后日益猖獗。帕加马王国灭亡后，其海岸被罗马人控制。起初，罗马并不认为打击海盗是一项明智的选择，因为海盗活动满足了日益增长的奴隶劳动力需求。

海盗行为使地中海水域的航行变得困难，阻碍了交通和贸易，造成的恐慌情绪一直蔓延到意大利海岸。面对海盗活动泛滥的情况，元老院不得不采取行动。公元前102年，罗马下令成立一个新的省级军事指挥部，隶属罗马禁卫军，并以该地区海盗活动的中心城市将其命名为奇里乞亚。就这样，安纳托利亚半岛上诞生了第二个行省。该行省的设立不是为了管理属地，而是有着特定的使命，即打击海盗。奇里乞亚首任总督是马克·安东尼·奥雷托尔，他后来于公元前99年成为执政官，是著名的"三头同盟（triumviri）"之一的马克·安东尼的祖父。尽管他取得了多次胜利，却无法彻底消灭海盗，战役结束后，海盗问题又卷土重来。意大利海岸也发生了多次海盗入侵事件，马克·安东尼·奥雷托尔的女儿也在米塞诺港被绑架。

公元前100年，奇里乞亚迎来了一名新任总督。根据《裁判官治理行省法》（*Lex de provinciis praetoriis*），这位总督郑重地邀请身为罗马"盟友"的国王们为镇压海盗做出贡献。直到公元前78年至公元前74年，总督普布利乌斯·赛尔维利乌斯·瓦提亚·伊扫里库斯收到指令，严厉打击海盗行为，奇里乞亚省才稳定下来。尽管他成功完成了使命,但海盗问题直到格涅乌斯·庞培时代才被彻底根除。后者凭借公元前67年的《加比尼亚法》(Lex Gabinia)获得了充分的权力,将行动范围扩展到了整个地中海和黑海。

罗马对帝国的巩固

在短短几十年里,罗马打败了最大的希腊君主国,征服了土著民族,摧毁了迦太基或柯林斯等商业影响力曾一度跨越地中海的城市。在公元前2世纪末幸存下来并保持独立的国家处于动荡不安的环境中,完全屈从于罗马,被称为"罗马人民的朋友"。托勒密王朝、塞琉古王朝和比提尼亚王朝在罗马共和国的影响下逐步衰落,并最终在庞培大帝的推动下,于公元前1世纪上半叶成为罗马的行省。

罗马人在公元前3世纪和公元前2世纪的快速扩张为罗马和意大利带来了大量财富,包括战利品、战争赔款、向战败者征收的税款以及在被征服领土上有系统地开采资源。正如提图斯·利维乌斯记载的那样,将军们在罗马的凯旋庆典上展示的令人印象深刻的大量金银,以及向被征服的人民索要的赔偿数额,都证明了这一点。这些财富对罗马公民产生了积极的影响。例如,由于公元前167年从马其顿获得的战利品,罗马公民不再需要缴纳资助军队的直接税。

战争积累的资源被用来维持军队和建设基础设施,以提高罗马的权力和威望。然而,财富大量涌入的主要受益者是帝国的新贵成员们,他们赞成扩张,担任地方法官和税吏,负责向被征召的军队提供物资,以及被征土地的开发。

在一段相对较短的时间内,罗马人打败了迦太基和诸如安条克三世、腓力五世和珀尔修斯这样的文化和政治备受罗马人崇拜的希腊世界的关键人物。罗马对地中海世界的大规模征服给罗马社会内部也带来了根本性的文化和政治变化。

取得这些胜利的帝王们获得了前所未有的荣誉,他们对"荣耀的渴求"(cupido gloriae)得到了充分的满足。他们成功地克服了在对抗汉尼拔的战争中所产生的潜在焦虑感,消灭了所有可能使罗马黯然失色的其他国家。

这些光荣的指挥官使罗马超越了希腊王国的威望和权威。除了丰富的财富,罗

■ 罗马在东方的霸权

希腊化和罗马亚细亚时期的货币

这种叫蛇篮（cistophorus）的银币，是帕加马王国的官方货币，其价值可能介于二德拉克马和四德拉克马之间，广泛分布于安纳托利亚领土之上。自阿塔罗斯一世（公元前241—公元前197年）发行以来，其特征就是正面刻着狄俄倪索斯的圣篮。

银币正面印有一个篮筐（在希腊语中是 cista，也是"cistophorus"这个词的起源），周围是一个皇冠，一条蛇从皇冠中钻了出来；背面印得墨忒尔的战车，由蛇牵引。公元前133年，阿塔罗斯三世去世后。随着帕加马王国的行省化，蛇篮币成为行省的法定货币。从那以后，硬币上开始印有发行城邦的名称和符号，以及负责铸造货币的地方官员的姓名和字母简写；还标有行省的创立日期。公元前30年发行的两枚蛇篮币至今仍很有名：上面印有马克·安东尼和他的妻子、未来奥古斯都大帝的妹妹奥克特维娅的头像。硬币上刻有"III VIR R.P.C."的铭文，这是后三头同盟（Triumviri Rei Publicae Constituandae）的官方名称。在罗马帝国时期，蛇篮币是小亚细亚地区最主要的货币，银币正面的篮筐不断缩小，后来完全消失。安纳托利亚半岛多个城市的大多数统治者都曾铸造过蛇篮币，并将其作为一种宣传手段，这种情况一直持续到公元2世纪初的哈德良时期。

马社会还受到希腊生活方式（艺术、宗教、语言等）的启发。其精英阶层很快就接受了这种生活方式。然而，这种亲希腊主义也遭到了某些人的反对，他们担心腐败和社会不平等的蔓延。最著名的代表人物是公元前195年的执政官马尔库斯·波尔基乌斯·加图（老加图）。他在公元前184年担任检察官期间，与亲希腊派进行了激烈的斗争，尤其赞扬了有着数百年历史的罗马祖先之法（mos maiorum）和价值观。

罗马的扩张，带来巨大财富和影响的同时，也导致了许多矛盾，尤其是在贵族内部。这在罗马公民中造成了紧张局势，并导致公元前1世纪共和制度的逐渐崩溃。

罗马与行省

这个石棺的浮雕可以追溯到公元前1世纪，描绘的是长官莅临时的场景。在罗马共和国时期，执政官、高级法官在各个领域都能力出众。在行省，指挥权掌握在总督（大法官和政务官）手中，由一支团队协理，总督还负责统领军队，其规模视禁卫官或执政官级别而定。

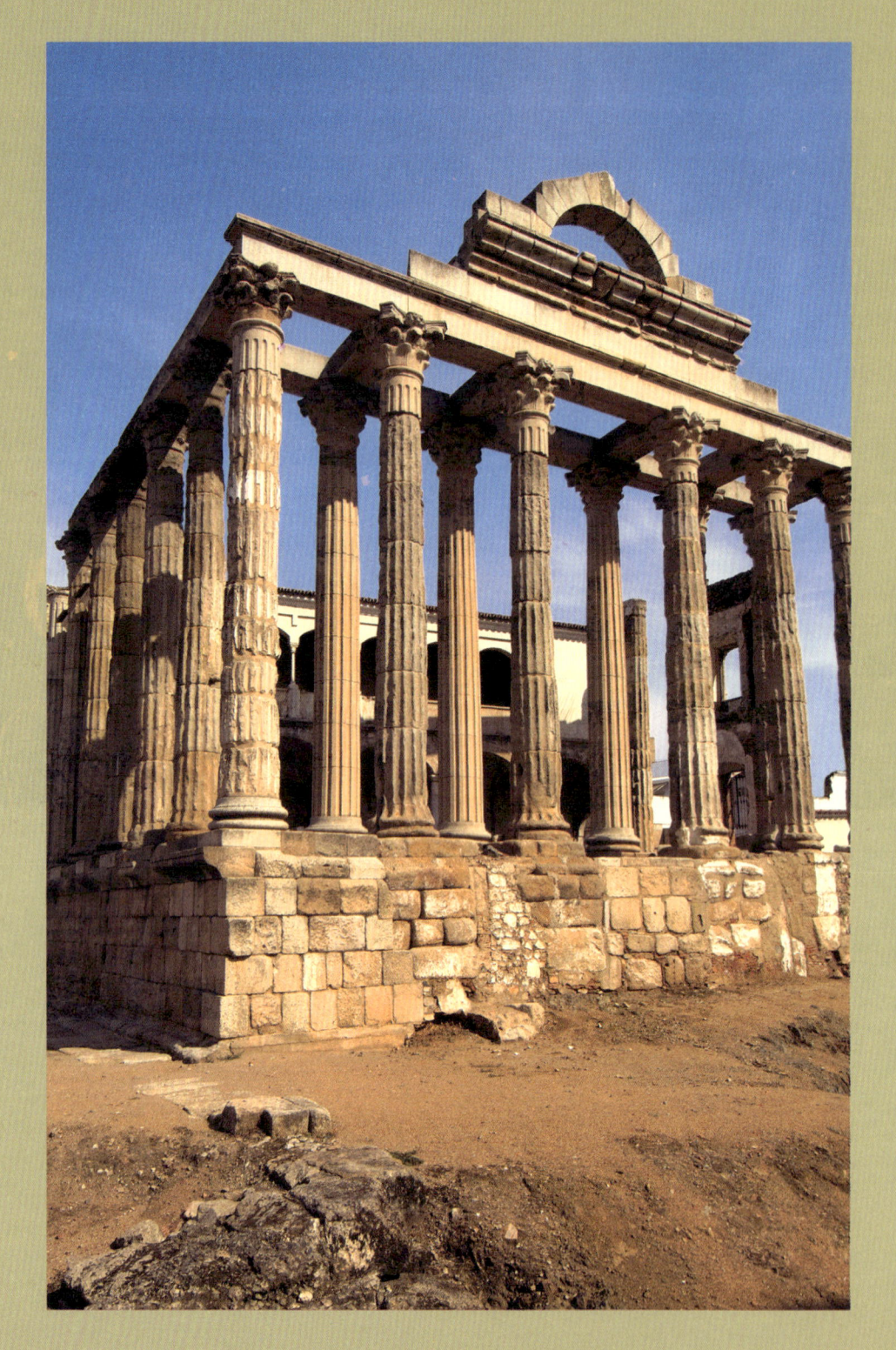

■ 档案：罗马城市和殖民地

档案：罗马城市和殖民地

罗马城市，由市中心和附属领土组成，两者不可分割，代表了罗马行政系统的基础。

为了保证行政当局的正常运作，城市必须拥有良好的地方组织结构，负责征税、控制领土和基础设施。事实上，城市周围往往有许多较小的定居点。有时，还会设立没有市中心的乡镇（ciuitas sine urbe），用以控制尚未城市化的地区。

罗马最初在意大利的大部分地区实施这一制度。后来，海外领地（行省）也采取了同样的做法。罗马完全吞并了意大利领土内距离和文化上最相近的地区。就这样，拉丁姆在公元前338年被纳入公地，其居民获得了罗马公民身份（civitas optimo iure）。这样一来，他们便可以被征召入伍。他们还可以（至少在理论上）担任罗马的地方法官，成为元老院议员，参加人民大会。同样地，市中心获得了自治市（municipia）的地位，这使得它们能够保留自己的地方法官、参议

梅里达的狄安娜神庙 这座长方形的寺庙建于公元前1世纪末或公元1世纪初。梅里达是卢西塔尼亚的首都，也是安置退伍军人的殖民地，由奥古斯都于公元25年下令建造。

恺撒的杰作

在罗马各省建立殖民地的计划，主要是在三头同盟统治时期和西罗马帝国时期发展起来的。构想人是尤利乌斯·恺撒，他声称拥有建立殖民地的专利权。面对意大利境内缺乏可用土地以及整合各行省的必要性，恺撒开始实施殖民政策和市有化政策，一是为了军队中的复员士兵，二是为了出生于罗马公民中最弱势阶层的新兵。这是为他们提供土地的一种方式。与此同时，殖民地制度促进了各省的发展，促使各省的精英阶层全面参与帝国计划；他们是罗马化和领土转型的重要因素。此外，尤利乌斯·恺撒建立殖民地的目的是建立随时可以调动的军事先锋，以加强对某些在内战期间反对他的行省的控制。

档案：罗马城市和殖民地

院、人民议会、语言以及司法系统。

然而，这些城市丧失了主权，不再是独立的国家。这种逐步的一体化，使罗马避免了对城市的直接管理，从而在没有引起任何分裂或社会对立的情况下，既节约了成本，又完成了对这些城市的同化。更遥远的地区，例如坎帕尼亚人、沃尔西人和萨宾人的领土，在公元前3世纪下半叶被纳入公地；他们的市中心也变成了自治市。

尽管如此，这些地区的居民"无投票公民权"（ciuitas sin suffragio），换句话说，他们被赋予了罗马公民除投票权（ius suffragii）以外的所有特权。这是一个中短期的过渡阶段，此后，所有人都拥有了完整的罗马公民权。

意大利"实验室"

对于那些最反对罗马统治的民族，罗马建立了合伙契约（societas）。这是一种单方面的联盟条约（foedus iniquum），维持了相关国家的自主权，保留了其公民身份货币、司法制度和私法，但必须服从罗马的军事命令并向罗马提供财政援助。

意大利盟友（socii）必须缴纳直接税，这笔财政贡献将用于维持军团。每年，他们都必须向元老院提交一份可动员的公民名单（formula togatorum），以便元老院根据需要确定缴纳的年度税款。某些地区设立了"行政分区"（praefecturae），用来发展"中央权力"和"市政当局"的概念。然而，将这些区域纳入罗马行政制度的过程相对较长。

与此同时，为确保自己在意大利的霸权，罗马在被征服的领土和不断扩大的公地边界上修建了据点，成立了罗马殖民地（colonial civium Romanorum）。这些小型军事飞地位于沿海地区（coloniae maritimae），由大约300名罗马公民组成，每个人都被分配到了一小块土地，二到四罗马犹格（jugerum），相当于四分之一公顷的面积。首个殖民地是公元前350年左右建立的奥斯蒂亚。然后是公元前4

世纪末的安提乌姆（现在的安齐奥）和泰拉奇纳，两者均位于拉齐奥地区。随后是明图尔诺（拉齐奥大区）和西努埃萨（蒙德拉戈内，卡帕尼亚地区），它们都是在公元前296年建立的，目的是加强对第勒尼安海岸的控制。

公元前284年，罗马还在塞尼加利亚（安科纳大区）建立了殖民地，这是亚得里亚海岸的首个殖民地。此外，还有公元前273年建于伊特鲁里亚海岸的科萨（安塞多尼亚，托斯卡纳大区）；建立于公元前244年的布林迪西姆（布林迪西，普利亚大区），目的是监测更南部的亚得里亚海海岸；建立于公元前184年的帕萨罗姆（现在的佩萨罗）和波达蒂亚（雷卡纳蒂，马切拉塔）；公元前183年在波河流域建立的穆提那（摩德纳），帕尔马和普拉森提亚（皮亚琴察，伦巴第大区）；公元前177年为了控制利古里亚而建立的卢尼（靠近托斯卡纳的卡拉拉）。

除了这些小型罗马驻军殖民地，还有"拉丁殖民地"（coloniae latinae），其居民数量在2000到6000人。一半是罗马公民，另一半是意大利盟友，换句话说，是拉丁人。

第一个拉丁殖民地是卡莱士（卡尔维，卡帕尼亚大区），建立于公元前334年。然后是成立于公元前329年的弗雷杰莱（拉齐奥大区）；波河平原地区分别于公元前282年，公元前268年和公元前264年成立了哈德里亚（阿德里亚，阿布鲁佐大区），亚里米伦（里米尼，艾米利亚—罗马涅大区）和菲勒姆·皮切纳姆（费尔莫）；还有于公元前189年建立的克雷莫纳（伦巴第大区）和博洛尼亚（艾米利亚—罗马涅大区），其目的是加强对帕达尼亚和卢卡（托斯卡纳大区）的控制，更好地监管利古里亚领土。

罗马政府建立了大约30个拉丁殖民地，一部分在意大利内陆地区，以确保盟友的忠诚性；另一部分在波河平原，以保护意大利北部边境。从当地人民手中没收的土地被分配给殖民地新居民，面积在16至40罗马犹格，即4至10公顷。殖民地有一个类似于罗马的组织，由两位司法行政管（duumviri）、市政元老院（decuriones）和人民大会组成。

档案：罗马城市和殖民地

罗马城市

在整个地中海地区，罗马建立的城市几乎都遵循完全相同的正交型城市规划。每个城市有两条中轴线，分别是南北向（cardo maximus）和东西向（decumanus maximus）。这两条笔直且相互垂直的交通轴线将城市分成了四块区域，住宅和商店（tabernae）便位于其中。然而，在这种城市化制度发展之前，首先建立的是公共空间，尤其是位于两条交通轴线交会处的公共生活中心——广场。此外，罗马人还修建了许多基础设施（如竞技场、露天剧场、马戏团、温泉浴场），以及供水和排水系统，并铺设了街道以确保居民健康。防御工事由一堵双层墙组成，两道方石筑墙中间用砂浆、石头和混凝土填充。这些城墙的建设在罗马和平时期部分被中断，然后在公元3世纪又重新开始，以抵抗蛮夷入侵。下方的平面图再现了大多数罗马城市常见的规划模式。

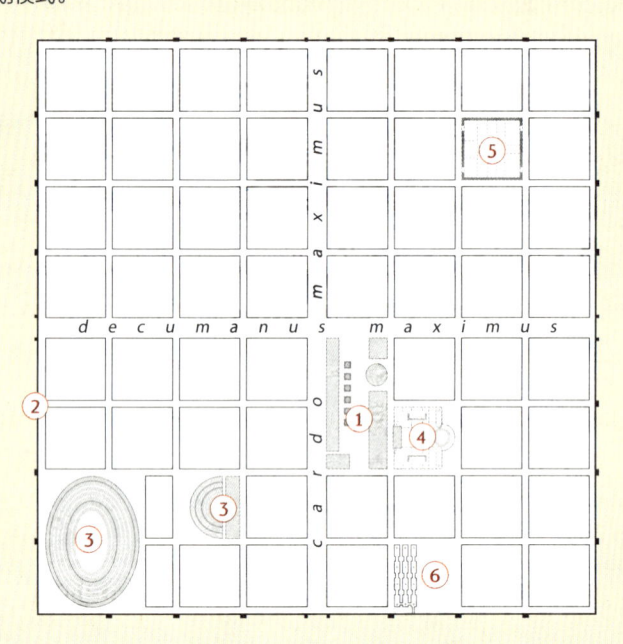

① **广场** 广场是城市的社交和文化中心，位于南北向和东西向两条交通轴线的交会处，周围还有主要的公共建筑和寺庙。

④ **温泉浴场** 公共澡堂是一个社交聚会的地方，也是商人们谈判的场所。

② **围墙** 围墙是城市的主要防御结构，环绕整个城区，有城门和塔楼，通常呈方形。

⑤ **住宅** 住宅区既有独栋的中庭式住宅（domus），也有最多四层的孤岛式住房群（insulae），底层带商店（tabernae）。

③ **剧院和竞技场** 这些是用于娱乐活动的建筑。罗马的每个大城市都有自己的艺术剧院和竞技场。

⑥ **供水系统** 水先通过引水渠到达中央水箱，再通过管道送往城市各处。

行省的城市划分

随着对地中海的征服，罗马逐渐将其在意大利的控制模式扩展到海外殖民地。市中心（urbs）可以与盟国建立两种类型的条约：一种是平等条约（foedus aequum），另一种是不平等条约（foedus iniquum），由此形成了一个捍卫其霸权（imperium）和优越性（maiestas）的网络。

海外统治的方法以建立行省为主，这意味着完全吞并征服的领土，由代表罗马元老院或人民的省长（总督或地方法官）统治，并将其转化为公地。并非所有行省的土地都被没收；有些留给了土著，根据用益物权，他们可以通过缴纳税款，继续使用土地。这些土地实际上已经处于罗马的控制之下（proprietas，所有权），土地上的居民被认为是"peregrini"，即外邦人。

因此，根据对罗马的反对程度，外邦（civitates peregrinae）有多种不同类别。第一类是自由和免税城市（civitates liberae et immunes），作为合作的回报，这些城市能够保持自治（libertas），并与罗马国家建立友好关系，无须向罗马交税（immunitas）。第二类是同盟城市。一般情况下，它们在冲突中保持中立。尽管它们成功地保住自己的政治自主权，但需要向罗马缴纳大量赋税，无法参与行省省长的决策和市中心（urbs）的金融活动。第三类叫作附属城市（civitates stipendiariae）。

最后一类城市，曾经对罗马充满敌意并顽强抵抗，但最终无条件投降（deditio）并完全臣服于罗马。它们失去了政治自主权，其领土变成了公地，尽管民众可以继续在罗马允许的范围内耕种土地。

殖民地和自治城市

在奥古斯都之前，罗马中心的建立以及在行省上赋予部分城市法律特权的做法并非常态，而是个例。例如，公元前206年建立的伊塔利卡城（桑蒂蓬塞，塞维利

档案：罗马城市和殖民地

阿尔勒 这座公元前6世纪由希腊人建立的城市，在公元前123年被罗马人征服。竞技场和剧院保存完好。

亚省），这是"非洲人"西庇阿为伊利帕战役的伤员建立的城市。还有公元前171年的拉丁殖民地喀提亚（圣罗克，加的斯），这里是由4000名西班牙裔妇女和罗马士兵联姻而形成的定居点。

公元前118年西班牙领土建立的拉丁殖民地瓦伦西亚，以及公元前138年建立的罗马殖民地纳尔邦玛提厄斯（纳博讷），以及北非公元前122年，由于盖乌斯·山普洛尼乌斯·格拉古的土地改革项目而夭折的殖民地迦太基朱诺尼亚，也是不寻常的。

布斯拉古城　这座城市位于现在的叙利亚南部,保留了一些古老的建筑。上图的剧场可追溯到公元2世纪。

在东方,罗马主要以保护现有城市为主,认为这些领土的很大一部分都具有伟大的城市传统。毫无疑问,在恺撒之前,东方没有建立任何殖民地;罗马公民以个人身份(singillatim 或 viritim)定居于帕加马或特梅索斯城等城邦。在某些情况下,这些城邦被宣布是"自由的",是"罗马人民的盟友",并受到优待,以优化其管理。

罗马的殖民创造了全新的城市,并赋予了其他古代大城市一些权力。它们协调了广大地区的经济发展,解决了新吞并领土的社会、经济和行政问题。它们是拉丁

档案：罗马城市和殖民地

具有独特功能的罗马城市

罗马殖民地最初是军事定居点，但很快就成了巩固被征服领土的重要组成部分。殖民地的建立是按照非常严格的规则进行的：首先，由元老院派遣委员会；然后，定居者在新殖民地定居。殖民城市的组建过程以一种非常庄严的方式进行。

退伍军人殖民地 自奥古斯都统治时期开始，这种殖民地就很常见，它们通常被用作检查站，用以安置退伍的士兵。设立地点可以是空地或已经存在的城市。若是在已有城市设立殖民地，当地居民的土地就会被分配给新的定居者。图拉真为退伍军人建立的提姆加德（阿尔及利亚），可以追溯到帝国时期，用来阻止柏柏尔人入侵。这座12米高的凯旋门（左图）是为了纪念他而建造的，俯瞰着城市的废墟。

战略城市 罗马殖民地的基本功能之一是防御，这就是它们在帝国边境的战略要地成倍增加的原因。例如，公元前16年，奥古斯都在已经被恺撒征服的特雷维里人的领土建立了奥古斯塔·特里沃鲁姆（特里尔，德国）。它位于摩泽尔河畔，驻军从莱茵河出发很容易到达此处，后来发展成为一个重要的行政和商业中心。在帝国统治时期，它是主要的权力中心之一。黑门（左图）（Porta Nigra），建于公元180年左右，是这座城市的象征。

温泉城市 为了建立新的城市，罗马人选择了当地人经常光顾的重要地点，比如温泉。这让他们有机会充分享受他们喜爱的地方：浴室。法国的维希、德国的巴登—巴登和威斯巴登，英国的巴斯（左图）就是这样诞生的。弗拉维王朝在一座古代圣所的废墟上建造了这座温泉小镇，至今仍保持着繁荣和盛名。

文化传播的中心，有助于地方精英的融合。如果说在西方，拉丁语与土著语言共存，成为罗马化最明显的标志，那么在东方，希腊语则被保留下来，并继续作为交流和文化的语言，而拉丁语则被用于罗马各行省的军事和行政领域。在东方行省中，希腊语的适用范围逐步扩大，体现了罗马对希腊文化和语言的尊重，以及罗马定居者的文化适应和融合。

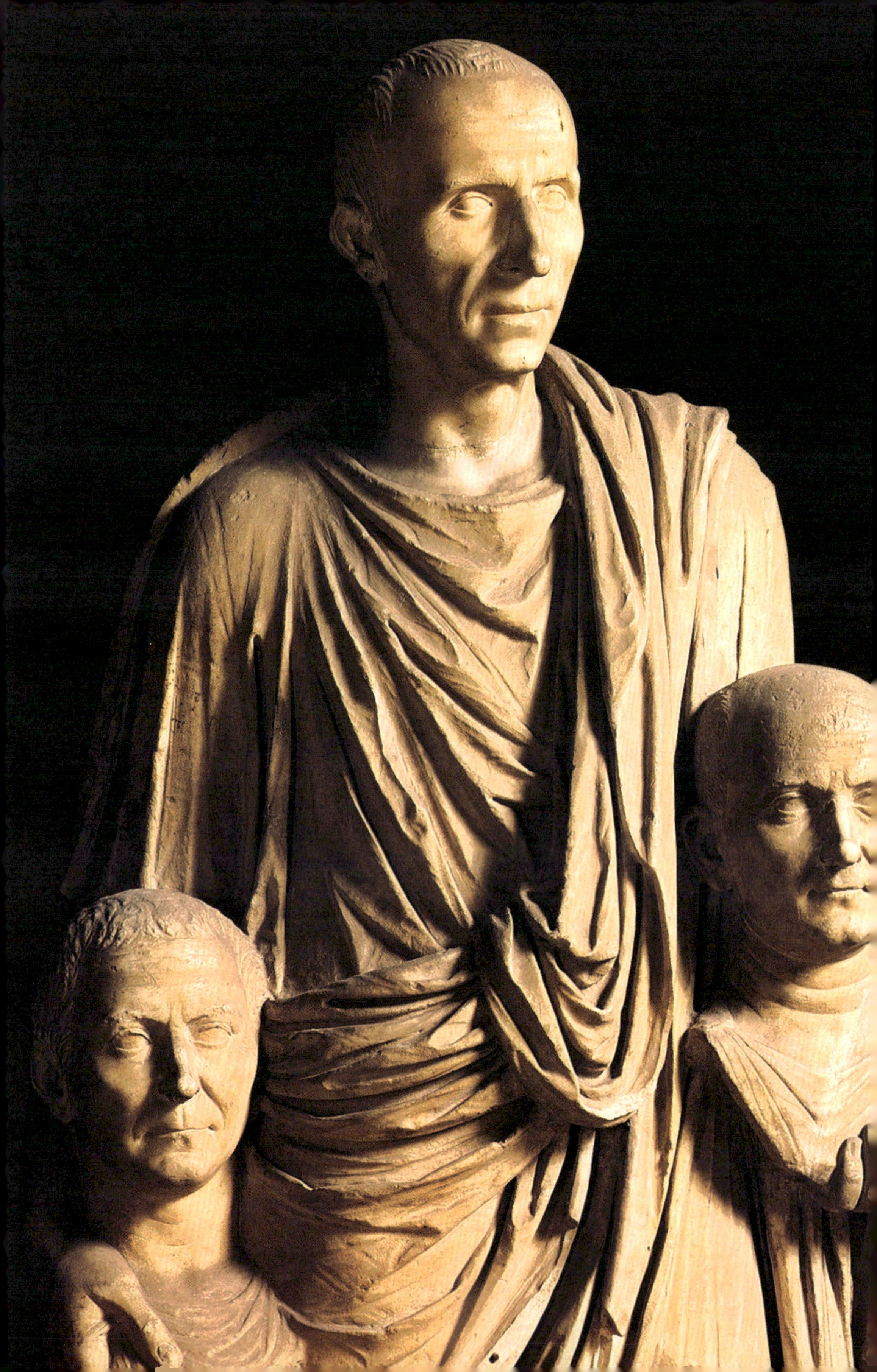

附 录

公元前 3 世纪和公元前 2 世纪的罗马共和国 212
对照年表：罗马和地中海西部地区，马其顿，希腊，亚洲和埃及，
　　　　　远东及美洲 214
执政官列表 216

插图（第210页）　巴贝里尼雕像，象征着公元前1世纪的罗马贵族。按照贵族的传统，他手持祖先的半身像（罗马蒙特马蒂尼中心；前国会博物馆）。

公元前3世纪和公元前2世纪的罗马共和国

萨尔马提亚人
巴斯塔奈人
第聂伯河
奥尔比亚
蒂萨河
达契亚人
泰拉斯
克森尼索
锡萨克
盖塔人
多瑙河
黑海
萨罗纳
锡诺普
阿波罗尼亚
色雷斯
斯库台
本都王国
赫拉克利亚
都拉基乌姆
(都拉斯)
马其顿省
(公元前146年)
腓立比
拜占庭
卡尔西顿
比提尼亚
塞浦细拉
布鲁迪辛乌姆
(布林迪西)
佩拉
塞萨洛尼基
基齐库斯
安卡拉
阿波罗尼亚
彼得那战役
(公元前168年)
阿拜多斯
加拉太
哈里斯河
凯撒里亚·卡帕多奇亚
(开塞利)
塔拉斯(塔兰托)
图里
伊庇鲁斯
塞萨利亚
库诺斯克法莱战役
(公元前197年)
帕加姆(帕加马)
亚细亚行省
弗里吉亚
卡帕多奇亚
克罗托
马格尼西亚战役
(公元前189年)
萨狄斯
(公元前129年)
以哥念(科尼亚)
埃托利
吕卡奥尼亚
以弗所
塔苏斯
彼西底亚
柯林斯
雅典
西比耶
奇里乞亚
安条克
德洛斯
斯巴达
利西亚
罗德岛
塞浦路斯
萨拉米斯
塞琉古王朝
克里特岛
伊塔诺斯
大马士革
西顿
推罗
地中海
爱利亚·卡皮托林纳
(耶路撒冷)
加沙
昔兰尼
班加西
昔兰尼加
亚历山大港
培琉喜阿姆
瑙克拉提斯
赫里奥波里斯
托勒密王国
孟斐斯

对照年表

罗马和地中海西部地区

公元前 299—公元前 264 年

意大利征服的进程

- 第三次萨莫奈战争。罗马将其霸权扩展到亚得里亚海。
- 伊特鲁里亚人失去了大部分领土，最后作为联眼（socii）被罗马吞并。
- 对塔兰托的战争，伊庇鲁斯国王皮洛士介入。
- 罗马扩大了对大希腊的统治。

文化事件：

- 罗马按照希腊的模式发行了重铜阿斯（aes grave）和首批银币。

公元前 264—公元前 237 年

第一次布匿战争

- 罗马和迦太基干预西西里，第一次布匿战争爆发。埃加特斯群岛海战的失败迫使哈米尔卡签署了一项和平条约。西西里岛成为罗马的一个行省。
- 公元前 227 年，罗马干预撒丁岛，它未来将和科西嘉岛一起成为罗马的一个行省。
- 哈米尔卡开始在伊比利亚扩张。

文化事件：

- 建立角斗战
- 奈维乌斯写作史诗《布匿战争》（Bellum Poenicum）。

马其顿，希腊，亚洲和埃及

公元前 299—公元前 264 年

伊庇鲁斯亚历山大一世之后的地中海西部地区

- 斯基泰人受到萨尔马特人的攻击。
- 安条克二世登上马其顿王座。帕加马统治者菲莱泰罗斯叛乱，尼科美德一世成为比提尼亚国王。
- 加拉太人攻击马其顿和塞萨利亚，进入小亚细亚半岛。
- 塞琉古王朝和托勒密王朝发生冲突，争夺叙利亚南部的控制权。

文化事件：

- 罗德岛巨像的修建。
- 亚历山大图书馆的建造。

公元前 264—公元前 237 年

罗马在东方的突破

- 欧迈尼斯一世建立帕加马王国。
- 阿尔沙克一世建立帕提亚王国。
- 塞琉古二世和托勒密三世在一场新的冲突中对峙，这场冲突以埃及控制叙利亚南部而告终。

文化事件：

- 阿基米德发现了浮力定理和杠杆原理以及滑轮、阿基米德螺线和斜面……
- 在以色列或散居社区建造犹太教堂《圣经》从希伯来语翻译成希腊语。

远东及美洲

公元前 299—公元前 264 年

- **亚洲**：阿育王统治下的印度孔雀王朝的崛起。
- 在孔雀帝国，石头取代木材成为建筑材料。阿育王促进佛教传播的黄金时期，并使佛教成为印度国教。
- 中国第一位伟大诗人屈原去世。
- **美洲**：奥尔梅克文明的传播从韦拉克鲁斯地区一直延伸到墨西哥湾。奥尔梅克人建造了宗教场所、墓碑、祭坛和巨石头像。

公元前 264—公元前 237 年

- **亚洲**：秦昭襄王灭赵国。秦国在战国七雄中脱颖而出。
- 秦王之子嬴政 12 岁登基，成年前，政权都掌握在丞相吕不韦手中。
- 嬴政实行扩张主义政策，在征服了韩、赵、魏、楚、燕、齐之后，成为中国第一位皇帝——秦始皇。
- 在印度，用有阿育王圣旨的梵语广为流传。

公元前 237—公元前 202 年	公元前 202—公元前 166 年	公元前 166—公元前 133 年
第二次布匿战争 • 罗马与迦太基签署限制迦太基在伊比利亚扩张的《埃布罗条约》。 • 汉尼拔围攻萨贡托并越过埃布罗河。 • 汉尼拔在提契诺河、特雷比亚河、特拉西梅诺湖和坎尼打败了罗马人。 • 普布利乌斯和格涅乌斯·科尼利厄斯·西庇阿战死于西班牙南部。"非洲人"西庇阿征服了新迦太基城。加迪尔不久后迅速投降。 • "非洲人"西庇阿在扎马战役中战胜了汉尼拔。 **文化事件：** • 安提帕特写作了一部关于第二次布匿战争的书籍，总计七卷。	**罗马，地中海的超级大国** • 罗马建立远/近西班牙两个行省，土著起义被老加图镇压。 • 第二次布匿战争后，罗马开始扩展其在希腊的霸权。 • 近西班牙行省总督提比略·山普洛尼乌斯·格拉古斯，凭借与凯尔特伊比利亚人战役和与当地人签订的条约，稳定了西班牙地区的局势。 **文化事件：** • 西庇阿促进希腊文化和对希腊主义的开放。 • 费边·皮克托用希腊语写作了罗马的第一部史籍。	**第三次布匿战争** • 凯尔特和卢西塔尼亚战争。 • 第三次布匿战争，西庇阿·埃米利安努斯将迦太基夷为平地，迦太基成为罗马的一个行省。 • 西西里岛奴隶起义 **文化事件：** • 克温图斯·玛尔奇乌斯·列克斯修建玛西亚水道，这是罗马最长的引水渠。

公元前 237—公元前 202 年	公元前 202—公元前 166 年	公元前 166—公元前 133 年
罗马和希腊王国之间的冲突 • 罗马和提塔女王领导下的伊利里亚发生冲突。 • 斯巴达的克里奥门尼三世对阵阿哈伊亚同盟。 • 安条克三世登上王位，结束了塞琉古危机，并将其统治扩展到印度。 • 托勒密四世在拉菲亚战役中击败安条克三世。 • 第一次马其顿战争。汉尼拔和马其顿腓力五世签署一项反罗马条约。	**第二次和第三次马其顿战争** • 第二次马其顿战争。弗拉米尼努斯宣告希腊人的自由。 • 安条克三世在马格尼西亚战役中被"亚细亚征服者"西庇阿打败。 • 第三次马其顿战争。埃米利乌斯·保卢斯在彼得那战役大获全胜；对安条克王朝的镇压。 **文化事件：** • 欧迈尼斯二世在帕加马建宙斯祭坛。	**地中海西部的征服** • 马其顿国王安德里斯库斯叛乱。马其顿变为行省，柯林斯被摧毁。 • 米特拉达梯一世扩张了他的帝国，征服了米底和波斯的赫拉特、巴比伦。 • 斯科迪斯奇人与马其顿冲突的开始。 • 帕加马王国的阿塔罗斯三世将其王国——亚细亚行省的中心割让给了罗马。 **文化事件：** • 以帕奈提奥斯为代表人物的斯多葛学派在罗德岛发展成熟，对新贵产生了巨大影响。 • 波利比乌斯写作《通史》。

公元前 237—公元前 202 年	公元前 202—公元前 166 年	公元前 166—公元前 133 年
• **亚洲**：印度阿育王的帝国在其去世后被儿子们瓜分。 • 统一中国的秦始皇开始修筑长城，以保护北方领土。秦始皇去世后，被埋葬在一个巨大的陵墓里。 • 秦朝灭亡，汉朝建立，结束了对书籍的禁令，在西安创立了一些学派。 • 丝绸沿着丝绸之路向西出口，直到叙利亚的安条克城。中国发明造纸术。 • 旁遮普国王、幸军王承认安条克三世的霸权。	• **亚洲**：汉高祖去世后，皇后吕雉夺取政权，开启外戚专权的先河。公元前 178 年，汉文帝巩固了汉朝的霸权。 • 印度，弗沙蜜多罗将军暗杀了最后一位孔雀王朝国王；建立了巽伽王朝，大力支持婆罗门教，反对佛教。 • 巽伽王朝时期，艺术越来越受欢迎，主要的建筑材料为黏土和木材，所以现存完好的建筑不多。	• **亚洲**：羯陵伽王国开始在恒河流域扩张，而侥娑多婆诃王国则延伸至印度中部。 • 西突厥斯坦的月氏人在巴克特里亚定居，结束了塞琉古在旁遮普的霸权。 • 中国历史学家、汉朝作家司马迁写作《史记》，共计 130 卷。 • **美洲**：受萨波特克文明影响，阿尔班山文化（瓦哈卡，墨西哥）进入最后阶段。 • 帕拉卡斯（皮斯科，秘鲁）文明传播的开始，一直延伸到纳斯卡和伊卡地区。

执政官列表

年份（公元前）	第一执政官	第二执政官
300	马尔库斯·瓦莱里乌斯·科尔乌斯（5）	基恩图斯·阿普莱伊乌斯·蓬萨
299	马尔库斯·弗拉维乌斯·帕埃蒂努斯	提图斯·曼利乌斯·托尔卡图斯
	迦太基执政官"苏菲特"：马尔库斯·瓦莱里乌斯·科尔乌斯（6）	
298	卢基乌斯·科尔内利乌斯·西庇阿·巴尔巴图斯	格奈乌斯·弗尔维乌斯·马克西穆斯·凯恩图马卢斯
297	昆图斯·费边·马克西穆斯·鲁利安努斯（4）	普布利乌斯·德西乌斯·穆斯（3）
296	卢基乌斯·沃卢姆尼乌斯·弗拉马·维奥莱恩斯（2）	阿庇乌斯·克劳狄·卡埃库斯（2）
295	昆图斯·费边·马克西穆斯·鲁利安努斯（5）	普布利乌斯·德西乌斯·穆斯（4）
294	卢基乌斯·波斯图米乌斯·梅格鲁斯（2）	马尔库斯·阿蒂利乌斯·雷古鲁斯
293	卢基乌斯·帕皮里乌斯·库尔索尔（1）	斯普里乌斯·卡尔维利乌斯·马克西穆斯（1）
292	昆图斯·费边·马克西穆斯·古尔格斯（1）	迪基姆斯·尤尼乌斯·布鲁图斯·斯卡埃瓦
291	卢基乌斯·波斯图米乌斯·梅格鲁斯（3）	盖乌斯·尤尼乌斯·布布尔库斯·布鲁图斯（1）
290	普布利乌斯·科尔内利乌斯·鲁菲努斯（1）	马尼乌斯·库里乌斯·登塔图斯（1）
289	马尔库斯·瓦莱里乌斯·马克西穆斯·科尔维努斯	昆图斯·卡埃迪基乌斯·诺克图阿
288	昆图斯·马尔基乌斯·特雷穆卢斯（2）	普布利乌斯·科尔内利乌斯·阿尔维纳（2）
287	独裁官：昆图斯·霍坦修	骑士统领：职位空缺
	马尔库斯·克劳狄·马尔凯卢斯	盖乌斯·纳乌蒂乌斯·鲁蒂卢斯
286	独裁官：阿皮乌斯·克劳狄·凯库斯	骑士统领：职位空缺
	马尔库斯·瓦莱里乌斯·马克西穆斯·波蒂图斯	盖乌斯·埃利乌斯·帕埃图斯
285	盖乌斯·克劳狄·卡尼纳（1）	马尔库斯·埃米利乌斯·雷必达
284	盖乌斯·塞尔维利乌斯·图克卡	卢基乌斯·卡埃基利乌斯·梅特鲁斯·登特尔
	迦太基执政官"苏菲特"：马尼乌斯·库里乌斯·登塔图斯（2）	
283	普布利乌斯·科尔内利乌斯·多拉贝拉	格奈乌斯·多米蒂乌斯·卡尔维努斯·马克西姆斯
282	盖乌斯·法布里基乌斯·卢斯基努斯（1）	昆图斯·埃米利乌斯·帕普斯（1）
281	卢基乌斯·埃米利乌斯·巴尔布拉	昆图斯·马尔基乌斯·菲利普斯
280	独裁官：格奈乌斯·多米蒂乌斯·卡尔维努斯·马克西姆斯	骑士统领：职位空缺
	普布利乌斯·瓦莱里乌斯·拉埃维努斯	提贝里乌斯·科伦卡尼乌斯
279	普布利乌斯·苏尔皮基乌斯·萨维里奥	普布利乌斯·德西乌斯·穆斯
278	盖乌斯·法布里基乌斯·卢斯基努斯（2）	昆图斯·埃米利乌斯·帕普斯（2）
277	普布利乌斯·科尔内利乌斯·鲁菲努斯（2）	盖乌斯·尤尼乌斯·布布尔库斯·布鲁图斯（2）
276	独裁官：普布利乌斯·科尔内利乌斯·鲁菲努斯	骑士统领：职位空缺
	昆图斯·费边·马克西穆斯·古尔格斯（2）	盖乌斯·格努基乌斯·克雷普西纳（1）
275	马尼乌斯·库里乌斯·登塔图斯（3）	卢基乌斯·科尔内利乌斯·莱恩图卢斯
274	马尼乌斯·库里乌斯·登塔图斯（4）	塞尔维乌斯·科尔内利乌斯·梅伦达
273	盖乌斯·费边·多尔索·李锡尼	盖乌斯·克劳狄·卡尼纳（2）
272	卢基乌斯·帕皮里乌斯·库尔索尔（2）	斯普里乌斯·卡尔维利乌斯·马克西穆斯
271	盖乌斯·昆克蒂乌斯·克劳杜斯	卢基乌斯·格努基乌斯·克雷普西纳
270	盖乌斯·格努基乌斯·克雷普西纳（2）	格奈乌斯·科尔内利乌斯·布拉西奥（1）
269	昆图斯·奥古尔尼乌斯·加鲁斯	盖乌斯·费边·皮克托尔
268	普布利乌斯·塞姆普罗尼乌斯·索普胡斯	阿庇乌斯·克劳狄·鲁苏斯
267	马尔库斯·阿蒂利乌斯·雷古鲁斯（1）	卢基乌斯·尤利乌斯·利博
266	迪基姆斯·尤尼乌斯·佩拉	努梅里乌斯·费边·皮克托尔
265	昆图斯·费边·马克西穆斯·古尔格斯（3）	卢基乌斯·马米利乌斯·维图鲁斯
264	阿庇乌斯·克劳狄·考德克斯	马尔库斯·弗尔维乌斯·弗拉库斯
263	独裁官：克奈乌斯·弗尔维阿斯·马克西莫·森图马卢斯	骑士统领：昆图斯·马西乌斯·菲利普斯
	马尼乌斯·瓦莱里乌斯·梅萨拉	马尼乌斯·奥塔基利乌斯·克拉苏（1）
262	卢基乌斯·波斯图米乌斯·梅格鲁斯	昆图斯·马米利乌斯·维图鲁斯
261	卢基乌斯·瓦莱里乌斯·弗拉库斯	提贝里乌斯·奥塔基利乌斯·克拉苏
260	格奈乌斯·科尔内利乌斯·西庇阿·阿西纳（1）	盖乌斯·杜伊利乌斯·内波斯

年份（公元前）	第一执政官	第二执政官
259	卢基乌斯·科尔内利乌斯·西庇阿	盖乌斯·阿基利乌斯·弗洛鲁斯
258	奥卢斯·阿蒂利乌斯·卡拉蒂努斯（1）	盖乌斯·苏尔皮基乌斯·帕特尔库卢斯
257	独裁官：昆图斯·奥古尔尼乌斯·加卢斯	骑士统领：职位空缺
	盖乌斯·阿蒂利乌斯·雷古鲁斯（1）	格奈乌斯·科尔内利乌斯·布拉西奥（2）
256	卢基乌斯·曼利乌斯·乌尔索·隆古斯（1）	昆图斯·卡埃迪基乌斯
	迦太基执政官"苏菲特"：马尔库斯·阿蒂利乌斯·雷古鲁斯（2）	
255	塞尔维乌斯·弗尔维乌斯·帕埃蒂努斯·诺比利奥尔	马尔库斯·埃米利乌斯·保卢斯
254	格奈乌斯·科尔内利乌斯·西庇阿·阿西纳（2）	奥卢斯·阿蒂利乌斯·卡拉蒂努斯（2）
253	格奈乌斯·塞尔维乌斯·卡埃皮奥	盖乌斯·塞姆普罗尼乌斯·布拉埃苏斯（1）
252	盖乌斯·奥雷利乌斯·科塔	普布利乌斯·塞尔维利乌斯·格米努斯（1）
251	卢基乌斯·卡埃基利乌斯·梅特鲁斯（1）	盖乌斯·弗里乌斯·帕基鲁斯
250	盖乌斯·阿蒂利乌斯·雷古鲁斯（2）	卢基乌斯·曼利乌斯·乌尔索·隆古斯（2）
249	普布利乌斯·克劳狄·普尔克尔	卢基乌斯·尤尼乌斯·普卢斯
	独裁官：马尔库斯·克劳狄·格尔西亚	骑士统领：职位空缺
	独裁官：奥卢斯·阿提利乌斯·卡亚季努斯	骑士统领：卢基乌斯·卡埃基利乌斯·梅特鲁斯
248	盖乌斯·奥雷利乌斯·科塔（2）	普布利乌斯·塞尔维利乌斯·格米努斯（2）
247	卢基乌斯·卡埃基利乌斯·梅特鲁斯（2）	努梅里乌斯·费边·布特奥
246	独裁官：提贝里乌斯·科伦卡尼乌斯	骑士统领：职位空缺
	马尼乌斯·奥塔基利乌斯·克拉苏（2）	马尔库斯·费边·利基努斯
245	马尔库斯·费边·布特奥	盖乌斯·阿蒂利乌斯·布尔布斯（1）
244	奥卢斯·曼利乌斯·托尔卡图斯·阿提库斯（1）	盖乌斯·塞姆普罗尼乌斯·布拉埃苏斯（2）
243	盖乌斯·芬达尼乌斯·芬杜卢斯	盖乌斯·苏尔皮基乌斯·加卢斯
242	盖乌斯·卢塔蒂乌斯·卡图卢斯	奥卢斯·波斯图米乌斯·阿尔宾努斯
241	奥卢斯·曼利乌斯·托尔卡图斯·阿提库斯（2）	昆图斯·卢塔蒂乌斯·凯尔科
240	盖乌斯·克劳狄·肯托	马尔库斯·塞姆普罗尼乌斯·图迪塔努斯
239	盖乌斯·马米利乌斯·图里努斯	昆图斯·瓦莱里乌斯·法尔托
238	提贝里乌斯·塞姆普罗尼乌斯·格拉古	普布利乌斯·瓦莱里乌斯·法尔托
237	卢基乌斯·科尔内利乌斯·莱恩图鲁斯·卡乌迪努斯	昆图斯·弗尔维乌斯·弗拉库斯（1）
236	普布利乌斯·科尔内利乌斯·莱恩图鲁斯·卡乌迪努斯	盖乌斯·李锡尼·瓦鲁斯
235	提图斯·曼利乌斯·托尔卡图斯（1）	盖乌斯·阿蒂利乌斯·布尔布斯（2）
234	卢基乌斯·波斯图米乌斯·阿尔比努斯（1）	斯普里乌斯·卡尔维利乌斯·马克西穆斯·鲁加（1）
233	昆图斯·费边·马克西穆斯·维鲁科苏斯（1）	马尼乌斯·庞波尼乌斯·马托
232	马尔库斯·埃米利乌斯·雷必达（1）	马尔库斯·普布利基乌斯·马尔雷奥鲁斯
231	独裁官：盖乌斯·杜伊利乌斯	骑士统领：职位空缺
	马尼乌斯·庞波尼乌斯·马托	盖乌斯·帕皮里乌斯·马索
230	马尔库斯·埃米利乌斯·巴尔布拉	马尔库斯·尤尼乌斯·佩拉
229	卢基乌斯·波斯图米乌斯·阿尔比努斯（2）	格奈乌斯·弗尔维乌斯·凯恩图马鲁斯
228	斯普里乌斯·卡尔维利乌斯·马克西穆斯·鲁加（2）	昆图斯·费边·马克西穆斯·维鲁科苏斯（2）
227	普布利乌斯·瓦莱里乌斯·弗拉库斯	马尔库斯·阿蒂利乌斯·雷古鲁斯
226	马尔库斯·瓦莱里乌斯·马克西穆斯·梅萨拉里乌斯·弗拉库斯	卢基乌斯·阿普斯蒂乌斯·弗洛
225	卢基乌斯·埃米利乌斯·帕普斯	盖乌斯·阿蒂利乌斯·雷古鲁斯
224	独裁官：卢基乌斯·卡埃基利乌斯·梅特鲁斯	骑士统领：努梅里乌斯·法比乌斯·布特奥
	提图斯·曼利乌斯·托尔卡图斯（2）	昆图斯·弗尔维乌斯·弗拉库斯（2）
223	盖乌斯·弗拉米尼·尼波斯（1）	普布利乌斯·弗里乌斯·菲鲁斯
222	马尔库斯·克劳狄·马尔凯鲁斯（1）	格奈乌斯·科尔内利乌斯·西庇阿·卡尔弗斯
221	独裁官：昆图斯·费边·马克西穆斯·维鲁科苏斯	骑士统领：盖乌斯·弗拉米尼·尼波斯
	普布利乌斯·科尔内利乌斯·西庇阿·阿西纳	马尔库斯·米努基乌斯·鲁弗斯
	迦太基执政官"苏菲特"：马尔库斯·埃米利乌斯·雷必达	
220	马尔库斯·瓦莱里乌斯·拉埃维努斯（1）	昆图斯·姆基乌斯·斯凯沃拉
	盖乌斯·卢塔蒂乌斯·卡图卢斯	卢基乌斯·维图里乌斯·斐洛
219	卢基乌斯·埃米利乌斯·保卢斯（1）	马尔库斯·李维·萨利纳托尔（1）
218	普布利乌斯·科尔内利乌斯·西庇阿	提贝里乌斯·塞姆普罗尼乌斯·隆古斯

217

年份（公元前）	第一执政官	第二执政官
217	盖乌斯·塞尔维利乌斯·格米努斯	盖乌斯·弗拉米尼·尼波斯（3）
	迦太基执政官"苏菲特"：马尔库斯·阿蒂利乌斯·雷古鲁斯（2）	骑士统领：马尔库斯·米努西乌斯·鲁福斯
	独裁官：昆图斯·费边·马克西穆斯·维尔鲁科苏斯（3）	独裁官：昆图斯·费边·马克西穆斯·维尔鲁科苏斯（3）
	独裁官：马尔库斯·维图里乌斯·斐洛	骑士统领：马尔库斯·彭尼乌斯·马托
216	盖乌斯·特雷恩蒂乌斯·瓦罗	卢基乌斯·埃米利乌斯·保卢斯（3）
	独裁官：马尔库斯·尤利乌斯·佩拉	骑士统领：提贝里乌斯·塞姆普罗尼乌斯·格拉古（1）
	独裁官：马尔库斯·法比乌斯·布特奥	骑士统领：职位空缺
215	卢基乌斯·波斯图米乌斯·阿尔比努斯	提贝里乌斯·塞姆普罗尼乌斯·格拉古
	迦太基执政官"苏菲特"：马尔库斯·克劳狄·马尔凯鲁斯（2）	
	迦太基执政官"苏菲特"：昆图斯·费边·马克西穆斯·维尔鲁科苏斯（3）	
214	昆图斯·费边·马克西穆斯·维尔鲁科苏斯（4）	马尔库斯·克劳狄·马尔凯鲁斯（3）
	独裁官：盖乌斯·克劳狄·森托	
213	昆图斯·费边·马克西姆斯	提贝里乌斯·塞姆普罗尼乌斯·格拉古（2）
	独裁官：盖乌斯·克劳狄·森托	骑士统领：昆图斯·弗尔维乌斯·弗拉库斯
212	昆图斯·弗尔维乌斯·弗拉库斯（3）	阿庇乌斯·克劳狄·普尔克尔
211	克奈乌斯·弗尔维乌斯·凯恩图马卢斯·马克西穆斯	普布利乌斯·苏尔皮基乌斯·加尔巴·马克西穆斯
210	马尔库斯·克劳狄·马尔凯鲁斯（4）	马尔库斯·瓦莱里乌斯·拉埃维努斯（2）
	独裁官：昆图斯·弗尔维乌斯·弗拉库斯	骑士统领：普布利乌斯·李锡尼·克拉苏
209	昆图斯·费边·马克西穆斯·维尔鲁科苏斯（5）	昆图斯·弗尔维乌斯·弗拉库斯（4）
208	马尔库斯·克劳狄·马尔凯鲁斯（5）	提图斯·昆克蒂乌斯·克里斯皮努斯
	独裁:提图斯·曼略·托夸图斯	骑士统领：盖乌斯·塞尔维利乌斯·格米努斯
207	盖乌斯·克劳狄·尼禄	马尔库斯·李维·萨尔纳托尔（2）
	独裁官：马尔库斯·李维·萨尔纳托尔	骑士统领：昆图斯·卡埃基利乌斯·梅特鲁斯
206	卢基乌斯·维图里乌斯·斐洛	昆图斯·卡埃基利乌斯·梅特鲁斯
205	普布利乌斯·科尔内利乌斯·西庇阿·阿非利加努斯	普布利乌斯·李锡尼·克拉苏·迪维斯
204	马尔库斯·科尔内利乌斯·凯特库斯	普布利乌斯·塞姆普罗尼乌斯·图迪塔努斯
	独裁官：昆图斯·卡埃基利乌斯·梅特鲁	骑士统领：卢基乌斯·维图里乌斯·斐洛
203	克奈乌斯·塞维利乌斯·卡埃皮奥	盖乌斯·塞尔维利乌斯·格米努斯
	独裁官：普布利乌斯·苏尔皮基乌斯·加尔巴·马克西姆斯	骑士统领：马尔库斯·塞尔维利乌斯·普莱克斯·格米努斯
202	马尔库斯·塞尔维利乌斯·普莱克斯·格米努斯	提贝里乌斯·克劳狄·尼禄
201	克奈乌斯·科尔内利乌斯·莱恩图卢斯	普布利乌斯·阿埃利乌斯·帕埃图斯
	独裁官：盖乌斯·塞尔维利乌斯·格米努斯	骑士统领：普布利乌斯·阿埃利乌斯·帕埃图斯
200	普布利乌斯·苏尔皮基乌斯·加尔巴·马克西穆斯（2）	盖乌斯·奥雷利乌斯·科塔
199	卢基乌斯·科尔内利乌斯·雷恩图卢斯	普布利乌斯·维利乌斯·塔普鲁斯
198	塞克斯图斯·阿埃利乌斯·帕埃图斯·卡图斯	提图斯·昆克蒂乌斯·弗拉米宁
197	盖乌斯·科尔内利乌斯·凯特库斯	昆图斯·米努基乌斯·鲁弗斯
196	卢基乌斯·弗里乌斯·普尔普雷奥	马尔库斯·克劳狄·马尔凯鲁斯
195	卢基乌斯·瓦莱里乌斯·弗拉库斯	马尔库斯·波尔基乌斯·加图
194	普布利乌斯·科尔内利乌斯·西庇阿·阿非利加努斯（2）	提贝里乌斯·塞姆普罗尼乌斯·隆古斯
193	卢基乌斯·科尔内利乌斯·梅鲁拉	奥卢斯·米努基乌斯·特尔姆斯
192	卢基乌斯·昆克蒂乌斯·弗拉米宁	克奈乌斯·多米蒂乌斯·阿赫诺巴布斯
191	普布利乌斯·科尔内利乌斯·西庇阿·纳西卡	马尼乌斯·阿基利乌斯·格拉布里奥
190	卢基乌斯·科尔内利乌斯·西庇阿·亚细亚提库斯	盖乌斯·拉埃利乌斯
189	马尔库斯·弗尔维乌斯·诺比利奥尔	格奈乌斯·曼利乌斯·乌尔索
188	马尔库斯·瓦莱里乌斯·梅萨拉	盖乌斯·李维·萨尔纳托尔
187	马尔库斯·埃米利乌斯·雷必达（1）	盖乌斯·弗拉米宁
186	斯普里乌斯·波斯图米乌斯·阿尔比努斯	昆图斯·马尔基乌斯·菲利普斯（1）
185	阿庇乌斯·克劳狄·普尔克尔	马尔库斯·塞姆普罗尼乌斯·图迪塔努斯
184	普布利乌斯·克劳狄·普尔克尔	卢基乌斯·波尔基乌斯·利基努斯
183	马尔库斯·克劳狄·马尔凯鲁斯	昆图斯·费边·拉比奥
182	克奈乌斯·巴埃比乌斯·塔姆菲鲁斯	卢基乌斯·埃米利乌斯·保卢斯·马其顿尼库斯（1）
181	普布利乌斯·科尔内利乌斯·凯特古斯	马尔库斯·巴埃比乌斯·塔姆菲鲁斯

年份（公元前）	第一执政官	第二执政官
180	奥卢斯•波斯图米乌斯•阿尔比努斯•卢斯库斯	盖乌斯•卡尔普尔尼乌斯•皮索
	迦太基执政官"苏菲特"：昆图斯•弗尔维乌斯•弗拉库斯（1）	
179	昆图斯•弗尔维乌斯•弗拉库斯	卢基乌斯•曼利乌斯•阿基迪努斯•弗尔维安努斯
178	马尔库斯•尤尼乌斯•布鲁图	奥卢斯•曼利乌斯•乌尔索
177	盖乌斯•克劳狄•普尔克尔	提贝里乌斯•塞姆普罗尼乌斯•格拉古（1）
176	格奈乌斯•科尔内利乌斯•西庇阿•希斯帕卢斯	昆图斯•佩蒂利乌斯
	迦太基执政官"苏菲特"：盖乌斯•瓦莱里乌斯•拉埃维努斯	
175	普布利乌斯•姆基乌斯•斯凯沃拉	马尔库斯•埃米利乌斯•雷必达（2）
174	斯普里乌斯•波斯图米乌斯•阿尔比努斯•保卢鲁斯	昆图斯•姆基乌斯•斯凯沃拉
173	卢基乌斯•波斯图米乌斯•阿尔比努斯	马尔库斯•波皮利乌斯•拉埃纳斯
172	盖乌斯•波皮利乌斯•拉埃纳斯（1）	普布利乌斯•埃利乌斯•利古斯
171	普布利乌斯•李锡尼•克拉苏	盖乌斯•卡西乌斯•隆吉努斯
170	奥卢斯•霍斯蒂利乌斯•曼基努斯	奥卢斯•阿蒂利乌斯•塞拉努斯
169	昆图斯•马尔基乌斯•菲利普斯（2）	格奈乌斯•塞尔维利乌斯•卡埃皮奥
168	卢基乌斯•埃米利乌斯•保卢斯•马其顿尼库斯（2）	盖乌斯•李锡尼•克拉苏
167	昆图斯•埃利乌斯•帕埃图斯	马尔库斯•尤尼乌斯•佩恩努斯
166	马尔库斯•克劳狄•马尔凯鲁斯（1）	盖乌斯•苏尔皮基乌斯•加尔巴
165	提贝里乌斯•曼利乌斯•托尔卡图斯	格奈乌斯•屋大维
164	奥卢斯•曼利乌斯•托尔卡图斯	昆图斯•卡西乌斯•隆吉努斯
163	提贝里乌斯•塞姆普罗尼乌斯•格拉古（3）	马尔库斯•尤维恩蒂乌斯•塔尔纳
162	普布利乌斯•科尔内利乌斯•西庇阿•纳西卡•科尔库卢姆（1）	
	迦太基执政官"苏菲特"：普布利乌斯•科尔内利乌斯•莱恩图鲁斯	盖乌斯•马尔基乌斯•菲古卢斯
	迦太基执政官"苏菲特"：格奈乌斯•多米蒂乌斯•阿赫诺巴布斯	
161	马尔库斯•瓦莱里乌斯•梅萨拉	盖乌斯•法恩尼乌斯•斯特拉波
160	卢基乌斯•阿尼基乌斯•加鲁斯	马尔库斯•科尔内利乌斯•凯特库斯
159	克奈乌斯•科尔内利乌斯•多拉贝拉	马尔库斯•弗尔维乌斯•诺比利奥尔
158	马尔库斯•埃米利乌斯•雷必达	盖乌斯•波皮利乌斯•拉埃纳斯（2）
157	塞尔维乌斯•尤利乌斯•恺撒	卢基乌斯•奥雷利乌斯•奥雷斯特斯
156	卢基乌斯•科尔内利乌斯•雷恩图鲁斯•卢普斯	盖乌斯•马尔基乌斯•菲古卢斯（2）
155	普布利乌斯•科尔内利乌斯•西庇阿•纳西卡•科尔库卢姆（2）	马尔库斯•克劳狄•马尔凯鲁斯
154	昆图斯•奥皮米乌斯	卢基乌斯•波斯图米乌斯•阿尔比努斯
	迦太基执政官"苏菲特"：曼略•阿西利乌斯•格拉布里奥	
153	昆图斯•弗尔维乌斯•诺比利奥尔	提贝里乌斯•安尼乌斯•卢斯库斯
152	马尔库斯•克劳狄•马尔凯鲁斯（3）	卢基乌斯•瓦莱里乌斯•弗拉库斯
151	卢基乌斯•李锡尼•卢库鲁斯	奥卢斯•波斯图米乌斯•阿尔比努斯
150	提贝里乌斯•昆克蒂乌斯•弗拉米尼	马尼乌斯•阿基利乌斯•巴尔布斯
149	卢基乌斯•马尔基乌斯•凯恩索里努斯	马尼乌斯•曼利乌斯
148	斯普里乌斯•波斯图米乌斯•阿尔比努斯•马格努斯	卢基乌斯•卡尔普尔尼阿•皮索•卡埃索宁
147	普布利乌斯•科尔内利乌斯•西庇阿•埃米利安努斯•阿非利加努斯	盖乌斯•李维•德鲁苏斯
146	格奈乌斯•科尔内利乌斯•莱恩图鲁	卢基乌斯•姆米乌斯•亚该亚库斯
145	昆图斯•费边•马克西穆斯•埃米利安努斯	卢基乌斯•霍斯蒂利乌斯•曼基努斯
144	塞尔维乌斯•苏尔皮基乌斯•加尔巴	卢基乌斯•奥雷利乌斯•科塔
143	阿庇乌斯•克劳狄•普尔克尔	昆图斯•卡埃基乌斯•梅特鲁斯•马其顿尼库斯
142	卢基乌斯•卡埃基利乌斯•梅特鲁斯•卡尔乌斯	昆图斯•费边•马克西穆斯•埃米利安努斯
141	克奈乌斯•塞尔维利乌斯•卡埃皮奥	昆图斯•庞培
140	盖乌斯•拉埃利乌斯•萨皮恩斯	昆图斯•塞尔维利乌斯•卡埃皮奥
139	格奈乌斯•卡尔普尔尼乌斯•皮索	马尔库斯•波皮利乌斯•拉埃纳斯
138	普布利乌斯•科尔内利乌斯•西庇阿•纳西卡•塞拉皮奥	迪基姆斯•尤尼乌斯•布鲁图•加莱库斯
137	马尔库斯•埃米利乌斯•雷必达•波尔基纳	盖乌斯•霍斯蒂利乌斯•曼基努斯
136	卢基乌斯•弗里乌斯•斐鲁斯	塞克斯图斯•阿蒂利乌斯•塞尔拉努斯
135	塞尔维乌斯•弗尔维乌斯•弗拉库斯	昆图斯•卡尔普尔尼乌斯•皮索

219

NATIONAL GEOGRAPHIC

图书在版编目（CIP）数据

罗马：征服地中海 / 美国国家地理学会编著；邵倩兰译. -- 北京：现代出版社，2021.4
（美国国家地理全球史）

ISBN 978-7-5143-8932-6

Ⅰ.①罗… Ⅱ.①美… ②邵… Ⅲ.①罗马-历史 Ⅳ.①K126

中国版本图书馆CIP数据核字(2020)第260993号

版权登记号：01-2021-1112

© RBA Coleccionables, S. A. 2013

© Of this edition: Modern Press Co., Ltd.2021

NATIONAL GEOGRAPHIC及黄框标识，是美国国家地理学会官方商标，未经授权不得使用。
由北京久久梦城文化发展有限公司代理引进

罗马：征服地中海（美国国家地理全球史）

编　著　者：	美国国家地理学会
译　　　者：	邵倩兰
策划编辑：	吴良柱
责任编辑：	张　霆　袁子茵
内文排版：	北京锦创佳业文化传播有限公司
出版发行：	现代出版社
通信地址：	北京市安定门外安华里504号
邮政编码：	100011
电　　话：	010-64267325　64245264（兼传真）
网　　址：	www.1980xd.com
电子邮箱：	xiandai@vip.sina.com
印　　刷：	固安兰星球彩色印刷有限公司
开　　本：	710mm*1000mm 1/16
印　　张：	14　　　　　字　数：201千
版　　次：	2021年4月第1版　印　次：2023年10月第2次印刷
书　　号：	ISBN 978-7-5143-8932-6
定　　价：	76.00元

版权所有，翻印必究；未经许可，不得转载